2014 中国林业产业重大问题调查研究报告

中国林业产业重大问题调研组 主编

中国林业出版社

图书在版编目(CIP)数据

2014年中国林业产业重大问题调查研究报告/中国林业产业重大问题调研组主编. —北京：中国林业出版社，2015.12
ISBN 978-7-5038-8296-8

Ⅰ.①2… Ⅱ.①中… Ⅲ.①林业经济—经济发展—研究报告—中国—2014 Ⅳ.①F326.23

中国版本图书馆CIP数据核字(2015)第302449号

出版 中国林业出版社(100009 北京西城区刘海胡同7号)
电话 010-83143564
发行 中国林业出版社
印刷 中国农业出版社印刷厂
版次 2015年12月第1版
印次 2015年12月第1次
开本 889mm×1194mm，1/16
印张 15.25
字数 350千字
定价 90.00元

中国林业产业重大问题调研报告课题组

指导委员会

编辑委员会

序 PREFACE

党的十八大报告中，建设生态文明被纳入中国特色社会主义事业“五位一体”的总体布局，同时作为党的重大行动纲领写入党章，是我党树立尊重自然、顺应自然、保护自然的生态文明理念，实现人与自然和谐的重要行动指针。

林业是生态建设和保护的主体，是建设生态文明、实现人与自然和谐的主阵地，既是重要的公益事业，又是重要的基础产业。这几年，国家林业局深刻落实党中央、国务院加快林业发展的指导精神，以中国特色社会主义事业“五位一体”的总体布局作为行动的方针，认真落实各项政策，我国林业建设成绩斐然，在实现森林蓄积量和森林覆盖率“双增”目标的同时，扎实稳健地推进各大林业重点生态工程的建设。

21 世纪以来我国林业产业保持了强劲的增长势头，2014 年全国林业产业实现总产值 5.40 万亿元，比上年增长 11.1%。其中，木竹加工及产品制造业、经济林产品种植与采集业产值均突破 1 万亿元。从主要林产品产量来看，我国人造板、松香、木地板、家具、经济林产品产量均处于世界首位，成为世界林产品生产、消费和贸易大国，在国民经济中的地位日益显著。林业产业已经成为生态林业、民生林业的动力和引擎，开辟出生态文明建设的新局面。

我们要在坚持生态优先的基础上，大力发展林业产业，通过产业发展反哺带动生态建设，实现树越砍越多、山越绿越富。要通过发展林业产业生产更多更好的林产品，满足人民群众日益增长的对林产品多样化的需求，做到既高标准绿化又永续利用，实现生态效益、经济效益和社会效益的协调统一。在林业产业发展过程中，我们认真落实《关于加快木本油料产业发展的意见》，油茶、核桃等木本油料生产基地建设快速推进，启动了国家级核桃示范基地认定。制定了全国集体林地林下经济发展规划和林药林菌发展实施方案，确定了 128 个林下经济示范基地，开展了非木质林产品认证试点。全国林下经济总产值 1943 亿元，同比增长 15%。完善了国家森林生态产品、林业生态原产地产品认定评定办法，开展了国家森林生态产品生产基地和供应商认定试点等林产品质量提升行动。制定了《森林旅游标准化体系框架》，新增国家级森林公园 28 处。

虽然我国已成为林业产业大国，但产业素质不高，产业结构不合理，必须加快转型升级和提质增效。加强宏观指导和政策扶持，优化发展环境，促进产业龙头化、集群化、特色化、品牌化发展，努力把我国建设成为林业产业强国。要积极发挥社会组织等机构的优势，大力发展木本粮油、经济林、森林旅游、竹藤花卉、生物质能源、生物材料等产业，促进传统产业改造升级，抢占新兴产业战略制高点。编制《全国林业产业“十三五”发展规划》和油茶、核桃等专项规划，出台《关于整合和统筹资金支持贫困地区油茶核桃等木本油料产业发展的指导意见》。制定《全国木材经营加工管理办法》，推进产业示范园区、林下经济示范基地、核桃示范基地、森林生态产品体系建设。建设全国重点林产品市场监测预警系统，加强林产品质量监管。抓好标准化示范企业和国家林业重点龙头企业认定工作，成立林业龙头企业联盟。开展林业企业信用评级，办好中国义乌国际森林产品博览会、中国森林食品交易博览会、中原花木交易博览会等林业展会。

目前，我国经济发展进入新常态，传统林业产业也不可避免地进入转型发展的阵痛期，要立足长远，化危为机，加快转型升级步伐，开创现代林业产业发展的新局面。要主动适应工业4.0时代和互联网+带来的挑战，建设林产品数据服务平台、林产品网上交易平台、林产品质量追溯平台和林产品品牌公众查询平台，加大科技创新力度，以科技进步和自我创新推动林业产业由粗放增长向集约增长转变，由生产初级产品向高精尖的中高端产品转变。要实施品牌战略，着力培育龙头产业和产业集团，打造拳头产品，带动林业产业向规模化、集群化方向发展。要创新管理理念和管理模式，增强企业造血功能，提升林业产业集约化、信息化管理水平，不断提升林业产业可持续发展能力。各级林业部门要加大对林业产业发展的支持力度，认真编制林业产业发展“十三五”规划，优化林业产业投资发展环境，加大财政政策扶持，推动产业转型升级，为我国经济持续健康快速发展贡献力量。

目 录 CONTENTS

第一部分 综　述

2014 年全国林业产业总产值达到 5.40 万亿元，比 2013 年增长 14.2%。自 2001 年以来，全国林业产业总产值的平均增速达到 21.96%，林业产业的市场空间巨大，在巨大的国际国内市场的拉动下，林业产业将为经济社会创新发展、协调发展、绿色发展、开放发展、共享发展注入新的动力，将为建设生态文明、建设美丽中国、全面建成小康社会作出更大贡献。

2014年中国林业产业发展综述

2014年，我国林业产业持续发展，产业规模继续扩大，产业结构进一步优化，以林业旅游与休闲为主的林业服务业快速发展，各类经济林产品和木竹加工产品产量稳定增长。

一、林业产业总产值

2014年全国林业产业总产值达到5.40万亿元(按现价计算)，比2013年增长14.20%。自2001年以来，全国林业产业总产值的平均增速达到21.96%(图1)。分产业看，第一产业产值为18559.46亿元，占全部林业产业总产值的34.35%，同比增长14.75%；第二产业产值为28088.04亿元，占全部林业产业总产值的51.98%，同比增长12.46%；第三产业产值为7385.44亿元，占全部林业产业总产值的13.67%，同比增长19.80%。林业三次产业的产值结构已由"十一五"期末的39:52:9，调整为目前的34:52:14，以林业旅游与休闲为主的林业服务业所占比重逐年增大，产业结构逐步优化。

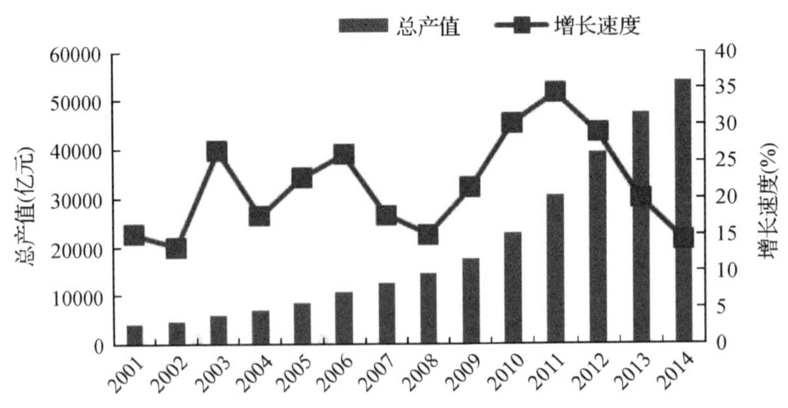

图1 2001~2014年全国林业产业总产值及其增长速度

2014年，出现两个超万亿元的林业支柱产业，分别是经济林产品种植与采集业、木材加工及木竹制品制造业。包括干鲜果品、茶、中药材以及森林食品等在内的经济林产品种植与采集业产值为 10728.04 亿元，占第一产业产值的比重为 57.80%；包括锯材、人造板、木竹地板等在内的木材加工及木竹制品制造业产值为 11028.95 亿元，占第二产业产值的比重为 39.27%；第三产业中，林业旅游与休闲服务业产值为 5321.24 亿元，占第三产业产值的比重最大，为 72.05%，全年涉林旅游和休闲的人数达到 19.83 亿人次。

分地区看①，东部地区林业产业总产值为 26456.97 亿元；中部地区林业产业总产值为 11593.94 亿元；西部地区林业产业总产值为 11211.39 亿元；东北地区林业产业总产值为 4770.65 亿元。中、西部地区林业产业增长速度最快，增速都超过 20%。东部地区林业产业总产值所占比重最大，占全部林业产业总产值的 48.96%。林业产业总产值超过 3000 亿元的省份共有 6 个，分别是广东、山东、福建、江苏、广西和浙江(图 2)。

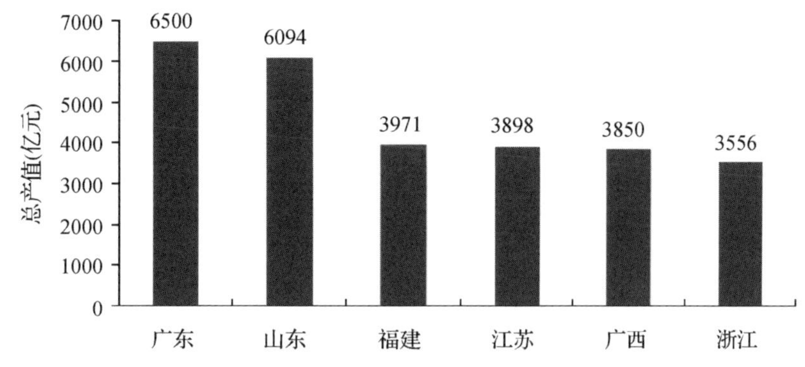

图 2 林业产业总产值超 3000 亿元省份

二、木材安全保障

2014 年，全国木材储备生产基地建设继续推进，国家木材储备战略联盟成立，并划定首批国家储备林 100 万公顷，改造培育 40 万公顷。全国木材储备生产基地建设共完成造林经营面积 11.14 万公顷。速生丰产用材林基地建设共完成各地类造林 36.33 万公顷。

三、木材生产及林产工业

(一)木材产量

2014 年，全国商品材产量略有减少，为 8233.30 万立方米(图 3)。在全部木材产量中，原木产量为 7553.46 万立方米，薪材产量为 679.84 万立方米。东北、内蒙古国

---

① 本报告采用国家四大区域的分类方法，即将全国划分为东部、中部、西部和东北四大区域。东部地区包括：北京、天津、河北、上海、江苏、浙江、福建、山东、广东、海南 10 个省(直辖市)；中部地区包括：山西、安徽、江西、河南、湖北、湖南 6 个省；西部地区包括：内蒙古、广西、重庆、四川、贵州、云南、西藏、陕西、甘肃、青海、宁夏、新疆 12 个省(自治区、直辖市)；东北地区包括：辽宁、吉林、黑龙江 3 个省和大兴安岭地区。

有林区木材产量比上年减少82.21万立方米，商品材产量持续调减。此外，全国农民自用材采伐量773.11万立方米，农民烧材采伐量2127.40万立方米。

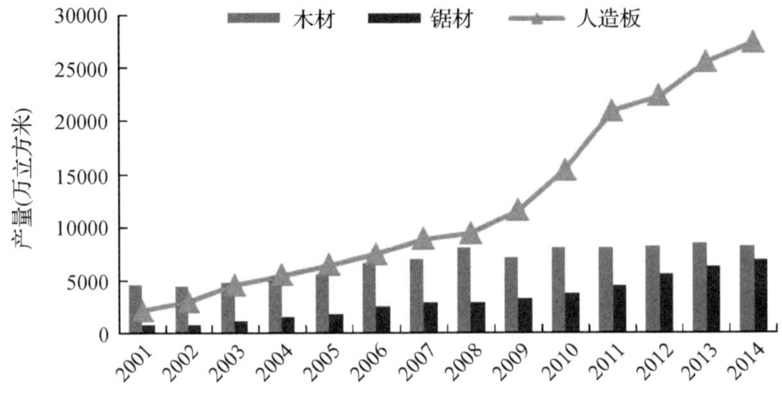

图3　2001~2014年全国木材、锯材及人造板产量

(二)锯材与木片、木粒加工产品产量

2014年，全国锯材产量为6836.98万立方米，比2013年增长8.56%。木片、木粒加工产品产量为4314.09万实积立方米，比2013年增长9.62%。

(三)人造板产量

2014年，全国人造板产量为27371.79万立方米，比2013年增长7.09%。在全部人造板产量中，胶合板产量为14970.03万立方米，比2013年增长9.07%，占全部人造板产量的54.69%；纤维板产量为6462.63万立方米，与上年基本持平，占全部人造板产量的23.61%，其中中密度纤维板产量为5682.57万立方米；刨花板产量为2087.53万立方米，比2013年增长10.75%，占全部人造板产量的7.63%；其他人造板产量为3851.60万立方米(细木工板占62%)，比2013年增长8.57%，占全部人造板产量的14.07%。

从分省情况看，山东、江苏、广西、安徽、河南、河北、广东7省(自治区)产量均超过1000万立方米，7省(自治区)人造板产量共计21073.54万立方米，占全国人造板产量的76.99%(图4)。

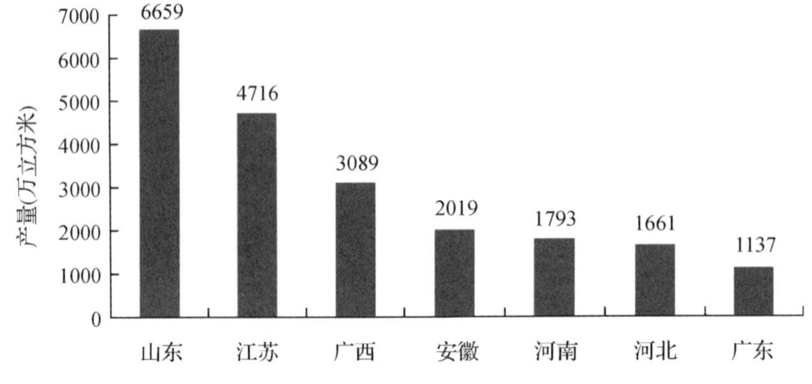

图4　2014年人造板产量位列前7名的省份

(四)木竹地板产量

2014 年全国木竹地板产量为 7.60 亿平方米，比 2013 年增长 10.30%。在木竹地板产量中，实木地板 1.50 亿平方米，占全部木竹地板产量的 19.68%；实木复合地板 2.43 亿平方米，占全部木竹地板产量的 31.95%；强化木地板(浸渍纸层压木质地板) 2.47 亿平方米，占全部木竹地板产量的 32.51%；竹地板 1.02 亿平方米，占全部木竹地板产量的 13.49%；包括软木地板、集成材地板等其他木地板 0.18 亿平方米。江苏和浙江两省是木竹地板产量最大的省份，产量分别达到 1.69 亿平方米和 1.20 亿平方米，江苏省主要以强化木地板为主，而浙江省主要以实木及实木复合地板为主。

(五)林产化工产品产量

2014 年，全国松香类产品产量为 170.07 万吨，比 2013 年增长 3.56%。松节油类产品产量为 23.08 万吨，比 2013 年下降 13.41%。樟脑产量为 1.32 万吨，冰片产量为 2610 吨，栲胶类产品产量为 5013 吨，紫胶类产品产量为 4645 吨。包括木炭、竹炭、活性炭等各类木竹热解产品产量为 134.08 万吨。

四、经济林、竹、油茶、花卉产业

2014 年，国务院办公厅出台《关于加快木本油料产业发展的意见》，国家林业局印发了优势特色经济林发展布局、森林等自然资源旅游、林下经济等专项规划，制定了扶持特色经济林产业发展指导意见。全国各类经济林产品产量稳定增长，达到 1.58 亿吨，比 2013 年增长 6.81%。从产品类别看，水果产量为 1.35 亿吨，比 2013 年增长 6.72%；干果产量为 1148 万吨，比 2013 年增长 5.41%；毛茶等林产饮料产品产量为 210 万吨；花椒、八角等林产调料产品产量为 65 万吨；竹笋干、食用菌等森林食品产量为 340 万吨；杜仲、枸杞等木本药材产量为 171 万吨；油茶等木本油料产量为 212 万吨；松脂、油桐籽等林产工业原料产量为 187 万吨。

(一)大径竹产量

2014 年，全国大径竹产量为 22.24 亿根，比 2013 年增长 18.52%，其中毛竹产量为 13.08 亿根，其他大径竹产量为 9.16 亿根。竹产业产值达 1845 亿元。

(二)油茶

2014 年，油茶种植面积达到 365 万公顷，当年新造油茶林 15.75 万公顷，低产林改造 13.75 万公顷。繁殖圃 471 个，苗木产量 8.66 亿株，油茶籽产量为 202 万吨，比 2013 年增长 13.90%。从事油茶良种苗木培育、种植、茶油以及其他副产品生产加工的企业发展到 1844 家，油茶产业产值达 553 亿元。

(三)花卉

2014 年，全国花卉种植面积 102.21 万公顷，花卉种植业产值达到 1855 亿元。切花切叶 176 亿支；盆栽植物 45 亿盆；观赏苗木 111 亿株；草坪 3.79 亿平方米。具有一定规模的花卉市场 4400 多个，花卉企业 4.92 万家，其中大中型花卉企业 9000 多家；花卉从业人员 493 万人，花农 136 万户；控温温室面积和日光温室面积分别为 6585 万平方米和 16813 万平方米。

五、主要林业产品销售价格

2014 年，全国主要林业产品综合平均价格涨跌互现，其中木材、竹材价格有所提高，木竹加工产品价格普遍提高，林化产品价格有所下降。木材综合平均价格为每立方米 822 元，比 2013 年提高 10.78%，大径竹材综合平均价格为每根 10 元，比 2013 年略有增长；锯材综合平均价格为每立方米 1359 元，木片综合平均价格为每实积立方米 847 元，木地板综合平均价格为每平方米 191 元，胶合板综合平均价格为每立方米 1679 元，硬质纤维板综合平均价格为每立方米 1913 元，中密度纤维板综合平均价格为每立方米 1607 元，刨花板综合平均价格为每立方米 1304 元；受国际价格影响，松香和紫胶综合平均价格分别比 2013 年下降 29.09% 和 28.54%，为每吨 8931 元和 34569 元。栲胶综合平均价格为每吨 11311 元，比 2013 年提高 18.17%。

（本文数据由国家林业局发展规划与资金管理司统计处提供）

2014年林业产业总产值超千亿元省份的产业结构分析

吕永来

自2009年全国林业产业大会召开以来，到2014年的5年中，全国林业产业有了长足的发展，林业产业总规模在不断扩大。据国家林业局统计，2009年全国林业产业总产值(按现价计算，下同)为1.75万亿元(总计为17493.73亿元)，发展到2010年突破2万亿元(总计为22779.02亿元)、2011年突破3万亿元(总计为30596.73亿元)、2013年突破4万亿元(总计为47315.43亿元)，2014年又有新的发展，总产值竟达到5.40万亿元(总计为54032.94亿元)，比2013年增长14.20%，比2009年增长208.87%，5年中，平均每年增长25.7%(表1)。

表1　2009~2014年林业产业总产值超千亿元省份的产值及比重

年度	全国林业产业总产值(亿元)	其中：超千亿元省份	
		总产值(亿元)	比重(%)
2009	17493.73	6177.13	35.31
2010	22779.02	14205.72	62.36
2011	30596.73	23238.86	75.95
2012	39450.91	34641.00	87.81
2013	47315.43	42747.52	90.35
2014	54032.94	48805.03	90.33

分省份来说，各省份的林业产业总产值发展状况是不一样的。其中，林业产业总产值超千亿元的省份数量在不断增加，从2009年的4个(即广东、福建、浙江和江苏，这4个省份的林业产业总产值为6177.13亿元，占当年全国林业产业总产值的35.31%)、发展到2010年的9个(即广东、山东、浙江、福建、江苏、广西、四川、湖南和江西，这9个省份的林业产业总产值为14205.72亿元，占当年全国林业产业总产值的62.36%)、2011年的12个(即广东、山东、浙江、福建、江苏、广西、湖南、四川、江西、辽宁、安徽和吉林，这12个省份的林业产业总产值为23238.86亿元，占当年全国林业产业总产值的75.95%)、2012年的16个(即广东、山东、浙江、江苏、

福建、广西、湖南、四川、江西、安徽、辽宁、吉林、湖北、黑龙江、河南和河北，这 16 个省份的林业产业总产值为 34641.00 亿元，占当年全国林业产业总产值的 87.81%)、2013 年又有云南加入进来，达到 17 个(即广东、山东、福建、江苏、浙江、广西、湖南、安徽、四川、江西、辽宁、湖北、吉林、黑龙江、河南、河北和云南，这 17 个省份的林业产业总产值为 42747.52 亿元，占当年全国林业产业总产值的 90.35%)，2014 年继续保持了这 17 个省份，而且在总产值规模上又有新的扩大。这 17 个省份是：广东(产值为 6500.34 亿元)、山东(产值为 6093.64 亿元)、福建(产值为 3971.31 亿元)、江苏(产值为 3897.66 亿元)、广西(产值为 3849.97 亿元)、浙江(产值为 3555.59 亿元)、湖南(产值为 2799.11 亿元)、江西(产值为 2654.59 亿元)、安徽(产值为 2510.82 亿元)、四川(产值为 2335.78 亿元)、辽宁(产值为 1833.92 亿元)、湖北(产值为 1736.99 亿元)、河南(产值为 1490.84 亿元)、吉林(产值为 1451.00 亿元)、河北(产值为 1412.71 亿元)、黑龙江(产值为 1381.12 亿元)和云南(产值为 1329.64 亿元)。这 17 个省份的林业产业总产值为 48805.03 亿元，占当年全国林业产业总产值的 90.33%。

2009~2014 年林业产业总产值超千亿元省份各年度的总产值规模的发展水平见表 2。

表 2　2009~2014 年林业产业总产值超千亿元省份的产值总规模　　亿元

省份	2009 年	2010 年	2011 年	2012 年	2013 年	2014 年
广东	2200.12	2802.16	3328.10	4690.92	5595.39	6500.34
山东		1820.14	2951.49	4515.22	5573.92	6093.64
福建	1472.72	1673.15	2559.40	3078.03	3609.53	3971.31
江苏	1136.47	1559.88	2291.62	3099.36	3608.60	3897.66
广西		1276.55	1672.31	2194.19	3020.12	3849.97
浙江	1367.82	1713.77	2791.99	3156.89	3379.29	3555.59
湖南		1150.32	1445.269	1883.43	2380.00	2799.11
江西		1052.97	1317.75	1628.2	2025.02	2654.59
安徽			1171.82	1599.78	2059.54	2510.82
四川		1156.78	1444.04	1745.67	2030.23	2335.78
辽宁			1238.40	1547.56	1737.58	1833.92
湖北				1109.59	1431.51	1736.99
河南				1088.74	1263.49	1490.84
吉林			1026.25	1150.95	1350.99	1451.00
河北				1058.66	1230.50	1412.71
黑龙江				1093.81	1281.38	1381.12
云南					1170.43	1329.64

2014 年林业产业总产值超千亿元的 17 个省份产值构成如下：

一产产值：林业一产产值在 1000 亿元以上的省份有两 2 个，即山东(产值为 2272.62 亿元)和广西(产值为 1282.65 亿元)；林业一产产值在 800 亿~1000 亿元的省份有 7 个，即江苏(产值为 999.78 亿元)、辽宁(产值为 973.88 亿元)、湖南(产值为

953.74亿元)、四川(产值为881.94亿元)、江西(产值为860.19亿元)、云南(产值为860.15亿元)和浙江(产值为829.49亿元);林业一产产值为600亿~800亿元的省份有6个,即广东(产值为791.70亿元)、安徽(产值为752.47亿元)、河南(产值为707.60亿元)、湖北(产值为702.26亿元)、福建(产值为701.57亿元)和河北(产值为677.11亿元);其余的两个省份一产产值均在600亿元以下,即黑龙江一产产值为535.55亿元,吉林一产产值为391.17亿元(表3)。

表3 2014年林业产业总产值超千亿元省份的一产产值

地区	林业产业一产产值(亿元)	地区	林业产业一产产值(亿元)
山东	2272.62	广东	791.70
广西	1282.65	安徽	752.47
江苏	999.78	河南	707.60
辽宁	973.88	湖北	702.26
湖南	953.74	福建	701.57
四川	881.94	河北	677.11
江西	860.19	黑龙江	535.55
云南	860.15	吉林	391.17
浙江	829.49		

二产产值:林业二产产值在1000亿元以上的省份有9个,即广东(产值为4468.97亿元),山东(产值为3422.67亿元)、福建(产值为3120.67亿元)、江苏(产值为2466.93亿元)、浙江(产值为2336.07亿元)、广西(产值为2224.50亿元)、安徽(产值为1336.18亿元)、江西(产值为1292.69亿元)和湖南(产值为1046.74亿元);林业二产产值为800亿~1000亿元的省份有1个,即吉林(产值为891.17亿元);林业二产产值为600亿~800亿元的省份有5个,即四川(产值为791.53亿元)、湖北(产值为708.37亿元)、河北(产值为662.33亿元)、河南(产值为624.24亿元)和黑龙江(产值为622.79亿元);其余的两个省份林业二产产值均在600亿元以下,即辽宁林业二产产值为597.68亿元,云南林业二产产值为367.15亿元(表4)。

表4 2014年林业产值总产值超千亿元省份的林业二产产值

地区	林业产业二产产值(亿元)	地区	林业产业二产产值(亿元)
广东	4468.97	吉林	891.17
山东	3422.67	四川	791.53
福建	3120.67	湖北	708.37
江苏	2466.93	河北	662.33
浙江	2336.07	河南	624.24
广西	2224.50	黑龙江	622.79
安徽	1336.18	辽宁	597.68
江西	1292.69	云南	367.15
湖南	1046.74		

三产产值：林业三产产值在1000亿元以上的省份只有1个，即广东（产值为1239.67亿元）；林业三产产值为800亿~1000亿元的省份没有；林业三产产值为600亿~800亿元的省份有2个，即湖南（产值为798.63亿元）和四川（产值为662.31亿元）；林业三产产值在400亿~600亿元的省份有3个，即江西（产值为501.71亿元）、江苏（产值为430.95亿元）和安徽（产值为422.17亿元）；其余的11个省份林业三产产值均在400亿元以下，包括山东、浙江、广西、湖北、辽宁、黑龙江、吉林、河南、福建、云南和河北（表5）。

表5　2014年林业产业总产值超千亿元省份的林业三产产值

地区	三产产值（亿元）	地区	三产产值（亿元）
广东	1239.67	湖北	326.36
湖南	798.63	辽宁	262.36
四川	662.31	黑龙江	222.78
江西	501.71	吉林	168.66
江苏	430.95	河南	159.00
安徽	422.17	福建	149.07
山东	398.35	云南	102.34
浙江	390.03	河北	73.27
广西	342.82		

关于这17个省份的林业一、二、三产业产值所占比重的情况分析如下：

林业一产产值比重：林业一产产值占林业产业总产值比重在50%以上的省份有2个，即云南（比重为64.69%）和辽宁（比重为53.10%）；林业一产产值比重为40%~50%的省份有3个，即河北（比重为47.93%）、河南（比重为47.46%）和湖北（比重为40.43%）；林业一产产值比重为30%~40%的省份有6个，即黑龙江（比重为38.78%）、四川（比重为37.76%），山东（比重为37.30%）、湖南（比重为34.07%）、广西（比重为33.32%）和江西（比重为32.40%）；林业一产产值比重为20%~30%的省份有4个，即安徽（比重为29.97%）、吉林（比重为26.96%）、江苏（比重为25.65%）和浙江（比重为23.33%）；其余的两个省份（包括福建和广东）林业一产产值比重均在20%以下（表6）。

表6　2014年林业产业总产值超千亿元省份的一产产值比重

地区	云南	辽宁	河北	河南	湖北	黑龙江	四川	山东	湖南
比重（%）	64.69	53.10	47.93	47.46	40.43	38.78	37.76	37.30	34.07
地区	广西	江西	安徽	吉林	江苏	浙江	福建	广东	
比重（%）	33.32	32.40	29.97	26.96	25.65	23.33	17.67	12.18	

林业二产产值比重：林业二产产值占林业产业总产值比重在50%以上的省份有8个，即福建（比重为最高，占78.58%）、广东（比重为68.75%）、浙江（比重为65.70%）、江苏（比重为63.29%）、吉林（比重为61.42%）、广西（比重为57.78%）、山东（比重为56.17%）和安徽（比重为53.22%）；林业二产产值比重为40%~50%的省

份有 5 个，即江西（比重为 48.70%）、河北（比重为 46.88%）、黑龙江（比重为 45.09%）、河南（比重为 41.87%）和湖北（比重为 40.78%）；林业二产产值比重为 30% ~40% 的省份有 3 个，即湖南（比重为 37.40%）、四川（比重为 33.89%）和辽宁（比重为 32.59%）；林业二产产值比重在 30% 以下的省份只有 1 个，即云南（比重为 27.61%）（表 7）。

表 7　2014 年林业产业总产值超千亿元省份的二产产值比重

地区	福建	广东	浙江	江苏	吉林	广西	山东	安徽	江西
比重（%）	78.58	68.75	65.70	63.29	61.42	57.78	56.17	53.22	48.70
地区	河北	黑龙江	河南	湖北	湖南	四川	辽宁	云南	
比重（%）	46.88	45.09	41.87	40.78	37.40	33.89	32.59	27.61	

林业三产产值比重：林业三产产值占林业产业总产值比重在 20% 以上的省份只有 2 个，即湖南（比重为 28.53%）和四川（比重为 28.35%）；林业三产产值比重为 10% ~20% 的省份有 10 个，即广东（比重为 19.07%）、江西（比重为 18.90%）、湖北（比重为 18.79%）、安徽（比重为 16.81%）、黑龙江（比重为 16.13%）、辽宁（比重为 14.31%）、吉林（比重为 11.62%）、江苏（比重为 11.06%）、浙江（比重为 10.97%）和河南（比重为 10.67%）；其余的 5 个省份（包括广西、云南、山东、河北和福建）林业三产产值比重均在 10% 以下（表 8）。三产产值比重较小，说明未来发展林业第三产业的空间还是比较大的。

表 8　2014 年林业产业总产值超千亿元省份的三产产值比重

地区	湖南	四川	广东	江西	湖北	安徽	黑龙江	辽宁	吉林
比重（%）	28.53	28.35	19.07	18.90	18.79	16.81	16.13	14.31	11.62
地区	江苏	浙江	河南	广西	云南	山东	河北	福建	
比重（%）	11.06	10.97	10.67	8.90	7.70	6.53	5.19	3.75	

（注：本文中表 1~8 是根据国家林业局有关统计资料加工整理制作的）

第二部分 专题报告篇

我国林业产业多年来保持着极高的发展速度，为提高国民生活层次，促进社会主义经济的发展做出了突出的贡献。同时，林业产业作为社会的基础产业之一，在生态文明建设的大背景下，在“互联网+”和“走出去”战略的影响下，在与资本市场接轨的过程中，林业产业将如何表现，在本部分安排专题报告进行解析。

我国林产品海外市场的贸易战略研究

——俄罗斯篇

王　满　刘祝赞　黄炳煌　王树明　庞海涛　安士龙

俄罗斯是世界森林资源第一大国，约占世界森林总面积的25%。俄罗斯林业在国民经济和社会生活中一直占据着较为重要的地位。统计资料显示，俄罗斯森林工业的年产值目前占俄罗斯工业总产值的5%以上，其森林工业包括采运业、木材加工业、纸浆造纸业和林产化工业等，林业作为地区专业化生产部门发挥着日益重要的作用。俄罗斯是世界林业大国，同时也是中国最大的邻国，中国开展对俄罗斯林产品合作具有得天独厚的地缘优势，对保护中国森林产品资源基地和保障木材供应具有重要意义。特别是中国与俄罗斯两国自确立战略合作伙伴关系以来，两国经贸得到长足发展。本文对中俄林木产品贸易和森林资源合作开发作了全面而深入的探讨，提出了实行跨国经营、加强两国政府间和地区间合作，采取灵活多样的形式等具体切实可行的解决办法。

一、俄罗斯森林资源状况及林产品发展现状

（一）俄罗斯森林资源状况

（1）蓄积量巨大　俄罗斯联邦位于欧洲的东部和亚洲的北部，国土面积位居世界第一，一半多为森林或其他林地，其中大部分位于北纬50°以北的寒冷地区。俄罗斯是森林资源最丰富的国家，森林面积和木材蓄积量均居世界第一位，人均森林面积为5.6公顷。

（2）分布集中　俄罗斯森林资源主要分布在西北、西伯利亚和远东地区。俄罗斯领土亚洲部分的森林蓄积量占全国森林总蓄积量约60%。该地区面积广大，人烟稀少，原始森林和常年冻土带广布，开发较晚，开发程度普遍较低，林业基础设施落后，并且远离欧洲木材市场。

表 1　俄罗斯联邦森林资源分布

	森林面积(亿公顷)	木材蓄积量(亿立方米)	森林覆盖率(%)
俄罗斯	7.9623	833	46.6
远东联邦区	2.9628	210	48.0
西伯利亚联邦区	2.7658	335	53.8
西北联邦区	0.8845	103	52.5
乌拉尔联邦区	0.6980	30	38.4
伏尔加河沿岸联邦区	0.3797	58	36.8
中央联邦区	0.2270	40	35.0
南方联邦区	0.0445	7	7.5

(3)以针叶林为主　俄罗斯的森林资源中，针叶树种占有绝对优势。针叶林面积占森林总面积的45%，针叶林蓄积量占森林总蓄积量近80%。其分布也较为集中，主要分布在乌拉尔山脉以东广袤的远东和西伯利亚地区。成熟林和过熟林中，针叶林占近八成。

(4)成熟林和过熟林占优势　无论是针叶林还是阔叶林，成熟林和过熟林蓄积量都占绝对优势，且比较集中地分布在亚洲部分。目前，成熟林和过熟林蓄积量仍达到416亿立方米，占总蓄积量的57%。针叶成熟林和过熟林蓄积量为342亿立方米，占总蓄积量的46%，占针叶林蓄积量的58%。软阔叶成熟林和过熟林蓄积量为71亿立方米，占总蓄积量的9.6%，占软阔叶林蓄积量的52%。如果不及时开采，成熟林容易形成病虫害，导致树木腐朽不可利用。

(二)俄罗斯林产品的贸易状况

从产品结构看，俄罗斯林产品进口主要集中在高质量纸品、家具、包装纸、建筑材料等木材深加工产品。出口则主要集中在原木、锯材等初级产品上。俄罗斯对外贸易商品结构的主要表现是初级产品贸易的比重大，这与世界趋势不符。

(1)世界林产品贸易中占有重要地位　目前，俄罗斯出口的林产品主要是原木等初级林产品。其出口量占俄罗斯林产品出口总量的55%，居世界第2位；其出口额占世界原木出口总额的1/3强。除原木等初级林产品外，俄罗斯其他林产品在出口方面表现较差。在木材深加工方面与世界其他国家存在较大差距，林木深加工产品竞争力较弱。

(2)结构单一，进口以木材深加工产品为主　俄罗斯是森林资源大国，由于缺少资金与技术，导致一些木材深加工产品生产严重不足。为了满足国内木材深加工产品的需求，俄罗斯每年都要大量进口木材深加工产品。俄罗斯林产品进口部门主要集中在纸浆造纸业与木材加工业，进口产品以高质量纸品与专门纸品为主(约占2/3)，此外还有家具、包装纸、卫生纸、建筑材料(门、窗、隔板、镶木地板、护墙板)等。

俄罗斯林产品出口加工区主要集中在西北地区和东部地区，具体包括阿尔汉格尔斯克州、卡累利阿共和国、沃洛格达州、克拉斯诺亚尔斯克边疆区、科米共和国、滨海边疆区、伊尔库茨克州等。伊尔库茨克州是俄林产品出口较多的地区，该州出口的林产品占全俄的18.4%，其中纸浆占55.3%。该州的林产品出口结构为：原木为66.8%，木材加工产品为20%，纸浆造纸产品为2.5%，其主要出口目标国为中国和日本，占其林产品出口总额的90%。俄罗斯远东联邦区是传统的林产品出口大户，目前俄罗斯林产品出口总额的40%来自该地区，其出口创汇收入一向比俄罗斯其他地区高。俄罗斯远东地区林产品向世界十几个国家和地区出口，主要是日本（占俄罗斯远东地区林产品出口总量的60%~65%）、中国及韩国等。近年，其他独联体国家也开始大量从俄罗斯远东地区进口原木，它们的原木进口量已占俄罗斯远东地区原木出口总量的10%~15%。

（3）俄罗斯林产品出口遭遇"绿色壁垒"　俄罗斯的绿色标志制度与发达国家比起来还很不健全，俄罗斯许多出口商品并未申请绿色标志，而没有绿色标志的林产品在国际市场上显然缺乏竞争力。况且，欧洲所持有的绿色消费观比亚洲更强。欧洲委员会称，今后欧盟可能会拒绝进口俄罗斯未经卫生加工或者未经认证的林产品。

（4）俄罗斯林产品出口受地缘关系影响较大　实际上，除了距离远近对俄罗斯林产品出口市场结构有一定的影响外，消费习惯也是影响其林产品出口市场结构的重要因素之一。近年来，受民族习俗、传统文化等因素的影响，欧洲与亚洲的一些国家和地区对俄罗斯林产品形成了较为稳定的需求。这种相对集中的出口市场一方面反映了俄罗斯林产品出口竞争力较弱、市场开拓能力不足；另一方面也反映俄罗斯林产品出口面临一系列风险。俄罗斯林产品出口额与进口国国内需求及相关的贸易政策有很大关系。

（三）俄罗斯森林工业面临的问题

（1）非法采伐和非法木材贸易　在俄罗斯，木材非法采伐、非法出口问题严重。其领土欧洲部分所采伐的木材中有近35%为非法采伐，而在远东和高加索地区超过50%。据官方资料，俄罗斯每年木材非法采伐量约1900万立方米，给国家带来的损失达5亿美元。俄罗斯森林工业家协会主席米龙·塔琼称，俄罗斯每年应该从木材出口获利近1000亿美元，而实际上每年所获得的收入只有43亿美元。非法砍伐木材数量最多的地区是东西伯利亚和远东地区。

（2）采伐能力低下，基础设施不足　俄罗斯所有森林和林地属国家所有，但林业行业已全部由私人经营。俄罗斯90%以上的森林为原始森林，其中2/3可供应木材。由于天然林比例较大，每公顷平均林木净增量较低，而采伐量则更低。俄罗斯平均每公顷森林只有1.2公里森林道路，其中硬路面仅占10%。而美国同样大面积的森林，其道路为10公里，奥地利为36公里，法国为40公里，德国为45公里。

（3）森工产业生产能力严重不足　以俄罗斯远东和西伯利亚地区为例，该地区木材蓄积量占世界木材总蓄积量的15%，但由于劳动力缺乏、基础设施不足、气候环境恶劣，以及技术、经济发展和生态保护等因素的限制，该地区的资源输出量远低于其资源蓄积量，造成资源的大量浪费，严重影响了森林资源的更新和优化。

（4）林产品进口受本国经济发展状况影响较大　俄罗斯林产品进口的变动在很大程度上取决于本国经济的发展状况。如果俄罗斯经济状况良好，外汇处于稳定期，俄罗斯林产品进口就呈增长趋势；如果俄罗斯经济状况恶化，卢布贬值，林产品进口则会下降。

（四）俄罗斯发展林产工业的政策导向

目前，俄罗斯森林工业的发展战略是：提高森林工业的整体加工水平，增加木材深加工企业数量，提高木材造纸产品的比重。为此，俄罗斯制定了提高原木出口关税等措施以鼓励国内木材深加工产业的发展。除鼓励本国企业投资外，俄罗斯各级政府欢迎外国企业进行林业合作开发。俄方希望外国企业在俄罗斯境内进行生产性投资，建立木材加工企业，利用当地丰富的木材资源，加工后以成品或半成品的形式供应国内市场或出口，以此带动当地产业升级，创造更多的就业机会，带来更多的税收（表2）。

表2　俄罗斯原木出口关税变化

年份	关税（欧元/立方米）	关税（美元/立方米）
1996	4	5
2007	10	14
2008	15	23
2009	50	74

为了扶持木材深加工产品的出口，俄罗斯大力发展林业深加工业，将木材深加工产品出口关税降为零，并分阶段提高了针叶类原木的出口关税。在此背景下，俄罗斯政府加大了对林业产业的支持力度，特别是对林业深加工业进行投资，为全俄林业生产制定规划。具体经济扶持政策包括设立国家专项资金、针对林地承租人出台扶持贷款造林政策、向州和县提供财政刺激款项、推动人工造林、限制原木出口、鼓励深加工产品出口、制定义务营造人工林的法规以及制定优惠措施吸引国外资金等。

二、中俄林产品市场需求分析

俄罗斯幅员辽阔，森林资源十分丰富，占全球森林资源总面积的22%；木材总蓄积量达893.96亿立方米，占全球木材总蓄积量的26%，是世界上重要的原木出口大国。中国森林覆盖率低，人均占有量少。中国作为林产品生产和消费大国，相当大一部分林产品需要从国外进口。随着经济与社会的发展，未来中国对林产品的需求将呈上升趋势。因此，认真分析中俄两国林产品市场需求，对加强中俄林业合作、促进中俄经贸发展、深化中俄战略协作伙伴关系均具有重要的现实意义。

1. 俄罗斯林产品的消耗与供给

俄罗斯林产品主要消费领域包括建筑、木材加工、纸浆造纸、矿山工业、林产化工、纸与纸板生产、家具以及其他民用必需品生产、维修、国内锯材交易、出口等领域。俄罗斯林产品消费市场作为其国内消费市场的一部分，受国家经济与社会发展的影响较大。

俄罗斯虽然是林产品需求与消费大国，但其林产品消费却一直呈低水平增长。除了居民的消费心理取向外，俄罗斯的社会经济状况是最重要的因素。俄罗斯主要林产品人均需求量大大低于世界林业发达国家，如 2012 年俄罗斯纸与纸板人均消费量为 41 千克，加拿大为 228 千克，美国为 327 千克，芬兰为 412 千克；2011 年欧洲各国家具人均消费额为 260 欧元，人均消费水平居前几位的国家分别是德国、奥地利、瑞士、丹麦、比利时等国，而俄罗斯人均家具消费额只有 12 欧元。俄罗斯锯材人均消费量比芬兰低 85.6%，纸与纸板人均消费量比芬兰低 96%。从全俄来看，俄罗斯欧洲部分林产品，尤其是木材深加工产品的消费水平较高，2012 年其林产品人均消费额为 580 美元。

目前，俄罗斯市场上销售的原木等初级产品主要靠国内生产，而木材深加工产品则主要依赖进口。进口林产品占俄罗斯林产品消费比重达 70% 以上，其中木材深加工产品所占比重更高。2012 年，俄罗斯保温材料、门窗和地板的进口分别占国内需求的 91%、55% 和 95%。中国的一些木材加工产品在俄罗斯已经受到了广泛的欢迎，如各类实木地板、实木复合地板以及强化复合地板、建材、细木工板、中密度板、集成材板、胶合板、纤维板、实木门和各种装修用木制产品以及其他木制家具等。

从俄罗斯林产品市场现状看，目前，俄罗斯能够向国内提供丰富的原木等初级林产品，且部分林产品能够用于出口；而俄罗斯木材深加工产品生产能力明显不足，俄罗斯国内所需的木材深加工产品主要依赖进口。中国由于森林资源的局限，国内所需的原木等初级林产品只能依赖进口；而中国的人造板，尤其是胶合板以及家具不仅能满足国内的需求，而且能够大量出口。

2. 俄罗斯林产品市场的发展趋势

到 2014 年，俄罗斯林产品消费量将迅猛增长，其中木材深加工产品消费量的增长幅度最大，具体品种包括印刷用高质量纸品、包装用纸品、卫生纸和办公用纸。与 2002 年相比，2014 年俄罗斯主要林产品增长幅度将分别为：用材增长 2.3 倍，锯材增长 2.85 倍，胶合板增长 1.35 倍，刨花板增长 1.18 倍，纤维板增长 1.26 倍，商品纸浆增长 1.42 倍，纸增长 1.52 倍，纸板增长 1.85 倍，家具增长 1.6 倍。

以上分析显示，未来一段时间，俄罗斯对林产品需求将呈不断增长趋势。俄罗斯的林产品消费市场是一个潜力巨大的市场。因此，大力开拓俄罗斯林产品市场，尤其是木材深加工产品市场则有利可图。

3. 中国林产品资源呈现结构性短缺

中国国内木材供给不足，进口木材平稳增长。自从 1998 年实施天然林资源保护工程以来，中国国内对生态和资源的保护力度不断加大，国产木材相对不足，每年中国国内的木材需求都存在较大的缺口。由于国产木材不能满足市场的需求，中国对原木的进口开始不断增长。

从目前的形势来看，中国将继续深入实行天然林资源保护工程。同时，随着经济的快速发展和国民收入的不断增加，中国对林产品的需求无论从品质上还是从数量上都将不断增长。此外，中国政府将持续实施稳健和积极的财政政策，继续实施林产品进口零关税以及放开经营权等鼓励木材进口政策。因此，未来一段时间，中国林产品需求市场将呈现比较旺盛的局面。

中国未来的林产品资源短缺主要是结构性短缺。2015 年将可能出现的情况是：小径材供应有余，而优质大径材，尤其是珍贵阔叶材的供应严重不足。随着人民生活水平的提高和对装饰及家具用材需求量的迅速增加，预计在优质大径材（特别是优质阔叶大径材）方面的供需缺口将会进一步扩大。由于中国国内资源在短时期内无法满足这种需求，因此需要继续依赖国际市场。

总之，通过对中俄林产品市场需求现状与需求趋势的比较可以看出，中俄在主要林产品需求结构方面有着较强的互补性，即俄罗斯对进口木材深加工产品需求旺盛，中国对进口原木等初级林产品的需求量比较大。而中俄两国对某种林产品的强势需求恰好是对方的优势林产品。根据两国的需求差距以及两国的合作现状来看，中俄两国在林产品需求结构方面的互补性将继续保持，这将极大地促进中俄林业经贸合作的发展。

三、中俄两国产品贸易合作战略措施

1. 经济的可持续发展和生态环境安全

中俄两国在开发利用森林资源时，不仅要注意森林经营的经济成果和效益，而且也要注意森林生态效益的充分发挥。中俄林业经贸合作的迅速开展已引起世界有关组织及相关国家的注意。一方面，要合理开发利用森林资源；另一方面，也要防止滥伐森林，保护该区域的生态环境。任何不合理的开发行为，都会造成资源的破坏，并连带性地带来严重的环境问题，而且这种破坏的后果具有很大的惯性，即使耗费巨大的人力、技术及资金等资源去拯救，也难以在短时期内恢复。

2. 森林资源的国际合作开发与利用

俄罗斯西伯利亚与远东地区森林资源丰富，但人口稀少，生产设备老化，采伐开发能力严重不足，中国东北、内蒙古东部地区林业发展历史悠久，在森林采伐与运输、锯材与木制品加工、人造板生产、制浆造纸等方面富有经验，熟练劳动力丰富而且成本低廉，这将在俄罗斯西伯利亚与远东地区森林资源合作开发与利用过程中发挥重要作用。森林工业面临的风险主要有两种：经营风险和资源灭失风险。经营风险包括企业经营过程中由市场、汇率和企业家素质等因素导致的经营困难，甚至退出市场。资源灭失风险包括生物灾害、气象灾害和地质灾害等引起的森林资源的损失及由此附带的其他损失。

3. 林木产品区域贸易的拓展

目前，中俄两国互为主要林业经贸伙伴。中俄林业合作从原木贸易起步，贸易规模逐年扩大，俄罗斯已成为中国木材进口第一大来源地，中国也是俄罗斯最大的木材出口市场。中国每年对外林木产品的进出口贸易额大部分是与俄罗斯进行的。中国的国际林业经济和贸易活动，主要维系于俄罗斯，中俄两国稳步开展贸易与投资自由化和经济技术合作，对于确保中俄两国的经济发展和贸易创造，具有特别重要的战略意义。中俄两国在林业组织制度性因素方面包容性较强，理解和沟通比较通畅，且呈旺盛增长态势。中国企业在开发俄罗斯木材市场方面，积累了丰富的贸易经验，贸易相容性强，加之地缘优势，对林木产品的旺盛需求和巨大的市场容量以及较强的木材制品生产能力，使得中俄两国在林木产品贸易拓展方面发挥重要作用。

4. 林木产品的跨国加工与生产

近年来，中国有关部门正确定一批赴俄开展木材深加工的重点项目，予以重点扶持，以促进两国木材深加工合作。林业产业大多属于劳动密集型产业，也有属于劳动密集型、资金密集型和技术密集型兼而有之的产业，比较适合中国当前经济发展与产业结构调整的需要。

目前，中国的林业企业已基本实现从粗放经营，发展到现代化的集约化经营，并成为家具、玩具、木地板、实木门、模压门及小木制品等产品的世界加工基地。俄罗斯有着相近的木材消费文化与消费心理偏好，中国企业在俄罗斯有不少的木材生产与加工企业。因此，无论是在俄罗斯的中资企业，还是中国境内企业，都有足够能力在中俄两国林木产品贸易活动中起到加工商的作用。

5. 区域林业的国际直接投资

区域林业国际直接投资合作将是中俄两国企业的发展方向，尤其是在中国具备比较优势且投资规模不大的木材生产与加工、家具制作、人造板生产与木制品生产方面，中国企业已经有能力进行林业直接投资，实施“走出去”战略，进行跨国经营，这是国际经济与贸易利益最大、综合成本最低的经营模式。中国产品不仅成本低，而且品质优良，供货稳定。同时，在多层实木与强化复合地板、中密度纤维板和纸板等技术与资本密集型品种方面，中国企业可以通过与日本、韩国、欧美等国家的企业合作，共同投资俄罗斯西伯利亚与远东地区，以分散投资风险，利用资源优势，扩大投资规模。

6. 区域林业产业的集聚

中国在两国林业经贸合作进程中，在劳动力、适用技术、信息要素具备资源禀赋，资本要素也随着其经济的发展有一定的优势条件，在组织、制度要素方面具备与俄罗斯林业产业发展的相容性。因此，中俄两国将在区域林业产业集聚方面发挥重要作用，抓住当前发展机遇，努力着手林业开发战略目标。

中国东北老工业基地重要的区位优势就是和俄罗斯相连。它的重要位置决定了它的区位优势，是重要的国际通道。要走上主要利用地处两国交界地带，或以沿海城市，或以边境口岸城市为依托，利用地缘优势来发展对外贸易与合作，达到进出口商品与生产要素结构互补，拉动经济的增长，以主要参与两国经贸合作为主的外向型经济发展模式的道路上来，进而实现经济的完全振兴。

上述理念引导，可以将中俄两国林业经贸合作的发展战略新思路表述为：把中国东北地区和俄罗斯西伯利亚与远东地区的全方位开放，作为中俄两国林业经贸合作的总体思路上的大经贸发展战略，进而形成未来整个中俄两国对外开放与经济协调发展的大格局。这一新的发展战略目标主要基于以下几个方面的考虑：首先，中国东北地区和俄罗斯西伯利亚与远东地区处于两国的交界地带；其次，中国东北地区和俄罗斯西伯利亚与远东地区历来在两国林业发展中占有举足轻重的地位；第三，中俄的边贸发展与升级，外贸与外资的增长，都为两国经贸关系的全面发展注入原动力，对于特定区域内能否建立自由贸易区、出口加工区和投资工业园区，甚至某些林业产业或产品形成“经济共同体”，都有待于深入研究；第四，要同两国国内其他开放地区加强了解，促进合作，协调发展。

四、中俄林产品贸易合作的发展对策

目前，国际上对俄罗斯森工领域的投资开发竞争日趋激烈，国外大型森工集团通过购买俄罗斯公司股份等方式不断向俄罗斯森工领域渗透。一方面，两国企业在市场机制作用下，遵循合作竞争的理念，进行资源整合；另一方面，两国政府应加大推动的力度为企业创造良好的政策环境与市场环境，规范市场秩序，积极引导消费，创造林业产业加快发展的外部条件。

1. 利益的共同性和需求的互补性决定中俄林业经贸合作的长远发展前景

近年来，俄罗斯政府为了尽快恢复和发展其国内经济，制定了大力引进外资，开发西伯利亚与远东地区森林资源、发展森林工业、振兴经济的战略，为中国在林业领域的广泛合作提供了有利的条件和可能。俄罗斯各地方政府也在积极改善本地经济环境，整顿经济秩序，规范行业经营，严厉打击走私、偷漏税、资本外逃及管理人员的索贿和受贿等腐败行为。市场秩序趋于好转，投资环境也逐步改善，为中国企业在俄罗斯进行直接投资和开展对俄经济技术合作创造了条件。

面对俄罗斯丰富的资源和宽松的政策，包括中国在内的各有关国家对投资开发俄罗斯的森林资源表现出浓厚的兴趣。中国在俄罗斯投资开发森林资源，进口俄罗斯木材具有得天独厚的、其他国家不可比拟的优势。由于中国东北与俄罗斯远东及西伯利亚地区合作的历史、区位优势与区域间木材特性替代性等因素，将此区域作为合作的主要地区，实行跨越式发展。

同时，目前中俄合作方式缺乏以资金、技术投入为主的合作，使中俄林业经贸合作的互补性大打折扣，投资力度不足已经制约了两国林业的合作发展。中俄林业经贸合作应由目前的推进过渡到点的深化，注重优化产业结构的合作发展。同时中国对俄罗斯林业深加工业的投资，一方面帮助俄罗斯由木材初加工向深加工、由粗加工向精加工的转变，提高产品附加值和国际竞争力；另一方面规避由于俄罗斯原木出口制约对我国林业产业带来的木材供给压力。

2. 政府在宏观层面上协调引导

我国需要从政府层面签订中俄林业合作长期规划，通过两国政府的政策引导，通过市场运作，在平等互利的基础上，促进两国林业合作健康、有序发展，同时通过政府组织研究俄罗斯政策导向，从战略角度作出长远规划和具体安排，及时向有关部门和企业发出风险预警信号，加强风险的控制和防范工作，务实推进中俄合作向更深层次发展。

中俄两国要进一步建立政府间交流会晤和协商机制，发挥政府在双边经贸合作与协调时的主导作用。通过沟通与谈判改善外部贸易环境将是政府促进对外区域经济合作的主要任务。其政策导向主要是：支持政策对话，加强行动协调，充分利用现有的双边磋商机制，加强与俄方的沟通与协商，切实解决两国林业经贸合作的障碍性问题；促进信息交流。要及时收集、整理、研究相关信息，为各方提供信息保障和决策依据，特别是为企业搭建信息咨询平台；确定合作的优先领域和具体项目的实施，鼓励和积极引导大中型企业集团赴俄投资采伐森林和木材深加工，培育壮大民营企业，使其逐步成为境外森林资源的生力军，共同落实资金来源，共同制定相应的鼓励措施；鼓励双方优势互补，联合投资和共同开发；支持企业积极参与合作项目，倡导大型林业合作项目，制定好投资发展战略规划；把握机遇，各级部门尽快参与中俄森林资源合作的大项目相关工作，带动森林资源基地建设。

目前，政府当务之急应该重点参与中俄森林资源合作大项目的启动与实施工作；抓好对俄“通道”建设工作，加快口岸、边界大桥、港口、公路和铁路等基础设施的建设与改造，为两国林业经贸合作提供有效支撑；重视人才培养，发挥人才作用。要培养一批懂经贸、法律、外语和林业知识方面的人才；另外，充分利用现有的地方间合作机制以及产学研交流等渠道，进一步了解和掌握俄罗斯的资源状况及各个时期的相关政策。

3. 在微观层面上，通过跨国经营活动发挥企业的微观主体作用

加快推动两国企业的跨国经营是其林业经贸合作战略中企业发展战略的基本点。企业的跨国经营，可以加快国家或地区间的经济联系，可以改善两国的经贸环境，占有更多的市场份额，增强企业的国际竞争力。这同时也意味着两国企业将在更大的范围内直接参与国际市场竞争，竞争会更加激烈。所以，企业必须做好战略上的调整以适应区域经济合作的要求，必须按照国际企业的管理规范、国际标准体系、市场需求和经销惯例来组织生产经营活动，更加广泛地参与国际经济、全面系统地按国际规律办事。

具体到中俄林业经贸合作过程中，企业应当以市场为导向，以林业经贸合作为契机，根据比较优势，实行多元弹性的开放型林产品经营与贸易发展战略；中方对俄林业合作也须立足长远，拓宽领域，利用富余的设备和人员，采取投资、提供设备、租赁、劳务输出等多种方式，与俄方在森林采伐、木材加工、森林资源再生、环境保护和林业资源综合利用等方面展开全面合作，以投资、提供设备的形式在俄罗斯境内组建木材深加工企业和家具厂，在俄罗斯收购、兼并和建设纸浆厂和造纸厂；加强与国内外企业的联合，增强对俄罗斯森林资源开发建设与投资的实力；加强与俄罗斯森工大企业集团的交流与合作，选择好合作伙伴；企业应当认真学习、深刻领会、积极贯彻中俄两国林业合作开发的方针政策；大型森工企业应当把对俄罗斯森林资源开发摆上工作日程，做好战略上的调整以适应对俄林业经贸合作的要求。处理好与当地政府的关系。虽然俄罗斯的市场经济地位已经得到西方承认，但尚未建立起一套与之相适应的完善而又透明的市场管理机制，腐败成为严重困扰俄罗斯政坛的问题之一。政府机构有可能利用其规制权力向企业“设租”，而当企业认为俘获规制机构的成本小于俘获后所获得的利益时便会向政府机构“寻租”。与俄罗斯本土企业相比，在俄罗斯投资的中国企业在处理与俄罗斯当地政府关系时明显处于弱势。因此，中国企业应注意俄罗斯政府机构在规制过程中是否超越了权限，要在法律允许的范围内寻求俄罗斯当地政府的配合与支持。

4. 以突出重点、循序渐进的方式推进对俄林业经贸合作的进程

中俄林业经贸合作是一个渐进的过程，其渐进性既表现在时间上，也体现在空间上。由于两国林业经贸合作涉及资源在不同地域之间的合理流动，所以它的发展受到各种因素的制约。同时，由于两国在发展水平上存在差异，经济合作进程不可能同步推进。地缘相邻、发展水平相近的国家或地区相互提供贸易与投资便利，具有促进经贸利益实现的独特优势，如天时(资源禀赋、市场自然联合)、地利(地缘政治、周边关系)与人和(政治制度、文化习俗相近)的有利条件，就比较容易开展经贸活动。应该突出重点，以点带面。在具体操作中本着由易到难，由小到大，逐步推动，循序渐进的工作方式。这样既要符合当地实际，又要适应长远发展的过渡性要求。中俄林业经贸合作先行就体现了这一思想。有专家学者就提出过下面的构想，认为方案比较现实可行，即在中俄两国边界地区和交汇处，建立林木产品出口加工区和沿边森林资源加工带，加工区内企业用俄罗斯林木资源、中国的劳动力，再加上中国、日本、韩国的资金、技术和设备，实现加工装配销售一体化或生产高度专业化，所生产的产品销往各个国家和地区。

5. 与国际惯例接轨，按市场经济规则办事，舍近利而求远利

中俄林业经贸合作的创建和顺利运行需要按一定的秩序和规则进行，要求更为广泛的统一与协调，国际惯例和市场经济规则是大家较为容易接受、可共同遵守的规则。

20 世纪 90 年代以来，中俄两国的对外开放和对外区域经济合作是根据自主的需要制定的，所以不可避免地与国际通行规则不相一致。体制性的摩擦在改革开放的过程中一再出现，随着中俄两国加入 WTO 和改革开放进程的深入，中俄两国更需要一个稳定的、开放的外部环境，现在制度化的环境对中俄两国更为有益，因此，中俄两国有必要从政策性开放转向制度性开放。

在与国际规则接轨的开放过程中，中俄两国目前面临着要在承受一定风险的条件下尽可能地加快开放速度的外部约束。开放速度的加大，可能会带来较大的风险，这些潜在的风险一旦变为现实难免会给经济造成震荡，使中俄两国的某些产业受到冲击。不过，从长期来看，中俄两国除了获得更稳定的国际市场外，还融入了世界经济并获得了经济全球化体制建设的决策参与权，这会为本国经济改革创造新的动力，在未来的国际分工中获得更大的利益。同时，森工产业运转周期长，也需要企业有充足的资金。在此条件下，企业应处理好与银行等资金持有者的关系，也可引人风险投资机制，保障企业资金链的安全。

我国林业产业发展现状及策略研究

石　峰　张忠涛　揭昌亮　王　敏　于　英

林业是我国国民经济的重要组成部分，是一项重要的公益事业和基础产业，承担着生态文明建设和林产品供应的重要任务，关系到国家的生态安全与可持续发展，在国民经济和社会发展中占有重要地位。近年来，随着经济社会的发展和生态环境的不断恶化，社会对林业的重视程度日渐提升，林业产业发展面临良好的历史机遇。与此同时，随着我国经济制度的不断改革和市场经济的不断完善，林业目前的生产方式、产业结构、资源配置及管理体制与市场经济的矛盾日益显露出来，林业产业发展的形势和条件都发生了深刻变化，战略机遇与严峻挑战并存。

2014 年中央经济工作会议正式宣布了对中国进入新常态经济发展阶段的判断，这是中央对中国经济进入新的发展阶段的正式界定，认识新常态，适应新常态，引领新常态，是当前和今后一个时期我国经济发展的大逻辑。林业产业如何适应生态文明建设和新常态下国民经济发展要求是目前面临的主要任务，是当前林业市场化改革和建立发达的现代林业产业体系的当务之急。

一、主要成就

近年来，我国林业产业进一步呈现快速发展势头。林业产业规模高速增长，全国林业产业总产值从 2010 年的 2.28 万亿上升到 2014 年的 5.40 万亿，年均增长 27.6%。预期 2015 年我国林业产业总产值将达到 7.7 万亿元，将超额完成“十二五”规划目标 3.5 万亿元，林业产业主要目标完成情况见表 1、表 2。

从结构上看，我国林业产业结构进一步优化。林业一二三产业的比例由“十五”末的 52∶41∶7 调整为“十一五”末的 39∶52∶9，到 2014 年进一步调整为 34∶52∶14。2010～2013 年，第二产业比重上升 0.7 个百分点，林业工业化进程稳定推进；第三产业比重上升 3.8 个百分点，第三产业比重快速提高；整体产业结构进一步优化。

林业产业细分行业方面，所有行业的产值均表现出正的增长，但是新兴产业、高附加值产业的增长更快。第一产业中，“花卉的种植”、“陆生野生动物繁育与利用”的增速高于林业整体增速；第二产业中，“木、竹、藤家具制造”、“非木质林产品加工制造业”两个行业的增速高于林业整体增速。第三产业中，所有细分行业的增速均高于林业整体增速。此外，竹产业产值增速低于林业整体增速，而油茶产业产值、林下经济产值增速高于林业整体增速。因此，传统的林木的种植与采运、木材加工、造纸、林产化工的增速相对较慢，而经济林产品的种植与采集、花卉的种植、陆生野生动物繁育与利用、非木质林产品加工制造业、林业旅游与休闲服务等新兴产业发展较快，附加值较高的家具制造业发展也较快。因此，新兴的产业、附加值较高的产业逐渐成为林业产业新的增长点，林业产业质量不断提高。

木材竹材生产方面，“十二五”以来，我国商品材、非商品材、竹材的产量均有所上升，其中，商品材、非商品材增长幅度较小，2010~2013年年均增长率均为1.4%；竹材产量增长幅度较大，年均增长9.5%。

主要林产工业产品方面，锯材、“木片、木粒加工产品”、胶合板、松节油类产品、樟脑、冰片等产品的产量实现了比“十一五”期间更高的增长速度；纤维板、刨花板、木竹地板、松香类产品、栲胶类产品、紫胶类产品产量增速低于“十一五”期间。

各类经济林产品产量稳步增长。2013年，各类经济林产品总量达到1.48亿吨，与2010年相比年均增长5.5%，增速略低于“十一五”期间的增速6.5%。比较而言，2010~2013年，木本油料产量增长最快，干果产量、林产饮品次之，其他经济林产品多以5%~6%的速度增长。与“十一五”期间增速相比，林产饮料产品、森林食品、木本油料增速均高于“十一五”期间，呈现加速增长态势。

油茶产业稳定发展。2013年，油茶种植面积达到353万公顷，与2010年相比年均增长5.0%。

花卉产业快速发展、质量进一步提高。2013年，花卉种植面积104.25万公顷，与2010年相比年均增长10.9%。“十二五”以来，从业人员、温室面积等投入增速与“十一五”相比有所回落，但是各类花卉产品产量的增速却高于“十一五”期间，说明花卉行业生产效率进一步提高，专业技术人员数量的高速增长也说明花卉产业的科技含量日益提高。

林业旅游快速发展、旅游收入高速增长。2013年，我国林业旅游人次达到16.07亿人次，与2010年相比年均增长15.9%；我国林业旅游收入4249.6亿元，与2010年相比年均增幅高达48.0%；人均花费265元，与2010年相比年均增长27.8%；直接带动的其他产业产值6389.7亿元，与2010年相比年均增长29.2%。综合来看，林业旅游人次快速增长，而旅游收入更快增长，林业旅游对其他产业带动效应增长也很快。

森林公园稳步推进，旅游收入高速增长。2013年，我国各级森林公园已达2948处，森林公园总面积1758万公顷，按照可比口径，与2011年相比年均分别增长7.3%、3.0%。2013年，森林公园职工总数18万人、社会旅游从业人员73万人，与2011年相比年均分别增长9.9%、6.8%。同时，森林公园旅游人数、旅游收入快速增长，2013年森林公园旅游人数达到7.4亿人次，与2011年相比年均增长25.9%；2013年森林公园旅游收入达到640.7亿元，与2011年相比年均增长30.5%。可见，“十二五”以来，我国各级森林公园的数量、面积稳步增长，劳动投入不断增加，旅游总人数、旅游收入则实现了高速增长。

主要林产品进出口金额持续上升，增速较“十一五”期间有所回落。2012年，我国主要林产品出口额587亿美元，与2010年相比年均增长12.6%；我国主要林产品进口额619亿美元，与2010年相比年均增长14.2%。2012年，我国主要林产品进出口总额达到1206亿美元，与2010年相比年均增长13.4%，这一增速低于“十一五”期间年均增速17.1%。

综合来看，“十二五”以来，我国林业产业继续快速发展，产业规模快速扩大，产业结构进一步优化。林业产业细分行业方面，新兴产业、高附加值产业的增长更快。木材产量稳定增长，竹材产量增长较快；林产工业主要产品快速增长；经济林产品、油茶稳步增长；花卉产业快速发展、质量进一步提高；林业旅游、森林公园旅游高速增长；主要林产品进出口金额持续上升。

表1 林业产业主要目标完成情况

指标	单位	2010年	2015年目标	2013年	2015年预期	能否实现预期目标
林业产业总产值	亿元	22779	35000	47315	77028	已实现
商品材	万立方米	8090	10000	8438	8679	预期无法实现
人工林商品材供应率	%		70			—
主要经济林产品	万吨	12617	20000	14834	16524	预期无法实现
主要经济林产品产值	亿元		7000			—
森林公园总数	个	—	3000	2948	3164	预期可实现
森林公园面积	万公顷	—	1800	1758	1811	预期可实现
森林旅游接待游客	万人次	103204	180000	160653	215783	预期可实现
森林旅游产值	亿元	1310	7000	4250	9311	预期可实现

表2 林业产业总产值增长情况

指标	2005年	2008年	2010年	2013年	2005~2008年均增速	2005~2010年均增速	2010~2013年均增速
林业产业总产值(亿元)	8458.7	14406.4	22779.0	47315.4	19.4%	21.9%	27.6%
第一产业(亿元)	4355.6	6358.8	8895.2	16373.8	13.4%	15.4%	22.6%
第二产业(亿元)	3486.5	6838.2	11876.9	24976.2	25.2%	27.8%	28.1%
第三产业(亿元)	616.6	1209.3	2006.9	5965.5	25.2%	26.6%	43.8%
第一产业占比	51.5%	44.1%	39.1%	34.6%			
第二产业占比	41.2%	47.5%	52.1%	52.8%			
第三产业占比	7.3%	8.4%	8.8%	12.6%			

二、发展机遇

我国正处于一个新的历史发展时期，是我国全面建成小康社会、全面深化改革和实现第一个“百年”目标的关键时期，也是发展生态林业民生林业，推进生态文明和美丽中国建设的重要战略机遇期。发展机遇前所未有，产业市场前景广阔，各种社会因素对林业产业的发展带来新的机遇。

1. 国家实施小康社会战略和生态文明建设为林业产业发展提供了良好历史机遇

国家在实施小康社会战略中指出：加快建立生态文明制度，健全国土空间开发、资源节约、生态环境保护的体制机制，推动形成人与自然和谐发展现代化建设新格局。中共中央关于全面深化改革若干重大问题的决定时也指出：紧紧围绕建设美丽中国深化生态文明体制改革，加快建立生态文明制度，健全国土空间开发、资源节约利用、生态环境保护的体制机制，推动形成人与自然和谐发展现代化建设新格局。国家主席习近平同志也指出“要清醒认识保护生态环境、治理环境污染的紧迫性和艰巨性，清醒认识加强生态文明建设的重要性和必要性。”“更加自觉地推动绿色发展、循环发展、低碳发展，决不以牺牲环境为代价去换取一时的经济增长。”这都说明了社会对林业的重视程度日渐提升，林业产业发展面临良好的历史机遇。

2. 解决“三农”问题对提高林业产业发展提出更高要求

中央林业工作会议明确指出，解决“三农”问题，必须把发展林业作为重要途径；加快农村发展、实现农民增收必须更加充分地依靠林业；加快发展山区农业和区域经济，最大的潜力在山，最大的希望在林。这是中央提出的又一事关我国经济社会发展全局的重要战略思想，为推进林业大发展和破解“三农”问题指明了方向。

与工业及其他高新技术产业不同，林业就业空间大，是一项劳动密集型、循环发展的产业群。林业与农民关联程度高，劳动力投入多，可以吸纳众多农村富余劳动力，带动农民直接增收。如果说发展传统林业产业是农民最适应、最直接、最可靠的就业方式之一的话，那么发展森林旅游、森林食品、生物质能源开发等新兴林业产业及林产品加工产业，又为农民就业提供了更大的舞台，让更多农民在第二、第三产业找到就业机会。

3. 木质、非木质林产品供需矛盾给林业产业发展提供了巨大的市场空间

随着人们对生活品质要求的提高和建筑业的发展，尤其是20世纪90年代以来，世界林产品的消费量日益增加，林产品需求的增长与森林资源大幅度减少所引起的林产品供求矛盾更加突出。而且各地区和国家之间存在着经济发展和森林资源不平衡的问题，这使得世界林产品贸易额呈现出不断扩大的趋势。中国林产品需求大幅增加与森林资源的匮乏的供需矛盾使得林产品国际贸易成为中国对外经济贸易的重要组成部分。而且中国林产品贸易增长很快，在世界木质林产品贸易中的地位不断提高，中国已经成为世界主要林产品贸易国。

日益增长的多样化需求已经成为拉动林业产业快速发展的强大动力。我国人均国内生产总值已突破6000美元，城乡居民收入水平不断提高，对林产品的需求日益增长，在短期内林产品与服务供需缺口将呈现加大态势。森林旅游、优质果品和森林食品的需求也呈现出跳跃式增长，这些都将拉动林业产业快速发展。

4. 追求环保、绿色、生态的新型消费模式给林业产业带来巨大的发展动力

为应对国际金融危机和全球气候变化的挑战，发达国家纷纷加快发展绿色产业，将其作为推进经济增长和转型的重要途径，走绿色低碳循环的发展道路是必然的选择。

随着绿色产品与环保意识、消费者自我保护意识的强化，人们对林产品质量、环保标准等要求更高。社会在由温饱向全面小康迈进的过程中，人们的消费行为也会随之发生转变，由以前的以“吃穿”为主，向“住行”为主转变，人们的消费习惯也向舒适性、和谐性转变，这些转变将是巨大市场需求释放的过程。

此外，我国林产品扩大内需的财政政策空间仍然很大。当前，存款准备金率仍然保持在20%的高位，高于1985~2012 年平均值 8 个百分点左右，存款准备金率仍有较大下降空间。2012 年我国财政赤字率仅为 1.5% 左右，加上地方政府融资平台债务，政府债务余额占经济总量的比重在40%左右，采取更为积极的财政政策空间仍然较大，为扩大绿色消费奠定坚实的经济基础。

5. 居民收入平稳较快增长，有利于林产品消费保持稳定增长

近年来，我国城乡居民收入增长明显加快。到 2020 年，我国国内生产总值和城乡居民人均收入比 2010 年翻一番。同时，各地区正在积极落实以提高居民收入在国民收入分配中的比重为重要目标的《关于深化收入分配制度改革的若干意见》，这有助于改善居民收入分配结构，能为扩大绿色消费奠定收入基础。

6. 林地资源、森林培育产业和森林资源开发利用前景广阔

我国现有林地 45.6 亿多亩、可治理利用沙地 8 亿多亩、湿地近 6 亿亩。乔木林每公顷蓄积量为 85.88 立方米，仅为世界平均水平的 65.66%，森林培育潜力巨大。目前，我国林地产出远低于耕地水平，如果通过加大投入和加强管理，把林地的单位产出提高到耕地水平，每年可创造数万亿元的物质财富，森林资源开发利用前景广阔。

三、面临挑战

从世界林业产业发展趋势看，世界经济复苏艰难，全球林产品需求矛盾和林业行业产能过剩矛盾并存，未来几年林产品市场需求将持续低迷，产业挑战形势严峻，结构调整任务繁重，我国林业产业发展呈现很大的不确定性。

1. 环境污染严重、减排压力巨大，林业需承担的历史任务异常繁重

我国环境状况总体恶化的趋势尚未得到根本遏制，重点流域水污染严重，一些地区大气污染问题突出，“垃圾围城”现象较为普遍，农业面源污染、重金属和土壤污染问题严重，重大环境事件时有发生，给人民群众身体健康带来危害；我国是最易受气候变化影响的国家之一，气候变化导致林业生产不稳定性增加，局部地区干旱高温危害严重，生物多样性减少，生态系统脆弱性增加。近年来，我国温室气体排放快速增长，人均排放量不断攀升，减排压力不断加大。

2. 外贸需求降低、企业盈利下滑，产业发展下行压力不断加大

近年来，尤其是金融危机以来，国内人工和原材料成本提高、人民币对美元的名义汇率升值、国内信贷等金融资源可获性处于弱势、全球大宗商品价格上涨、发达国家债务危机以及外需不振等多重不利因素对我国林产品出口优势形成挑战。在外贸需求降低、国内成本上升、企业盈利下滑和局部产能过剩的影响下，特别是部分劳动密集型林业中小企业经营困难加剧，甚至出现一部分企业因劳动生产率提高速度低于工资成本上升速度而倒闭的现象，林业产业发展下行压力很重。

3. 适应新规范、新公约、新标准，产业发展挑战压力持续上升

国内外与林业产业有关的新规范、新公约、新标准密集出台，林产品节能、安全、环保要求不断升级，世界林业产业已经进入了新一轮深刻调整期，围绕能源、技术、产品、市场的全方位竞争日趋激烈。而我国林业对外贸易增长方式还较粗放，林业外贸多元化程度较低，适应新规则的挑战能力还比较差，林业产业发展挑战压力持续上升。

4. 需求结构调整加快，培育新的比较优势任务艰巨

新常态下，模仿型排浪式消费阶段基本结束，个性化、多样化消费渐成主流。我国林产品加工业80%以上为中小企业，人均劳动生产率不到发达国家的1/6，技术创新能力不足，在国际产业分工中处于产业链低端位置，木材依赖度居高不下。亟须促进林业产业的转型升级，亟须循着需求结构调整步伐，寻找并培育新的市场增长点，引领我国林业产业向着高效、高值、高端、低碳的绿色方向发展。林业节能环保、新能源、新食品、新材料、森林旅游、生物医药、下一代信息技术、现代化林业工程装备等战略性新兴产业将逐渐成为新的市场增长点。

四、存在的问题

1. 产品结构不合理，区域性发展不平衡，造成部分品种产能过剩，阻碍我国林业产业平衡发展

产业结构和生产力布局不合理，产业整体素质不高。主要表现为二、三产业比重过小，2013年仅为66%（其中第三产业13%），第一产业比重过大，达34%，而发达国家二、三产业比重一般都在80%以上，有的甚至高达90%。林业产业的整体技术设备水平低，企业规模小，产品技术含量低，精深加工产品少，产品附加值低，名牌产品少，创新能力弱。因此，我国林业产业至今仍未实现由种植业向现代产业转变，依然处于国民经济的较低层次。在金融危机爆发前，林业产业就已经显现出了其脆弱性和高风险性。

以人造板为例，不同阶段、特殊地区涌现的大规模、高增速、高强度、非理性投资引发阶段性、区域性人造板产品供需关系失衡及木材原料供求关系失衡；产能过剩风险凸显，引发产品低价竞争、质量下滑；抢购推高原料价格，企业效益下滑，所有这些都不利于产业持续发展。我国现有人造板生产能力构成中，还存在较大比例装备水平低、技术落后、产品质量差、能源与资源消耗大、环境污染严重、劳动条件差、安全隐患高的落后产能，急需调整产业结构，采取有效措施加快落后产能淘汰。林产品结构的不合理，区域性发展不平衡，造成部分品种产能过剩，阻碍我国林业产业的平衡发展。

目前，我国还没有形成系统、完整、科学、超前和操作性较强的林业产业发展规划。部分地方林业生产力布局、林种树种配置不合理，区域性、结构性产能不足或过剩，技术创新与品种优化等问题长期得不到科学引导。我国林业经济的发展水平参差不齐，地区间差异大，发展不平衡。同时，我国林业企业还存在重复建设、企业分散等问题，林业经济的发展也集中体现在木材加工上而忽视林业副业的发展。这种不合理的产业结构，难以实现林业经济的高效发展。

2. 木质林产品原料紧缺，林木资源对外依存度高达50%，制约我国林业产业发展速度

森林资源是林业产业化的基础。我国属于少林国家，无论是人均占有森林资源数量，还是人均消耗森林资源水平，均远低于世界平均水平，与林业较发达国家相比差距更大。同时，我国森林资源地理分布也极不平衡，全国林分平均每公顷蓄积量只有84.73立方米，相当于世界平均水平的84.86%，也就是说我国用占世界5.0%的森林资源，却要满足占世界22%的人口的生产生活、国家经济建设的需要以及环境生态需求。目前，林木资源短缺也已成为我国林业产业化发展的主要制约因素之一。

我国人造板、木制品生产以及松香等主要林产工业产品生产能力急剧膨胀、生产量迅速增长，支撑产业发展的原料供应能力滞后于生产发展的进程。特别是天然林资源保护等生态工程实施后，局部地区受原料供应能力的制约出现生产增长停滞甚至回落现象。同时缺乏统筹考虑的科学规划和相应的政策措施。部分资源长期处于封闭式自然生产状况，缺少森林抚育。受自然灾害等多种因素的影响，造成后备资源不足，资源的品质呈现不断下降趋势，资源供应后劲不足将成为今后制约林业产业快速发展的主要瓶颈因素之一。同时，面对木材对外依存度高并在今后较长一个时期仍有提高之势，我国在利用国际木材资源方面准备不足，缺乏必要的规划引导。

3. 行业市场无序竞争，林产品质量信誉低下，影响我国林业产业健康发展，造成林产品贸易受挫、生产企业长期低效运营

林业产业是充分市场竞争产业，优胜劣汰是必然规律。“十一五”后期开始受原辅材料及能源价格上涨、运输及物流成本增高、劳动力成本快速上升等多种因素综合影响，林业企业生产经营成本普遍上升，效益下滑，招工、融资难度增加，企业面临生产经营困难。劳动密集型产业及下游产业的比较优势逐渐下降，制造业外移趋势增加。

同时，林产品质量信誉低下。以“十一五”期间我国人造板产品质量监督抽查为例，结果显示纤维板年度产品合格率为76%~90%，胶合板为63%~90%，细木工板从67%逐年提升到83%，而刨花板仅在60%~66%之间。甲醛释放量超标、力学性能达不到产品标准要求等为主要不合格项。部分企业生产低劣人造板产品，同类事件在其他林产品也频有发生，危害消费者健康，严重扰乱市场秩序，损害产业声誉，影响产业发展，必须严厉打击。

然而我国林业主管部门除木材采伐监管比较严格外，多数林产品质量的社会监督、检验及部分产品的检疫还缺乏必要的科学严格的法规、机构、设备、手段和措施。出现了技术进步缓慢、设备更新困难、产品换代不及时现象。大市场格局尚未形成，资源和产品流通不畅，伪劣产品严重扰乱市场秩序。

4. 林业产业科技创新和装备工业发展速度不能适应市场发展需要

目前我国林业的科学技术整体水平落后，已构成了对林业产业化的严重制约。一是林业产业科技含量低，影响产品质量和产品结构。大多数企业多是生产初级产品，深加工精加工产品较少，科学技术进步对经济发展的贡献份额较低。二是科技成果转化缓慢，影响了产品生产成本。尽管近几年来我国林业科研水平有了很大提高，取得了众多国际国内领先水平的科研成果，但真正应用于实践，转化为现实生产力的成果很少。三是技术改造步伐迟缓。由于众多原因，林业主要生产领域的科技水平仍停留在传统的常规技术范围内，主要产品的生产技术只相当于林业发达国家五六十年代的技术水平。四是林业高新技术人才匮乏。由于林区所处的地理位置差以及产业效益低等原因，使林业企业引进人才十分不易，造成林业企业人才缺乏，已严重影响了林业产业的发展。五是对科技在林业产业化发展过程中的推动和支撑作用认识不足。部分企业经营管理科技意识不强，在实际的经营过程中往往忽视了科技作用。

与发达国家相比较，我国林业发展在生产技术和基础装备上均有待提高。具有先进生产水平的生产设备，我国主要依靠从国外引进，生产技术的落后制约着我国林业经济又快又好地发展，已经成为林业产业发展的瓶颈问题所在。

5. 林业产业从业人员受教育程度偏低，技术人才和职业经理人紧缺，影响企业生产效率

人力资源是行业发展的“生产力”，林业人力资源的发展现状与水平决定着整个林业的发展，也是我国实现林业现代化的载体。从对我国林业行业整体人力资源状况，林业工程技术人员人力资源状况，林业工人人力资源状况的分析中可以看出，我国林业从业人员文化素质存在优化速度慢，现有文化素质偏低等问题。长期以来，林业部门偏重于物质资本的投入，忽视对人力资本的投资，加剧了人力资本短缺。我国工人文化素质较低，技术人才和职业经理人紧缺，已难以适应我国产业的发展。提升处于更低水平的林业工人文化素质应成为当前更紧迫的任务之一。

6. 行业发展政策导向不明确，优惠政策扶持不到位也是影响行业持续稳定发展的主要因素

目前，我国几乎成为全球绝大多数林产品的生产、消费大国。但产业政策和产业信息在掌握全球资源动态、产品价格指数、产品市场动态信息和创新发展、人才流动趋势研究信息等方面明显滞后。信息滞后和不对称严重影响了产业政策的落地时效和产业水平的整体快速提高。部分林产品处于价值链低端，产品趋同化严重，部分林产品产能相对过剩。

同时，林业产业社会化服务体系建设滞后，产业组织化程度严重偏低。产业发展以传统生产要素投入为主，科技资本、品牌价值、现代物流以及新兴市场化手段在林业产业还未能形成气候。第一产业生产主要以家庭分散经营为主，生产技术和经营管理相对落后，专业化、规模化、集约化和机械化程度较低。全国性专业经济林产品交易市场很少，已有的市场也存在布局不合理、管理不规范和服务不到位等问题。物流企业发展滞后，物流装备技术落后，标准化、信息化程度低；产业统计系统不健全，统计数据不准确，发布不及时；专业合作组织、行业协会发展、产业投融资和保险相对滞后；产品流通、市场信息、专业化技术服务等社会化服务体系不完善。这些势必成为影响行业持续稳定发展的重要因素。

五、发展策略

当前，林业产业要适应新常态下经济发展的要求，必须坚持全面贯彻党的十八大精神，以科学发展观为指导，坚持市场配置资源的主体地位，准确定位政府与市场在促进林业产业发展的功能，进一步简政放权，营造企业平等竞争的环境，释放改革红利。改革现有的林业生产模式和组织形式，注重林业产业结构调整，将产业发展方式从规模速度型粗放增长向质量效率型集约增长转变，产业结构调整从增量扩能为主转向调整存量、做优增量并存的深度调整转变，发展动力从传统增长点转向培育新的增长点。

具体就是以保障林业产业稳定发展，实现绿山、富民、强省和环保为目标，依托龙头企业、跨区域产业集聚地、林业产业园区、林业产业要素交易机构和专业展会五大载体，坚持推进各类资源性基地建设，提高林地产出；平衡木质非木质林产品供需；提升林产品质量、信誉和生产水平关系以及积极参与国际林业产业分工四条发展主线，力争在2020年形成珠三角、长三角、中部地区、京津冀和沈大地区等五大林业产业经济带和各省(自治区)重点林业特色产业基地。建立起适应社会主义市场经济的林产品生产、销售和服务的现代产业体系，形成有利于产业持续健康发展的政策、法规、标准体系和市场环境，与《推进生态文明建设规划纲要》(2013~2020年)相衔接，到2020年林业产业总产值达到10万亿元，林业产品有效供给和生态服务能力明显提升。

"互联网+"战略下建构林业产业发展新模式

陈圣林　李　近

2015年，李克强总理在第十二届全国人民代表大会第三次会议上发布政府工作报告，指出："制定'互联网+'行动计划，推动移动互联网、云计算、大数据、物联网等与现代制造业结合，促进电子商务、工业互联网和互联网金融健康发展，引导互联网企业拓展国际市场。"首次从政府层面提出制定"互联网+"行动计划。

在我国，"互联网+"相关产业作为现代产业集群中极其重要的组成部分，在我国工业、农业、商贸流通、交通运输、金融、旅游和城乡消费等各个领域的应用不断得到拓展，应用水平不断提高，正在形成与实体经济深入融合的发展态势。2014年中国全社会电子商务交易额达16.39万亿元，同比增长59.4%。"互联网+传统行业"，利用信息通信技术以及互联网平台，让互联网与传统行业进行深度融合，创造新的发展生态，给每个行业带来效率的大幅提升。林产品是与国计民生息息相关的生产、生活用品，因其源于自然或近自然条件的生态环境，具有绿色、天然、健康等原生态元素，已成为人们改善生活品质，追求绿色健康的首选。目前，我国林产品如木质家居、种苗花卉、野生食用菌、林区土特产品、林果类产品等林产品在各类型电子商务网站的类目数量及所占比重越来越大。

一、林业产业发展"互联网+"的主要内容

（一）互联网+林业产业平台

目前，电商金融、电商物流、条码管理和追溯、在线支付都已经成为基本的技术和基础的商业能力，不论是物流、条码追溯，还是在线支付和在线社区的互动宣传，都要依赖于一个行业平台，这些平台可能是金融服务平台，也可能是行业垂直的在线统一展示和电子交易平台，可能独立的或者整合的条码追溯管理平台，或者是行业内垂直社区，当然，以上几种平台会以各种组合整合在一个或几个垂直平台上运营。这些平台一旦得到成功运营，其价值是非常远大的，会对上游的商家和下游的消费者形

成商业关注和商业价值垄断。

一方面，所有的纵向行业内的行业经营者或者行业协会，都在努力建设自己行业内的互联网平台，以实现自身在行业内的长期价值，防止行业被BAT等第三方平台扩张淹没；另一方面，第三方电商和互联网平台也正在向所有的行业进行纵向的扩张，他们分别希望在宣传传播、电子商务、行业社区方面形成行业平台，吸引行业关注，进而实现各自的长期商业价值。因此，在林业行业，应快速推进自身的信息化平台建设，以统一的数据信息平台为基础，实现林业行业内社区互动(包括管理部门、协会、林业企业)、电商推广、质量追溯管理的整体方案，帮助林业企业提升品牌能力和创新经营能力，让林业企业有自己的舞台。

(二)互联网+林产品研发和设计平台

按照传统的产品从研发生产销售的周期，产品研发设计应包括以下阶段：产品研发、产品规格设计、包装设计、宣传方案、市场验证、设计优化和规格修改等各个阶段(图1)，尤其在产品的市场验证和设计更改、模具更改、包装更改等环节，不仅周期长、成本高、而且需要反复验证修改。在设计和模具、生产线配置方面的反复修改设计必然导致企业经营效率低下，进而影响企业的规模化宣传和系统销售，导致企业产品长期在小规模、低水平下经营，形成市场效益不高、研发不敢投入、营销难以铺开、资金不敢投入的恶性循环，只能靠政府或者行业补贴生存，直至被收购或者破产。

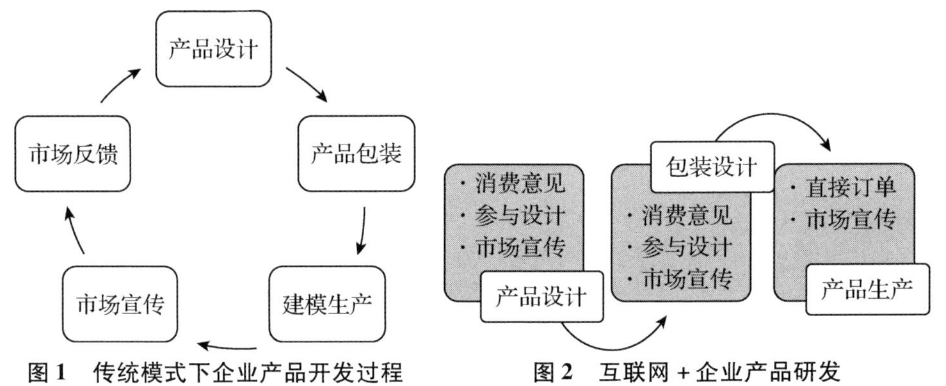

图1 传统模式下企业产品开发过程　　**图2 互联网+企业产品研发**

传统模式下的企业产品开发生产过程，产品设计(质量、定位、规格、包装等)的好坏只能等生产投放到市场才能得到验证，且消费者不参与设计。

互联网下企业产品设计和生产，产品各个阶段都可以得到消费参与和消费反馈，每个阶段都可以和消费者互动。并且，在产品设计阶段，就可以得到大规模宣传，在产品还没有生产出来之前，就可以得到大量订单(图2)。

而按照互联网思维，企业可能在产品研发和设计环节直接面向消费者，由消费者直接参与意见，对产品的品质、价格、规格、包装形态等方面的设计给予全方位的评价，甚至消费者直接参与产品的功能、性能、品质和规格设计。因为消费者参与了产品设计，使得产品在研发设计阶段就得到了大规模的品牌传播，产品还没有生产就已经有了大批量的消费客户。林产品企业虽然难以达到电子产品这样的极致设计，一般也没有如此大的规模，但是这种“消费者参与产品研发设计和品牌传播”互联网思维理念仍然可以参考，在产品包装和生产设计阶段，把自己的产品在合适的网站进行推广，征集消费者的意见，直接改进产品包装的同时，也宣传了企业产品，还赢得了很多初级客户。

（三）互联网＋林产品品牌宣传和推广平台

2014 年 12 月，百度手机端的搜索量正式超过 PC 端，标志着移动互联网对原来 PC 端网络系统的正式超越，而且移动互联网的使用量仍然在加速增长。据统计，刚刚过去的 2015 年元旦，当天仅微信上频繁出现的新年祝福视频就有 4.2 万个，这些视频在元旦三天的总转发量达到 17 亿人次。所有视频的最终目的就一个：那就是推送企业和产品广告信息。元旦期间，至少有 3000 家企业通过这样高频度的视频转发达到了广告宣传的效果。这种在线产品宣传和推广的平台很多，除了微信、微博的移动媒体外，优酷、百度等在线和移动兼顾的媒体也是重要的平台。互联网上的产品宣传和推广手段绝不仅仅是视频，社会化媒体的新闻、故事、采访、文章、各种消费者参与的互动媒体都是重要的传播平台。

林业产业在现今的市场大潮下，在互联网的世界里有着极强的适应能力，由于其绿色、环保的特性备受青睐，目前来看，互联网宣传和推广平台中涉及林业产业的相关品牌宣传和推广占有很大比重，和人民生活息息相关，同时其绿色的概念深入人心，而且这种趋势将继续下去。除企业独立电商外，适合林产品企业在电子商务营销和品牌推广中重要考虑的社会媒体平台见表 1。

表 1 适合林产品企业营销推广的社会媒体

分类	主要社会媒体	企业电商推广功能	重要程度
电子商务	淘宝、京东、当当、凡客、360	品牌和销售功能	重要
团购网站	美团、糯米、拉手网、高朋	销售功能	重要
论坛	天涯、百度社区、猫扑	品牌功能	一般
视频	优酷、土豆、爱奇艺、KU6	品牌推广	重要参考
博客	新浪博客、和讯	品牌推广	重要参考
移动社交	微博、微信	品牌推广	重要
音乐	虾米、多米、搜狗		
问答	百度问答、天涯、新浪	品牌推广	一般
百科	百度百科、MBAlib、Hudong	品牌推广	一般
商务社交	天际网、优士网、若临		
社交网络	开心网、豆瓣、QQ 空间、51		
社交游戏	腾讯游戏、人人游戏、淘米		
消费点评	大众点评、口碑网、饭统网		
签到位置	街旁、切客、人人、微领地		

（四）互联网＋林产品流通和销售平台

无论互联网如何发展，实物产品不可能在互联网上直接递送。但是，电子商务的发展确实已经把物流的效率提升到了极致。当前电商发展的现实是：①所有非实物类的文化类产品都将逐步被引入到互联网，通过网络直接制作、宣传、展示、传播、消费，传统的报刊亭、书店、培训课和培训教材、文艺演出、展会等实体平台，都已经逐渐电商化；②所有的实物传播的消费品，都已经逐步走上 B2B 或 B2C 形式的互联网电商模式，2014 年年底，电商成交总量达 12 万亿，B2C 电商达到 2.5 万亿；③电子商务和大数据的发展，使得各种商品能快速地锁定到目标客户上，例如高端的生鲜产品航空直邮、各类功能性保健产品的网上营销、各类高端林产品向高消费能力人群的传递等等。

大数据的概念，实际就是对人、事、物和各类“过程”进行各种各样的标签、分类和串联。在很多移动互联网的平台上，大数据是支撑性的概念和逻辑，所有的电商网站要对客户信息、购买习惯、产品信息、物流和价格因素等进行后台的数据归类和分析，这些后台的数据就是所谓的大数据。通过后台的数据，消费人群被有效地做出各种划分，使得精准营销越来越成为可能，也越来越成为企业重要的竞争手段。去年，新疆林果产品销售额目前在淘宝网上农产品类中排名第一；安徽“詹氏山核桃”通过在天猫、淘宝、京东等电商平台上建立销售店，投资 200 万，当年上线即盈利 700 余万元，并在全国创立了“壳壳果”品牌，扩大了市场份额；福建三明林品汇网上商城开通近一年交易额达 1488 万元。

(五)互联网 + 林产品质量追溯平台

电子商务的发展，让企业的经营从原来以经营产品为主，转变为经营消费者和经营渠道平台为主。而电子商务发展的重要保证，就是消费者参与的口碑和评价体系。因此企业要做好电商，必须要保证好的品质。有这样一句话：“企业有好的产品品质，未必能做好电子商务，但是如果企业没有好的产品品质，就一定做不好电子商务。”

我们要打造“政府 + 企业 + 电商 + 交易平台”多方负责的电子商务产品质量控制体系，在电子交易全过程中实行实名认证、全程抽检和备案、源头可追溯、联网联保、品质担保金制度，实现电商林产品质量安全全程可追溯。通过条形码或者产品编码的查询，消费者能够详细了解到林产品的名称、生产日期、公司名称、产品品牌、产品认证、产品生产基地、产品加工地、农药残留检测、检疫检测、产品生产过程监控记录等全部情况。应用该系统可以使主管监察部门检测到林产品的产前、产中、产后的全过程，实现林产品安全生产的规范管理。令生产者获得增值效应，让消费者吃上放心林产品。

二、林业产业发展“互联网 +”影响因素

林业产业作为传统的行业与高速发展的电子商务融合的过程中，两者之间必然会有很多的不可协调的矛盾或者是技术上的滞后性，我国的林业产业本身就处在不断的探索和完善过程中，在很多方面的发展还是赶不上“互联网 +”发展的速度。

（一）政策因素

电子商务发展比较好的国家，电子商务的发展都得到了国家和政府相关机构的大力支持。美国和欧洲的一些国家在林业产业互联网营销等方面取得的成绩足以证明这点，我国作为一个政策主导型国家，更应该在这方面发挥本身优势。但目前我国政府和相关部门无论是从立法角度，还是从政策支持、财政投入等方面都做得还不够，都未形成一套完整的政策法规体系。比如，目前存在的林产品流通政策和机制不健全，林产品流通途径不规范，导致监管空白等问题，使我国林业产业电子商务在国际舞台上失去了竞争力。目前政府支持力度仅仅限于对单个示范企业的推动上，没有考虑到整体电商的发展，只关注于点，而忽略了面。而对于我国大部分地区，尤其是中西部地区的林业产业电子商务的基础薄弱，就更加需要政府部门的大力支持和引导，鼓励农民参与到林业产业电子商务的活动中去，从而实现更好更快的发展。

（二）网络平台建设

据不完全数据统计，我国目前的涉林网站（除政府网站外）约3000家左右，但从整体上来说，目前除了几个比较有影响力的国家级林业网站以外，其他网站林业产业的信息资源内容比较少，且重复率很高，有用的针对性的信息比较少，信息更新周期比较长，时效性较差。网站设计缺少个性和专业特色，大多数网站的形式和内容都差不多，很多网页上专门针对林业产业特色产品的信息比较少，各个网站之间的关联性比较差，大多数都是政府的宏观政策和决定，对农民没有参考价值和实际意义。林业产业网站应该及时更新信息，为农民提供时效性最强的信息服务，每个省市都应该根据自己的所在地区的特色产业建设个性化的林业产业网站，从而能够起到很好的推销作用，做到真正为林业产业服务。

（三）商业化水平

无论是大兴安岭地区、长白山地区，还是云南四川的林区，中国的林业产区基本上都是远离核心城市的地区。这些地区远离核心城市，生产和经营也都相对落后，所以即使有最好的产品，但是因为产品包装设计能力弱、营销能力弱，所以既不能通过品牌宣传策划来赢得产品品质对应的额外收益，也不能通过大规模的品牌营销，实现与产品地位相对应的额外利润。传统企业的创业，一般是以市场需求为导向来开创的，都是先看见市场上某项技术或产品的需求空间，在考虑清楚如何实现该商业机会后，才会找资金、建团队、开公司。所以他们的优势往往是商业策划能力和市场营销能力，很多林业企业成立的背景有两个：一是有林产品资源，二是有当地政府支持。所以，从成立的背景看，很多普通林户经过简单的生产引入，就能成立企业，商业策划能力和市场营销能力本身就不是成立时具备的。这样，往往就在当地形成了分散和同质化的经营，但是这种同质化竞争往往非但没有提升产品包装策划和设计能力，反而在价格和利润上互相竞争，削弱了整体商业环境的营利能力。

（四）标准和物流

成功的电子商务都需要依托一套完整的标准体系，对交换对象的品质分级标准化、包装规格化以及产品编码化。我国目前的林产品标准比较落后，更谈不上和世界接轨。由于林产品本身的特殊属性，季节性强，在自然环境中易变质、易腐烂。其在生产的过程中也会受到很多因素的影响（比如天气，地理因素等），有些因素甚至不可控。林产品品种比较多，这些都给林产品标准化实施设置难题。随着经济的快速发展，品牌效益在电子商务中也发挥着很大的作用，而我国的林产品知名品牌却不是很多。目前林产品的行业认证体系不够完备且并不具有权威性，导致现在市场上有很多以次充好、鱼目混珠的现象，严重影响了林产品电子商务的发展。

同时，物流配送决定着“互联网＋”实现的水平，是电子商务中至关重要的环节。林产品也不例外。对发达国家和成功的电商企业进行分析，不难发现他们对于物流配送环节都相当重视。现在我国的物流业也取得了一定的进步和发展，但是都基本分布在城市，能够延伸到林区的很少，这严重制约着林业产业电子商务的发展。而且林区居住比较分散，道路状况差，林产品尤其是生鲜产品，从农村到城市的运输条件要求比较高。我国目前的物流配送范围仅限于县城区域，乡村涉及的很少，最多就是邮政可以完成一些最基本的物资配送，这些配送都没有达到一定的技术手段，无法完成林产品的配送。林产品配送体系尚未建立，物流成本居高不下，农民无法实现增收，制约着国民经济的发展，这对于林业产业电子商务发展的影响更是显而易见。

三、“互联网＋”背景下林业产业发展新模式的构建

目前，我国林产品行业综合信息服务平台不健全造成林产品信息不对称；行业品牌和林产品追溯体系缺乏影响消费者信心；林产产业管理机构薄弱急需规范林产品流通秩序；林业产业长期粗放经营导致林产品品质良莠不齐；电子商务专业人才短缺等等，都极大地限制了林业电子商务的发展，与服装、电子产品、化妆产品、农产品等行业仍有较大差距，我们要构建“互联网＋”战略下林业产业发展的新模式，主要需要做到以下几点。

（一）加快开展涉林企业和重点林产品信息普查

开展涉林企业和重点林产品信息普查的目的是查清我国林业产业各大要素的现状和空间分布情况，为开展常态化产业监测奠定基础，满足经济社会发展和生态文明建设的需要，提高林业产业信息对政府、企业和公众的服务能力。其目的是通过对林业产业一二三各大产业要素进行动态和定量化、空间化的监测，统计分析其变化量、变化频率、分布特征、地域差异、变化趋势等，为政府规划决策提供科学依据，为企业和公众提供持续的林业产业信息服务。

要实现“互联网＋”和涉林企业和重点林产品信息普查的结合就必须要借助互联网的力量，建立各种沟通渠道，以县市级林业局为基础，以各林业企业为终端，以数据

库建设为核心，打造一个面向全体公众的信息普查渠道，建设相关数据收集和整理体系，为国家、政府制定林业产业政策和人民群众消费绿色安全的林产品保驾护航。通过全国涉林企业和重点林产品信息普查和监测，所取得的权威、客观、准确的林业产业信息和动态、定量化、空间化的监测成果，是制定和实施国家发展战略与规划、优化林业产业开发格局和各类资源配置的重要依据，是推进生态环境保护、建设资源节约型和环境友好型社会的重要支撑。

（二）开展林业产业大数据平台建设

据各专业公司的分析统计，从2013年开始，所有的行业都开始进入行业平台建设时期。行业平台一般指纵向行业内的各类业务支撑信息化平台，这类平台不仅整合行业内或者第三方的公共资源，而且给行业内企业提供了一个宣传、推广、展示和聚会的通道。另外，通过这类行业平台能形成行业的大数据，有了大数据就可以直接建设更多的第三方支持和应用，直接帮助企业进行品牌推广和产品推广。首先，打造行业内的融资平台，把资本要素引入林业产业，塑造资本领先的林业产业资本市场。其次，建设行业内电商平台，在充分利用第三方电商平台的基础上打造具有林业产业自身特点的电商平台，发挥自身优势，服务于外界平台并最终取代第三方。再次，建设线上行业展厅，行业内提供企业展示和产品展示的平台，这类平台其价值的根本在于大数据，除行业企业数据、行业产品数据外，还要收集行业销售渠道的数据和行业消费者的数据，通过这类平台的建设，能为企业提供更开阔的营销思考。而且行业数据是行业所有平台的公共资源，一旦掌握这些数据，就会有更多的思路，开展更多有价值的服务。

（三）建立林产品质量追溯系统

21世纪初，我国政府开始引入并推广追溯体系，并取得积极进展。在法律制度建设方面，相继出台了鼓励实施追溯制度的规定。2004年9月，国务院要求建立农产品质量安全例行监测和追溯制度。2009年2月，《食品安全法》明确了食品安全追溯要点，规定了企业在食品生产、加工、流通环节要实现追溯记录，强化“从农田到餐桌”的全程监管。

林产品质量追溯系统应包含产品的原料供应、生产、检验、运输、仓储、销售、消费等多个环节，涉及供应商、生产者、销售者、消费者、政府部门、行业组织、技术机构等诸多方面。因此，产品质量追溯体系是一个宏观的概念，也是一个复杂的系统集成。该体系由基础保障系统和产品质量追溯系统共同组成，产品质量追溯系统是整个体系的重要组成部分，是确保体系有效运转的核心和关键。在“互联网 +”的战略下，产品信息是建设林产品质量追溯系统、实现追溯功能的基础。就产品质量追溯系统而言，离开了产品信息，各个子系统将各行其是，整个大系统将松散无序。各类电商平台应该促进企业提升产品品质和质量保护：一是消费者评价体系。通过市场机制，淘汰落后的，自然选择好的产品和好的经营。二是企业通过电商经营，规模和效益提升带来的设计、生产和管理系统提升。三是企业加入条码追溯查询体系，让消费者通过扫描条码，来达成产品生产信息追溯和品质溯源。

（四）打造林产品特色营销流通体系

传统的企业营销模式大致可以分为两种。一种是直销模式，不管是规模批发，还是走各地营销渠道，还是走终端零售店或商超，直销是通过企业内部的销售团队，面对客户把产品卖出去的模式；另一种是各种代理模式，即企业不建立自己的销售团队，而是通过各地的营销渠道把产品销售出去。但是在互联网时代，企业的营销模式选择就太多了，如企业自建电商销售、企业到第三方电商销售、企业参与行业整合销售、垂直大客户的电商平台、线上宣传线下体验式销售等等。林业企业一般在商业落后的区域，企业经营还是以过去的封闭式自我经营为主，在互联网时代，要广泛发展各类第三方合作，企业家要勇敢地走出去接受各个方面的商业头脑风暴，才能有广阔的视野，才能在决策上形成客观全面的合作，发挥行业组织作用，规范行业秩序，盘活市场流通要素，树立行业品牌，组建具有林业行业自主的林产品特色营销流通体系。

中国林业产业资本市场发展研究

邱金辉　邵　岚　聂忠伟　崔　玮

林业产业是我国近几年发展较快的一个产业，2001～2013年的生产总值一直保持在17.8%的水平，高于同期我国国内生产总值的增速。其中，2013年全国林业产业总产值达4.46万亿元，林产品进出口贸易额达1250亿美元，分别比上年增长13%和5.2%。2014年上半年2.13万亿元，进出口达668亿美元，继续保持较高增速。但是，2013年我国的林业产业生产总值占国内GDP的比重只有7.8%，还属于发展相对滞后的产业；全国收入500万元以上林业企业有5万家，10亿元企业却仅仅有58家，整个行业一直处于小而散的发展状态。

一、林业企业困境

宏观层面的压力，没有最大，只有更大。短缺红利已一去不复返了。现在，没有一个行业，也没有一种产品不是过剩的。林业行业至今设备利用率和其他行业不会有太大差别，百分之六七十就不错了，过去那种“机器一响，财源滚滚”的现象只是特定短缺时代的产物，商业的本质永远是“没有生产不出来的产品，只有卖不出去的商品”。特别是经济由“高速”向“中低速”换挡，遍地开花的小作坊企业与现代化的组织方式及消费需求的升级换代的矛盾将会更加突出。

微观层面的企业组织方式和现代企业的结构要求大相径庭。纯粹是为了生产加工而设立的企业只是一个车间、生产厂，它甚至不是一个完整企业，更何谈现代经营方式与组织。所以，我们一直讲，“老八式”要退出历史舞台，“土八路”马上要消失，“加工工厂”已经划上句号，“资本家”已闪亮登场，“资本统领一切的时代已经来临”。识时务者为俊杰。我们林业企业，如何“识时务”，需要给出明确选择。在此，我们在由“工业时代”向“资本时代”的大变革中，每家企业都无可避免地要进行立体化的“蜕变与突破”。而首先需要在“认识”方面进行蜕变与突破，即突破传统的经验和感觉，构建新的心智模式，不怕我们不知道，就怕我们不知道；以前，认为“失败是成功之母”，在此变革时代，却时常表现为成功是失败之母了，我们昨日的成功成为今日前行的陷阱。甚至我们习以为常的，作为一个法人，和个体人一样，最核心的三大问题，即“我来自哪，我是谁，我去哪”，都发生了翻天覆地的变化。我们原来赖以生存的短缺市场，环保与劳动力、红利都已消失，资本拼搏的时代已经来临；代表每家企业“我是谁”的“资产、设备、厂房、员工数量”必将让位于企业的核心竞争力，即“心智模式、管理模式、盈利模式、资本模式”。企业只是资本的手段与工具，哪怕我们在情绪上对其嗤之以鼻，也无法改变商业的自身逻辑。对每家企业而言，“我去哪”，时常出现的“誓做百年老店”，只能是一个美好愿望，“没有永恒企业，也没有永恒产业，只有永恒资本”。

二、林业企业参与资本市场情况

林业产业发展相对滞后，与行业周期长、普遍管理落后、毛利润率低的行业特点有一定关系，但更重要的是，在当今这个资本之势浩浩荡荡的时代，林业产业与资本市场的结合却还处于初级阶段。全国有 25 万家涉林企业，涉林上市企业却只有 50 多家。因此，也就不能充分利用资本这个强有力的杠杆来推动整个行业快速发展壮大。

目前虽然国内上市的林业企业数量占比并不大，但如果按照证监会的分类方法，在 A 股上市的国内林业企业却涵盖了多个细分行业，包括林业、木材加工及竹藤棕草制品业、家具制造业、造纸及纸制品制造业、橡胶制造业(其中部分企业)、农业(香梨股份)、食品加工业(好想你)、土木工程建筑业(园林绿化企业)等，这些细分行业里面有的全是林业企业，有的则只有部分属于林业企业。为了更好地分析各个细分行业情况，笔者将涉林 A 股上市公司简单分为森林培育采伐行业、造纸业、木材加工业、家具制造业、非木材林产品种植加工业、园林绿化行业，基本涵盖了绝大多数的上市林业公司(部分公司业务涵盖多个细分行业，笔者参照证监会分类将其进行了分类)。各个细分行业 A 股上市情况见表 1~6(截至 2014 年 9 月 26 日)。

表 1　森林培育采伐行业上市公司情况

序号	股票简称	板块	上市时间	地域	总股本(亿元)	2013 年收入(万元)	2013 年利润(万元)
1	平潭发展(中福实业)	深主板	1996	福建	8.47	85786.05	4347.86
2	永安林业	深主板	1996	福建	2.03	45893.19	1112.24
3	吉林森工	沪主板	1998	吉林	3.11	133943.17	4115.34
4	ST 景谷	沪主板	2000	云南	1.30	25023.85	1420.89
5	福建金森	中小板	2012	福建	1.39	17426.37	4812.75

表 2　造纸业上市公司情况

序号	股票简称	板块	上市时间	地域	总股本(亿元)	2013 年收入(万元)	2013 年利润(万元)
1	晨鸣纸业	深主板	2000	山东	19.40	2038889.01	71065.53
2	美利纸业	深主板	1998	宁夏	3.17	55318.55	-23715.05
3	金城股份	深主板	1998	辽宁	2.88	24224.87	1592.18
4	贵糖股份	深主板	1998	贵州	2.96	110774.67	-10612.59
5	凯恩股份	中小板	2004	浙江	4.68	97983.62	1455.53
6	景兴纸业	中小板	2006	浙江	10.90	302151.53	1291.83

（续）

序号	股票简称	板块	上市时间	地域	总股本（亿元）	2013 年收入（万元）	2013 年利润（万元）
7	太阳纸业	中小板	2006	山东	23.00	1089509.41	28462.45
8	合兴包装	中小板	2008	福建	3.48	244208.16	9465.41
9	安妮股份	中小板	2008	福建	1.95	55440.70	960.11
10	美盈森	中小板	2009	广东	7.15	130563.70	17407.03
11	中顺洁柔	中小板	2010	广东	4.06	250171.87	11593.52
12	齐峰新材	中小板	2010	山东	4.20	210813.82	18888.12
13	上海绿新	中小板	2011	上海	6.97	186195.82	22926.91
14	银鸽投资	沪主板	1997	河南	8.25	351495.97	-27864.77
15	青山纸业	沪主板	1997	福建	10.60	180920.50	1724.16
16	福建南纸	沪主板	1998	福建	7.21	140890.41	-77190.69
17	民丰特纸	沪主板	2000	浙江	3.51	125619.81	1723.94
18	华泰股份	沪主板	2000	山东	11.70	975741.07	6461.34
19	恒丰纸业	沪主板	2001	黑龙江	2.52	151779.20	7370.16
20	冠豪高新	沪主板	2003	广东	11.90	94573.45	15382.93
21	石岘纸业	沪主板	2003	吉林	5.34	6288.50	579.55
22	山鹰纸业	沪主板	2001	安徽	37.70	657806.05	20787.14
23	ST 宜纸	沪主板	1997	四川	1.05	1054.32	-575.24
24	岳阳林纸	沪主板	2004	湖南	10.40	660956.21	1937.06
25	博汇纸业	沪主板	2004	山东	6.08	571530.39	-18268.26

表 3　木材加工业上市公司情况

序号	股票简称	板块	上市时间	地域	总股本（亿元）	2013 年收入（万元）	2013 年利润（万元）
1	大亚科技	深主板	1999	江苏	5.28	818979.72	13043.06
2	兔宝宝	中小板	2005	浙江	4.84	124286.92	2317.12
3	威华股份	中小板	2008	广东	4.91	177803.16	957.81
4	升达林业	中小板	2008	四川	6.43	71530.90	1190.68
5	德尔家居	中小板	2011	江苏	3.24	55229.35	9193.52
6	国栋建设	沪主板	2001	四川	11.8	74483.99	7484.98
7	丰林集团	沪主板	2011	广西	4.69	90315.70	9069.23

表 4　家具制造业上市公司情况

序号	股票简称	板块	上市时间	地域	总股本（亿元）	2013 年收入（万元）	2013 年利润（万元）
1	科冕木业	中小板	2010	辽宁	2.23	40486.07	1107.55
2	浙江永强	中小板	2010	浙江	4.78	302235.89	26186.71
3	索菲亚	中小板	2011	广东	4.41	178347.76	24485.29
4	宜华木业	沪主板	2004	广东	14.8	409095.47	41053.54
5	喜临门	沪主板	2012	浙江	3.15	102189.42	12021.39
6	美克股份	沪主板	2000	新疆	6.47	267515.93	17200.84

表5　非木材林产品种植加工业上市公司情况

序号	股票简称	板块	上市时间	地域	总股本(亿元)	2013年收入(万元)	2013年利润(万元)
1	好想你	中小板	2011	河南	1.48	90803.77	10202.78
2	元力股份	创业板	2011	福建	1.36	37330.49	541.60
3	海南橡胶	沪主板	2011	海南	39.30	1169473.29	15615.93

表6　园林绿化业上市公司情况

序号	股票简称	板块	上市时间	地域	总股本(亿元)	2013年收入(万元)	2013年利润(万元)
1	东方园林	中小板	2011	北京	10.00	497363.73	88938.81
2	棕榈园林	中小板	2010	广东	4.61	429729.75	39875.79
3	普邦园林	中小板	2012	广东	5.59	239343.03	30485.13
4	铁汉生态	创业板	2011	广东	5.05	148989.85	23576.58

上述所列林业企业一共50家，截至目前沪深两市共有上市公司2567家上市公司，占比1.9%，比重比较低，说明林业产业较其他行业参与资本市场的程度比较低。按照上市板块划分，在主板上市的有23家，在中小板上市的有21家，在创业板上市的有2家；从上市时间来看，以2008年为界限，2008年之前上市的企业有28家，2008年(含2008年)之后上市的有22家；从地域分布上看，广东、福建、浙江几个森林资源较为丰富的省份上市公司最多，分别有9家、8家和6家；总股本从1.30亿(ST景谷)，到39.30亿(海南橡胶)不等，绝大多数集中在4亿~8亿之间(21家)；从行业上看，造纸行业上市企业最多，占了半壁江山；部分企业利润为负或者偏低，大部分企业的净利润率在10%左右，行业整体利润水平较低。

从近期(2010年之后)的募资情况来看，林业企业普遍募集情况良好，募资金额比较大，市盈率也普遍比较高，多数集中在30~50左右，最高的达到88.89(表7)。

表7　近期上市林业公司募资情况

序号	股票简称	上市时间	发行价	发行量(万股)	发行市盈率	募集资金净额(万元)
1	科冕木业	2010.1	12.33	2350	56.05	25657.62
2	中顺洁柔	2010.11	38.00	4000	56.55	145172.00
3	齐峰新材	2010.12	41.50	3700	53.21	143991.95
4	海南橡胶	2011.1	5.99	78600	87.73	447755.13
5	元力股份	2011.1	24.00	1700	88.89	37781.25
6	上海绿新	2011.3	31.20	3350	41.22	99824.36
7	索菲亚	2011.3	86.00	1350	55.48	108497.85
8	好想你	2011.5	46.00	1860	39.66	81478.00
9	丰林集团	2011.9	14.00	5862	29.17	76690.58
10	德尔家居	2011.11	22.00	4000	36.07	83469.03
11	福建金森	2012.6	12.00	3468	43.80	37200.59
12	喜临门	2012.7	12.50	5250	29.87	60381.10

截至2014年9月26日，新三板共挂牌企业1148家，其中林业企业有三家，分别是扬子地板(木地板企业)、林产科技(纤维板)和森鹰窗业(木窗)。相信随着新三板影响力的不断提升，还会有越来越多的林业企业选择在新三板挂牌。

表8 近几年国内林业公司海外上市情况

企业名称	上市时间	上市地点	主营业务	总股本(万股)	目前市值	募集金额(亿港元)
中国森林	2009	香港	森林资源、林产品加工、林业科技开发和研制	306045.2	89.5亿港元	7.88
谭木匠	2009	香港	天然木材制成、极富中国传统文化特色和创艺性的小型木饰品	25000.0	11.8亿港元	1.39
大自然家居(中国地板)	2011	香港	木地板	148182.4	17.8亿港元	11.00
美丽家园(漳平木村林产有限公司)	2012	香港	休闲家居用品；木屋及其相关构(部)件	100000.0	10.6亿港元	1.80
百花洲实业	2012	美国OTCBB	农林开发，承接园林工程，生态旅游	4788.0	244.19万美元	—
东莞诺华	2014	美国纳斯达克(OTCBB转板)	家具制造	2073.0	9017.55万美元	—

从表8可以看出，近几年，国内林业企业在海外上市主要集中在香港和美国的纳斯达克。中国林业企业在海外上市的企业还很少，还需要更多地了解和参与海外资本市场。表8中列举的企业都是各个行业的佼佼者，其中谭木匠(00837)是国内乃至香港上市公司中唯一的一家木梳制品企业，在香港交易所挂牌上市首日股价大涨52.3%，成为股民追捧对象。于2004年1月17日成功地从美国OTCBB转板至美国纳斯达克挂牌交易，成为该板块上的中国家具第一股。

这些海外上市公司，上市之路也并非一帆风顺。以诺华家具为例，20世纪90年代，公司还是作坊式运作，“定居”东莞市之后，逐渐形成了小规模管理模式，但这与美国对上市公司的要求相差甚远。升级公司管理是唯一途径，为此，公司请来了美国的专业保荐机构，对公司的财务、管理、生产、采购等各方面进行了全方位的、系统化的升级，使公司管理踏上新台阶，让诺华从小规模管理模式升级成集团化模式管理。譬如在生产方式的转变上，诺华家具公司自2009年开始便着手进行了一系列大胆的改革提升，公司实行“模块化”生产管理的同时，公司先后斥资超过2000万元人民币集中引进了数条全球领先的全智能化的家具生产线(如喷油、切割线等)，这样既节约了人力又增加产能，同时，又进一步提升了产品的品质。经历过管理转型的阵痛后，诺华家具公司于2011年开始奔赴美国资本市场。2014年，诺华的美国上市之路迎来了另一个飞跃，诺华已成功由OTCBB转到纳斯达克市场交易。

三、企业上市被否的主要内部原因

对于企业自身质量的评价，归结起来，大致可以分为三点：持续盈利能力、成长性和规范运行。持续盈利能力主要体现在企业的产品、技术水平和业绩与不确定因素之间的依存关系三方面；成长性主要表现为技术水平；而规范运行包括独立性评价、制度评价、财务评价和管理评价。从对企业IPO被否原因的分析中，我们发现，企业在IPO上折戟而归大部分就是因为这三大因素，尤其是持续盈利能力不足，是企业被否的最主要因素。林业企业有两个典型案例：

案例一：2010年某木业公司在主板被否的原因是：公司2007~2009年处于持续下降趋势，增值税即征即退金额占公司净利润比重较高。2010年增值税即征即退比率由100%降为80%，增值税即征即退比率下降将对公司未来业绩造成一定的影响。公司持续盈利能力存在不确定性，且公司经营成果对税收优惠存在严重依赖。

案例二：2011年某园艺公司创业板被否的原因为：外协生产产品占营业成本及主营业务收入较大，自产核心产品竞争优势不明显；海外市场通过单一方式实现的销售收入及毛利率逐年下降。抗风险能力较弱，对公司持续能力构成重大不利影响。

四、企业上市被否的外部因素

1. 宏观环境和政策的影响

国际国内整体环境和政策，企业所属行业的现状、未来及有关政策都是企业发展及上市的重要外部环境影响因素。2011年创业板某太阳能公司由于对国际贸易的依赖达到90%以上，而如今其出口国补贴下降和欧债危机的蔓延对该公司的持续盈利造成严重损害，因而被否；同样，2011年主板某锰矿石公司由于募投项目的实施与国家发改革委意见不符而惨遭失败。目前来看，对于林业产业来说，属于国家大力扶持的行业，具备一定的环境和政策优势。

2. 政府机构

目前我国A股发行采用核准制，其中中国证监会的审核起了决定性作用。企业将主要面临以下几个重要环节，任一环节出现瑕疵或操作不善，都可能导致企业功亏一篑。

除了中国证监会，其他地方政府机构如发展改革委、环保局、税务局、土地出让机构及各级行业主管单位等，在IPO企业审核发行过程中也起到了不可小觑的作用。除了在政策上给予企业优惠以使企业更具优势以外，政府机构相关部门还承载了出具社保、住房公积金的缴纳情况等证明材料的使命。如果企业与相关政府机构没有建立快速良好的沟通机制，那么企业将会付出巨大的甚至是不可挽回的时间成本。

3. 中介机构

中介机构派遣的项目团队及其成员的专业水平、项目经验、敬业精神、职业道德、综合能力都直接影响企业上市的步伐。

2011年某事务所公司在中小板被否的原因为：公司原律师事务所为甲律师事务所，签字律师为A和B。乙公司2008年2月通过增资成为公司主要股东，持有公司6.0606%的股权。根据相关机构核查，甲律师事务所为乙公司的法律顾问，且2007~2010年期间，乙公司与甲律师事务所和本公司大股东控制的公司存在大量的资金往来。根据《律师事务所从事证券法律业务管理办法》第十一条规定，律师存在其他影响律师独立性的情形的，该律师所在律师事务所不得接受所任职公司的委托，为该公司提供证券法律服务。审核过程中，公司律师事务所变更为丙律师事务所，签字律师为A和C，其中主要经办律师A未发生变更，根据以上情况，无法判断A和丙律师事务所能否独立公正并严格履行法定职责。

4. 媒体等其他社会环境

上市过程中举报的处理，以及与媒体关系的融洽，都是需要企业相关负责人，尤其是董事会秘书谨慎对待的问题。上市涉及公司股东巨额财富的实现，甚至起到改变行业格局的作用，因而公司上市受到各方关注，也难免受到恶意举报。媒体的质疑是影响公司上市的又一重要因素。上市公司与公众和媒体的关系处理不当时，往往会产生负面的公众形象，尤其是在上会前夕，若出现负面的媒体报道和质疑，很可能会对审核人员的判断产生较大的心理影响。此外，媒体报道和证券、投资专家意见的指引性，也将对企业的IPO成绩起到难以估量的影响。

5. 尽责的专业上市策划、指导机构

资本市场对于未上市企业来讲相对陌生，企业需要接触多家中介机构，同时面临证监会等相关审核机构的考量。危机四伏、前途未卜，起伏不定的道路上需要有一位可靠的引路人来为企业指明方向、看清利害形势。如果企业不能找到一个与自己站在同一立场的第三方的专业上市指导机构，那么企业就等同于将自己的命运全部交付于中介与审核机构，失去了登陆资本市场的主动权，甚至发行上市的资格。

五、林业企业上市前后比较

表9是从A股中选取的10家较有代表性的林业企业，从表9可见，上市后，企业从收入和资产规模上都有大幅提升，但是大部分企业的利润水平却不一定增加，而且有部分企业利润水平下降不少，这与A股市场整体的大环境有关，也体现了部分林业企业经营的困境。

表9　部分林业企业上市前后财务情况比较

上市公司	上市时间	主营收入(亿元)		利润总额(万元)		资产总额(万元)	
		上市前	2013年	上市前	2013年	上市前	2013年
永安林业	1996年	1.27	4.59	1869	1378	18633	135472
吉林森工	1998年	3.61	14.28	9444	6572	49782	340269
大亚科技	1999年	—	81.89	—	30936	46598	875766
宜华木业	2004年	5.20	40.90	7651	49642	64602	862524
兔宝宝	2005年	5.60	12.40	3738	3240	41418	97768
威华股份	2008年	7.50	17.78	17002	877	205667	278351
升达林业	2008年	4.84	7.12	4393	896	86249	260846
科冕木业	2010年	2.36	4.04	3684	1519	32171	96950
丰林集团	2011年	8.30	9.03	10860	9727	110428	196941
福建金森	2012年	1.28	1.74	4786	4858	37807	137481

财务数据上变化的背后是大部分林业企业上市后利用资本市场的再融资、定向增发、债券、并购重组等各种手段提高企业融资规模，在资金充足的背景下，不断增加研发投入、高薪引进人才，重新进行产业扩张和布局，使企业不断做大做强。

大亚科技就是利用资本市场并购重组了圣象，进入木材加工行业，并逐渐成为了行业领军企业。除此之外，部分企业还进行了多元化布局，升达林业2013年通过收购四川中海67%的股权，进入了清洁能源液化天然气行业。威华股份正在着手对赣州稀土进行资产重组。

六、林业企业上市需要注意的问题

林业企业在上市过程中，一方面与其他行业企业存在很多共性问题，另一方面，也有行业本身的种种特殊性。

1. 林木种植的生长周期长

作为基础生产材料，用材林需达到规定年龄才能主伐，其中杉木为16年(及以上)、马尾松21年(及以上)、阔叶树31年(及以上)，因此该等用材林必须规模化方可实现持续经营。

2. 林产权界定清晰

不管是国有林产权、集体林产权，还是个人林产权，对于林业企业来说，产权清晰是企业合法和规范经营的前提和基础，对于部分在历史发展中存在林产权界定不清的企业，要尽早进行规范。

3. 经济效益与社会效益兼顾

对于林业企业，不管是第一产业、第二产业，还是第三产业，在自身发展的过程中，都会涉及对当地自然生态环境的保护问题，在维持企业正常经营的同时，要按照国家要求，在限额下进行木材采伐，履行企业对于生态环境的保护责任。

4. 合理享受税收优惠与政府补贴

针对林业产业，国家出台了一系列税费减免和财政补贴等优惠政策，林业企业在合理享受这些政策的同时，要保证财务管理规范，同时不能过于依赖这些优惠政策，造成企业营利能力不足。

5. 企业成长性培育

对于大多数林业企业来说，营利水平都不是太高，这就需要企业构建自身商业模式，提炼企业核心竞争力，使投资人能够看清企业未来的成长空间。

6. 公司治理水平提升

大部分林业企业的公司治理水平都不是太高，需要建立高效运作、相互制衡的股东会、董事会、管理层等的运行体制，完善管理制度，降低企业管理成本，提高运作效率。

七、林业企业资本之路的选择

十八届三中全会确定了“资源市场化、要素资本化”的改革目标，走向资本化将成为每一家企业做大做强的必由之路。林业企业选择了资本之路，沿着要素资本化、资本公司化、公司股份化、股份证券化的发展路径，林业资源优势才会更好地转化为产品优势、市场优势、资本优势，甚至理念优势。

目前几乎任何企业都会或多或少地接触到资本知识和概念，但真正筹备上市则需要进行全面统筹计划，何时上市？在哪里上市？如何上市？几乎每一家企业都在十字路口彷徨，特别是对于缺乏研究与决策支持力量的林业企业，更是如此。泛滥的资讯，鱼目混珠，真假难辨；问亲询友，道听途说，都不太可信。偶遇的专家，面对系统的企业问题，其“金手指”型的企业辅导方式也早已成为历史。

企业家要不断学习，提升资本理念。在当今快变、多变的时代，企业不但要学习资本知识，更要有学习资本知识背后的智慧，即认识论、方法论。只有企业家资本认识和理念提升了，企业才有可能更好地利用资本市场。

在充分认知资本的情况下，企业管理团队要结合自身情况，进行企业成长上市方案和路径的设计和筹划，以设计和筹划出的企业未来发展规划作为准绳，不断向资本市场靠拢。

企业要做出选择。不但选择资本领域的老师，对企业传道授业，更需要企业“大夫”，对企业“望闻问切，中西医结合，对症下药”；同时，也需要企业“红娘”，把全国甚至全球高端资源与企业对接，当然还需要“合作伙伴”，对企业投资、入股，指导企业发展壮大。

在方方面面专家的指导下，企业要不断规范经营和培育自身核心竞争力，使企业逐步达到资本市场的标准和条件。

企业在不断发展壮大过程中，要不断融合社会资源，把企业打造成融合社会资源的平台，这样，不管企业在形式上是否上市，其实都已经实现了企业在资本之路上的跨越前行，必定能够成为行业内的领航者。

我国林业产业上市企业年报分析研究

张森林

2014年全球经济增长乏力，中国林业产业正在激烈的市场竞争中适应新常态，寻找新形势下站稳脚跟并继续做大做强的新途径。笔者再度依据公开披露的涉林上市公司财务年报，多角度地进行分析，希望有助于提升行业一梯队企业的管理水平，并作为分析行业状态的参考。在几十年改革开放的实践中，我们欣喜地看到本行业迅猛地发展成为产销量全球第一，习惯于陶醉在总量两位数增长的喜悦中。而对于不平衡不协调不可持续的结构性矛盾知之不多，分析不够。其中就包括对产业经济运行的质量的评估和指导的问题，而这又是构建在主流企业的发展质量基础之上的。新常态迫使我们不得不更多地关注管理，从粗放走向精细。笔者连续几年乐此不疲，原因在此。

一、林板组上市公司的分析

世界与金融危机抗争持续七、八年，给林产工业企业带来深刻影响，在产业的选择上也迈出沉重的步子。"科冕木业"主营业务置换为网络游戏，已脱离本行业，自然不再是笔者研究范围。"中福实业"增加混凝土业务，更名为"平潭发展"。升达和威华业务调整进行中，主业目前受影响不大。

（一）主营收入

2014年主营收入实现两位数增长的是德尔和丰林，有新产能的因素，恐怕主营收入个位数会成为多数企业的新常态（表1）。能赶上GDP增速就不差。哪怕是低一些，也不一定不好，多年高速增长，在高平台上稍作调整也是正常。怕只怕增长慢又兼质量不佳，这样企业恐怕只能加快调整步伐才能适应形势。本组10亿以上的有5家，大亚84亿，宜华44亿。在行业内也属名列前茅的。集团性企业体量有更大的。但是从木材加工、人造板、地板、家具等主营业务尚未见更大的。笔者听一些民营企业家朋友说，做大麻烦多，又累又难驾驭。不无道理，其实中小企业永远存在，而且数量是为主的。但是必须是走名、特、优、新路线的，否则很难可持续发展。小舢板不可能像几十万吨巨轮远航全球。其市场份额、话语权和影响力、品牌溢价、机械化自动化信息化水平、整合产业链的能力，以及林工贸一体化的资源整合能力都无法相比。本产业带有一二三产业紧密关联的基础原材料特性，规模经营还是必要的。

表 1 林板上市公司主营收入及同比

上市公司	大亚科技	德尔家居	兔宝宝	丰林	升达	宜华	金森	吉林森工	平潭发展	永安	国栋建设
主营收入(亿元)	84.4	6.8	14.1	11.9	7.5	44.3	1.9	14.2	8.6	4.6	7.7
同比(%)	3.05	40.3	13.6	32.8	4.5	8.21	9.15	5.83	0.8	0.23	3.78

(二)产品实物量研究

产品实物量对研究某一产品的供需状况至关重要，市场规则最基本的是供求关系决定价格。纤维板行业信息是供给较充分的，但主要依据的是设备提供商供给的产能数据，并非真实的产出数据。为了解行业数据往往依据不同企业的同行间交流，仓库与门店之间的情报刺探，很难得到完整准确的信息。感谢证券管理部门自 2012 年起强制要求披露产、销、存数据，笔者才有依据据实解剖麻雀。纤维板的两巨头从 2012~2014 年产销量是下降的，这强有力地证明在市场向品牌大企业集中的同时，宏观形势仍迫使纤维板产销量下降，还好库存未超过 2 个月产量。兔宝宝的科技木有下降，贴面板、木门逐年递增，结合其他公司状况，普遍存在木门形成产能易，争夺市场难。上市公司木材产量不大，与采伐限额管理有关(表 2)。笔者与其他论者一样，多年呼吁林板林纸一体化，原料基地化。必要性无疑，可行性才更重要。看来中国企业走此路障碍很多，路还很长。

表 2 林板公司人造板等产品生产、销售和库存实物量

上市公司	销售量(万立方米)			生产量(万立方米)			库存量(万立方米)		
	2014 年	2013 年	2012 年	2014 年	2013 年	2012 年	2014 年	2013 年	2012 年
大亚纤维板	131	171	181	133	168	179	27	25	28
威华纤维板	114.18	118.8	120.2	118.68	123.7	119.7	15.79	12.3	7.25
威华木材	6.41	5.23		6.41	5.23				
兔宝宝科技木	0.8678	0.946							
兔宝宝贴面板(万张)	440	309	264						
兔宝宝胶合板(万张)	360	335							
兔宝宝木门万扇	7.8	5.8	4.9						
丰林	—	—	—	—	—	—	—	—	—
升达纤维板	22.3	15.49		22.77	16.99		2.9	2.5	
宜华家具(万套)	94			100					
金森木材	14.4			14.4					
平潭发展木材	5.56	5.62		5.52	5.6		0.0079	0.0476	
平潭发展纤维板	38.6	37.9	39.9	38.7	37.9	36.9	4.36	4.75	3.7
永安木材	9.97			9.75			0.09		
永安人造板	23.08	22.82	21.8	23.3	22.92	21.2	1.18	1.43	1.33
国栋纤维板				49.23					

(三)产销实物存量

木地板是本行业最靠近市场的行当，无论从业者的经历还是营销理念都是最前卫的。吸引消费者眼球和媒体的关注都远远超过其产值比重。说他们是林业产业市场化的急先锋绝不为过。这些市场竞争的弄潮儿面对形势重压仍不气馁。产销量在逆势中增长。2014 年德尔地板销量增长 19.5%，有力地证明了销量在向品牌集中。值得注意的是库存量都超过 2 个月销量，接近 3 个月。当然，考虑到春节假期和“3·15”后的全年第一旺销高峰，加上实体门店是独立法人，需要一定库存。但行业惯例也要注意把握好库存量的度(表 3)。

表 3　林板公司地板生产、销售和库存实物量

上市公司	销售量(万平方米)			生产量(万平方米)			库存量(万平方米)		
	2014 年	2013 年	2012 年	2014 年	2013 年	2012 年	2014 年	2013 年	2012 年
大亚科技	4430	4130	4052	4353	4116	4020	681	758	772
德尔家居	919	769	627	866.7	867	676	226.5	226	129
兔宝宝	179.6	151.8	106	43.7	36.7	28	15.5	16.2	17
升达	640.9	646	613	634	668	593	111.5	118.5	96
宜华地板	2.05 万立方米			2.07 万立方米					

(四)营利能力

这是企业可持续发展的前提，主流企业的这一趋势构成了行业经济运行质量。质量不好的行业其拉动就业的作用是不稳定不可靠的。企业间竞争力的差距很大程度体现在此。同样的外部环境下，纤维板销售毛利率从负数到4%，到14%，到20%(表4)，相差过于悬殊，原因可以是环境、规模、离市场远近、原料(从报告中可见，原材料占成本 70%)，但一定会有管理问题。有一家公司，其人造板是国内公认的名牌，毛利率刚过 10%，可以说在盈亏平衡点附近沉浮。这些主流企业尚且如此，可见人造板困难之大，危机之深。木地板毛利率是较高的品种，但也相差 10 个百分点。一般一梯队企业木地板毛利率应在 30% 上下。有意思的是在股市上屡交高分卷的德尔，复合地板毛利率比强化低 10 个多百分点。当然，毛利率还要结合费用率才能得出利润率的高低来。还要指出的是木地板企业做木门，无论是毛利率还是销量，理想的少而又少。

净资产收益率应是衡量股份公司效益最准确的指标之一，如果拿一年期定期存款利息作标尺，多数表现不错。不好的企业肯定各有各的问题。

经营现金流被看成是比利润更实更重要的指标，只有一家是负数。但看得出减少是主流，这也旁证经济环境的严峻。

表 4　林板上市公司营利能力

<table>
<tr><th rowspan="2">上市公司</th><th colspan="3">销售毛利率(%)</th><th colspan="3">净资产收益率(%)</th><th colspan="3">每股经营现金流(元)</th></tr>
<tr><th>2014 年</th><th>2013 年</th><th>2012 年</th><th>2014 年</th><th>2013 年</th><th>2012 年</th><th>2014 年</th><th>2013 年</th><th>2012 年</th></tr>
<tr><td>大亚人造板</td><td>20.22</td><td rowspan="3">24.99</td><td rowspan="3">24</td><td rowspan="3">6.26</td><td rowspan="3">5.21</td><td rowspan="3">5.24</td><td rowspan="3">2.02</td><td rowspan="3">2.29</td><td rowspan="3">2.03</td></tr>
<tr><td>大亚地板</td><td>32.1</td></tr>
<tr><td>大亚木门</td><td>16.82</td></tr>
<tr><td>德尔强化地板</td><td>37.37</td><td rowspan="2">32.88</td><td rowspan="2">33.64</td><td rowspan="2">9.52</td><td rowspan="2">7.07</td><td rowspan="2">6</td><td rowspan="2">0.1</td><td rowspan="2">0.76</td><td rowspan="2"></td></tr>
<tr><td>德尔复合地板</td><td>26.43</td></tr>
<tr><td>兔宝宝装饰板</td><td>10.7</td><td rowspan="4">15.33</td><td rowspan="4">16.67</td><td rowspan="4">5.36</td><td rowspan="4">3.02</td><td rowspan="4">4.31</td><td rowspan="4">0.21</td><td rowspan="4">0.2</td><td rowspan="4">0.23</td></tr>
<tr><td>兔宝宝科技木</td><td>17.45</td></tr>
<tr><td>兔宝宝地板</td><td>18.92</td></tr>
<tr><td>兔宝宝木门</td><td>13.83</td></tr>
<tr><td>丰林纤维板</td><td>14.56</td><td rowspan="2">16.72</td><td rowspan="2">16.15</td><td rowspan="2">4.93</td><td rowspan="2">5.54</td><td rowspan="2">4.48</td><td rowspan="2">0.23</td><td rowspan="2">0.14</td><td rowspan="2">0.22</td></tr>
<tr><td>丰林刨花板</td><td>11.16</td></tr>
<tr><td>升达地板</td><td>29.44</td><td rowspan="4">22.66</td><td rowspan="4">24.76</td><td rowspan="4">1.83</td><td rowspan="4">1.44</td><td rowspan="4">1.49</td><td rowspan="4">0.07</td><td rowspan="4">0.25</td><td rowspan="4">0.25</td></tr>
<tr><td>升达纤维板</td><td>-0.03</td></tr>
<tr><td>升达木门</td><td>-29.8</td></tr>
<tr><td>升达柜体</td><td>-25.7</td></tr>
<tr><td>宜华家具</td><td>34.8</td><td rowspan="2">31.57</td><td rowspan="2">30.45</td><td rowspan="2">8.31</td><td rowspan="2">8.8</td><td rowspan="2">6.94</td><td rowspan="2">0.4</td><td rowspan="2">0.58</td><td rowspan="2">0.47</td></tr>
<tr><td>宜华地板</td><td>27.1</td></tr>
<tr><td>吉林森工森林经营产品</td><td>48.18</td><td rowspan="2">18.7</td><td rowspan="2">17.67</td><td rowspan="2">0.81</td><td rowspan="2">3.09</td><td rowspan="2">2.97</td><td rowspan="2">0.0124</td><td rowspan="2">0.38</td><td rowspan="2">-0.8</td></tr>
<tr><td>吉林森工人造板</td><td>10.15</td></tr>
<tr><td>平潭发展</td><td>19.13</td><td>16.9</td><td>14.28</td><td>6.19</td><td>2.31</td><td>1.17</td><td>-0.01</td><td>-0.083</td><td>0.093</td></tr>
<tr><td>永安林业</td><td>16.02</td><td>12.78</td><td>16.72</td><td>-6.39</td><td>3.35</td><td>3.07</td><td>0.308</td><td>0.24</td><td>0.6</td></tr>
<tr><td>国栋建设纤维板</td><td>4.07</td><td>-0.61</td><td></td><td>3.48</td><td></td><td></td><td></td><td>0.07</td><td>-0.04</td></tr>
<tr><td>威华纤维板</td><td>10.9</td><td rowspan="2">9.5</td><td rowspan="2">7.2</td><td rowspan="2">-0.19</td><td rowspan="2">0.61</td><td rowspan="2">-7.48</td><td rowspan="2">0.046</td><td rowspan="2">0.036</td><td rowspan="2">0.746</td></tr>
<tr><td>威华林木</td><td>38.6</td></tr>
</table>

(五)收入、资产与费用

1. 收入与资产

净利润增长率与主营收入同步增长并远超其幅度的有 5 家，这是很理想的状态。营业收入增长净利润负增长的也有 5 家(表 5)。这些企业值得研究，原因何在？主客观各占几何？能否亡羊补牢？

表 5　林板上市公司收入与资产变化率　　%

上市公司	主营收入增长率	净利润增长率	净资产增长率	总资产增长率
大亚	3.05	5.16	-2.04	-6.49
德尔	23.13	40.28	9.59	6.19
兔宝宝	13.6	80	4.2	11.2

（续）

上市公司	主营收入增长率	净利润增长率	净资产增长率	总资产增长率
丰林	32.81	-7.99	3.39	3.22
升达	4.54	-11.7	18.9	-23.66
宜华	8.21	28.59	36.55	18.83
吉林森工	5.83	-67.15	0.309	13.86
平潭发展	0.8	57.4	6.1	17.4
永安	0.23	-230.9	-1.83	1.19
国栋建设	3.78	-91.93	-0.27	6.47
威华	-17.8	0	0.81	-3.58

2. 收入与费用

费用增长超过主营收入应该分析其原因，看有无可以改进的管理薄弱环节，节支也是增收，尤其在经济下行时期。

从表6看，个别企业营业成本超过营业收入增长率，应该引起注意。

销售费用超过主营收入增长率的有6家，有些超过还有较大幅度。一方面说明市场形势严峻，另一方面确实应深入分析原因，逐步改善管理，增收节支。

管理费用超过主营收入增长的8家，情况更严重于销售费用增长率。

财务费用超过主营收入增长的4家。

总而言之，在适应新常态中，在精细管理上深耕才会有更大的市场竞争力。

表6 林板上市公司收入与费用变化率 %

上市公司	营业收入增长率	营业成本增长率	销售费用增长率	管理费用增长率	财务费用增长率
大亚	3.95	1.71	8.06	5.71	-17.63
德尔	23.13	20.45	16.86	44.3	-73.31
丰林	32.81	33.24	19.57	42.06	39.69
升达	4.54	12.21	27.29	34.17	-10.03
宜华	8.21	4.02	24.66	14.82	-14.49
吉林森工	5.83	-1.89	4.64	16.38	42.96
平潭建设	0.8		37.13	-9.47	13.13
永安	0.23		-8.77	2.43	13.07
国栋	3.78	-8.7	-37.25	-34.32	-20.01
威华	-3.52	-5.77	4.95	2.09	-17.02

（六）运营能力

应收账款是由于赊销形成的，赊销能扩大销售给公司带来利润，也能因存在收不回货款而承担风险。应收账款周转率自然是高点好。由表7可见，除个别企业外多数企业不错，但有8家3年走势趋低，需适度注意赊销分寸。

存货周转天数行业数据偏高，不是太好。虽然有天然原料产业链长周转慢的客观因素，但有9家超过150天，还有1~3年才转一次的！金森其资产主要是林子，消耗性生物资产，多年生一次砍。也套用存货周转天数实在是会计准则不适用。总体说存货周转天数偏多而且逐年增多，是宏观形势严峻的反映，企业还是要引起重视，从管理上去改善。

表7 林板上市公司运营能力

上市公司	应收账款周转率（次数）			存货周转天数（天）		
	2014年	2013年	2012年	2014年	2013年	2012年
大亚	10.32	9.77	9.4	135.9	133.9	131.9
德尔	108.7	109.9	86.48	124.7	98.7	80.25
兔宝宝	26.6	19.53	17.33	95.12	106.01	130.18
升达	7.22	9.03	10.99	259.3	290.76	285.39
丰林	11.7	17.6	28.25	157.7	186.77	168.28
宜华	4.21	4.3	3.69	195.1	176.6	200.8
吉林森工	2	24.23	37.06	165.9	140.35	144.1
金森	9			5413		
平潭发展	4.89	6.46	7.74	516.6	398.4	404.99
永安林业	22.95	45.08	33.87	607.4	567.6	573.43
国栋建设	0.8054	13.82	10.45	1264	120.02	168.02
威华	2.1	14.51	11.02	950	124.8	129.7

（七）资产占用结构

经济下行期间人们更多关注企业的运行状态，其中很重要的是资产占用结构。货币资金拥有量是公司偿债能力与支付能力的标志，是投资者分析判断公司财务状况好坏的重要标志。所说"现金为王"者，此之谓也。本业也听说一些到期不能偿债的企业主跑路消息。也有几次传说某几个一梯队企业资金链很紧，经笔者了解是谣传，可见市场警觉之高。实际上破产不是真正意义上的资不抵债，而是到期现金不足以偿债，信用破产，资产变现时大幅贬值。这才是真谛。市场很神奇也很无情。由表8可见，有6家货币资金占总资产比重两位数的企业，其运作比较谨慎，现金储备很充裕，宜华同比还增长一半多。也有两家略减。有5家货币资金占总资产只有5个百分点左右甚至以下，这就显得较紧。其中有3家同比在增加，可见他们也注意到这个问题。

应收账款是为促销而赊账，现行市场形成行业账期之惯例，只能按约定俗成办，但要掌控得住不至于变成坏账。要加强对应收账款的管理，及时回收。这也是从粗放走向精细。财务年报要求分析应收账款的账龄，超限要提取减值或坏账准备金。本表所列企业应收账款占总资产比重基本正常，也有偏高的如通常认为经营较好的宜华，也许因为其八成是出口所致。值得注意的是同比9家是增加的，说明经济增速下降对企业状态影响是深刻的。个别企业应收账款增长80%以上，确须引起重视。

存货数据不能乐观，普遍是占总资产两位数的，6家是高于20%，有2家接近一半。除了拥有较大比例生物性资产的客观理由外，应该加大主观努力。存货同比9家增长。宜华增长 26.9%，由此可见经济下行压力对企业的深层次影响。原材料、在产品，产成品是可以适度压缩和调整的。希望引起重视。

表 8　林板上市公司资产占用结构

公司	货币资金			应收账款			存货		
	金额（亿元）	占总资产（%）	同比（%）	金额（亿元）	占总资产（%）	同比（%）	金额（亿元）	占总资产（%）	同比（%）
大亚	12.2	14.91	-3.53	8.38	10.24	1.14	23.9	29.19	2.8
德尔	4.56	27.28	11.63	0.069	0.41	0.05	1.8	10.81	2.65
兔宝宝	1.97	18.14	-1.1	0.54	4.98	-0.3	3.12	28.65	-3.44
丰林	3.64	18	4	1.28	6	68	4.28	21	-5
升达	4.3	21.74	3.4	1.16	5.83	2.34	4.5	22.68	5.71
宜华	22.2	21.66	54.86	11.77	26.59	27.2	17.64	17.2	26.9
吉林森工	1.9	4.98	-33.7	1.36	3.52	84.8	5.78	14.91	42.1
平潭发展	1.39	6.49	-0.15	1.71	7.99	-2	10.9	50.81	0.62
永安	0.61	4.43	1.79	0.27	1.99	1.04	6.56	47.88	0.12
国栋建设	1.66	4.8	319	1.23	3.54	249	3.02	8.8	12.04
威华	1.02	3.8	1.57	1.27	4.75	0.54	5.999	22.37	0.65

（八）研发投入

这是企业科技创新的基础条件，胡锦涛主席曾提出研发投入占 GDP 的 2% 之号召。表 9 中，有 4 家（兔宝宝，德尔，宜华，大亚）企业是在 2~5 个百分点之间，而且数年都在坚守，值得学习。总的看，研发投入值得大声疾呼以引起企业家重视，这是企业重短期行为还是长远发展的试金石。有企业家认为本行业技术门槛低，不像华为那样。这样说不无道理。但木地板界每年交锁扣专利费 10 亿元左右已长达 8 年了！还要受专项审计和诉讼之扰，这样深刻的教训难道还不值得记取吗？从根本上说，本行业缺少具有自主知识产权的关键性技术是企业和行业做大做强所无法逾越的障碍。

表 9　林板上市公司研发投入

公司	14 年研发投入（万元）	占营业收入（%）		
		2014 年	2013 年	2012 年
大亚	20582	2.44	2.51	1.84
德尔	2133	3.14	3.16	3.86
兔宝宝	2146	5.09		
丰林	598.5	0.5	0.66	1.49
升达	91.9	0.12		
宜华	12399	2.8	2.93	3.09
吉林森工	165.9	0.35	0.14	0.02
平潭发展	84.7	0.1	0.08	0.07
永安林业	501.6	1.09		
威华	2130	1.24	1.38	1.45

二、装修与家具类上市公司的主要情况

(一)装修业

关注装修业的原因是：①本业是其供货商，它是本业重要客户；②家居装修是本行业商业模式和渠道变化的交集点；③在减速降档的新常态中，它的变化让人在眼花缭乱中看到新需求和发展的新希望。

表10中A股装修类上市公司共7家，东易日盛纯做家装，其他公装为主兼做家装，但家装扩大迅猛。还有一家2015年刚上市的“上海全筑”。

7家中2014年主营收入两位数增长的4家，足见装修行业需求增长受大环境影响较小，相对刚性。其他2家有增长，1家负增长。与前两年比，增长幅度普遍收窄。从净资产收益率分析，是优秀的，不说与本行业比，就是在A股2000多家上市公司中也能算是中上游的。经济发展到现阶段，服务比重大的行业似乎利润厚一些。提醒我们要重视制造业与服务业的结合。

表10 装修类上市公司近三年收入和收益情况

公司	主营收入增长率(%)			净资产收益率(%)		
	2014	2013	2012	2014	2013	2012
金螳螂	12.59	32.08	37.42	29.36	32.36	45.3
江河创建	33.63	32.4	55.99	5.37	6.41	11
广田	12.62	28.23	25.27	13.6	15.29	12.86
亚厦	5.74	26.8	26.8	18.9	22.86	20.11
洪涛	-5.69	24.77	31.09	13.67	17.06	14.76
瑞和	0.85	12.33	2.2	5.95	8.64	8.53
东易日盛	18.09	15.68		14.17	28.38	21.24

(二)家具类表现

家具类表现好，美克体量大，增长不大。其他3家增长都很大。尤以索菲亚和喜临门为最。索菲亚可以说是先进制造业的代表，信息化和市场营销也很成功。4家企业净资产收益率均很好，而且多属逐年递增。可见经济下行，好企业照样能找到自己健康发展的方向和路径(表11)。

表11 家具类上市公司近三年收入与收益

公司	主营收入增长率(%)			净资产收益率(%)		
	2014	2013	2012	2014	2013	2012
美克	1.44	1.68	2.75	8.39	6.58	0.83
索菲亚	32.38	45.98	21.73	18.2	15.14	12.23
喜临门	26.29	13.9	7.02	8.34	11.4	16.55
浙江永强	9.17	9.54	-3.68	10.16	8.49	6.3

三、A 股与新三板的新发展

林产业对资本市场了解不多，利用更不够。

1. A 股上市公司

2015 年 A 股新上市涉林股 4 家(表 12)，3 家家具(其中一家整体衣柜)，1 家装修。营业收入在 10 亿左右，净资产收益率均在两位数。上市公司中家具板块质量不错，尤以衣柜为最。

表 12　A 股新上市公司

公司	IPO 日期	发行股数	发行价	主营业务	14 年营业收入	14 年净资产收益率	市盈率
永艺	2015. 01. 23	2500 万	10. 22	家具	9. 59 亿	22. 46%	22. 71%
好莱客	2015. 02. 17	2450 万	19. 57	整体衣柜	9. 01 亿	37. 35%	19. 00%
全筑	2015. 03. 12	4000 万	9. 85	建筑装饰	18. 1 亿	17. 87%	22. 97%
曲美	2015. 04. 22	6052 万	8. 98	家具	10. 9 亿	15. 92%	22. 99%

2. 新三板

新三板，即全国中小企业股份转让系统，是经国务院批准，依据证券法设立的全国性证券交易场所，主要为创新型、创业型、成长型中小微企业发展服务。全国股转系统主要服务于创业、创新和成长型中小微企业，缓解中小微企业融资难，包容性很强。境内符合条件的股份公司均可通过主办券商申请在全国股份转让系统挂牌，公开转让股份，进行股权融资、债权融资、资产重组等。申请挂牌的公司应当业务明确、产权清晰、依法规范经营、公司治理健全，可以尚未盈利，但须履行信息披露义务，所披露的信息应当真实、准确、完整。

新三板门槛较低，更适宜中小企业进入。迄今挂牌企业已达 2348 家，总股本 1060 亿。其中涉林 23 家，包括林业 2 家，木工(人造板，地板)7 家，家具 4 家，造纸 10 家(表 13)。

表 13　新三板挂牌的涉林公司

公司代码	公司简称	转让类型	所属行业
430260	布雷尔利	做市	家具制造业
430481	吉瑞祥	协议	家具制造业
430483	森鹰窗业	协议	木材加工*
430551	林产科技	协议	木材加工
430586	兴港包装	协议	造纸与纸制品业
430736	中江种业	协议	林业
430748	恒均科技	协议	造纸与纸制品业
830970	艾录股份	做市	造纸与纸制品业
831028	华丽包装	做市	造纸与纸制品业

（续）

公司代码	公司简称	转让类型	所属行业
831128	大汉印邦	协议	造纸与纸制品业
831166	纳地股份	协议	家具制造业
831250	维涅斯	协议	造纸与纸制品业
831439	中喜生态	做市	林业
831445	龙泰竹业	协议	木材加工
831543	松炀股份	协议	造纸与纸制品业
831548	光大百纳	协议	木材加工
831589	吉福新材	协议	木材加工
831828	利特尔	协议	造纸与纸制品业
831905	欧华达	协议	造纸与纸制品业
832053	富得利	协议	木材加工
832180	绿洲森工	协议	木材加工
832237	无锡绿力	协议	造纸与纸制品业
832264	普克科技	协议	家具制造业

* 全称：木材加工和木、竹、藤、棕、草制品业。

3. 准备上市的公司

如果扩大到家居，排队上市中的有，4 月 2 日，香港联交所发布了红星美凯龙上市申请信息，江山欧派门业股份有限公司、广东皮阿诺科学艺术家居股份有限公司、茶花现代家居用品、多喜爱家纺股份有限公司等已在等 A 股。

三、展望

林业产业企业普遍与上市公司一样，适应新常态主要的问题在于：①GDP 增速由高向中高带来的经济环境全方位的变化；②以 2013 年达到年销售商品房全国人均一平方米和累计平均每户拥有一套房为标志，房地产开始从巅峰走向平稳发展期；③互联网 + 、电子商务对实体零售门店主渠道的巨大冲击和一体化解决方案的智能家居对单品建材供应商利润泰山压顶式挤压。这两大冲击如虎似狼地开始颠覆家居业的商业模式和生存状态。

但是，危中有机的是，我们仍处在中国经济的发展机遇期，改革红利与城镇化红利仍然可指望，中国 45 岁以下人群占比为 46.55%，城市化和人口结构比例决定了未来 10 年住房的刚性需求和改善性需求依然平稳，加上我国房地产金融刚开局，发展空间很大，随着居民收入稳步增加，前景仍是美好的。有志于在林业产业奋斗的企业，只要调整思维定势，找准自己发展的方向和途径，管理精细化，充分利用资本市场，一定能走向更辉煌的未来。

生态文明建设背景下的林业产业发展战略

张友捷　丁　童　张　全

近几个世纪以来，工业化进程日益加快，在地球上生活的人类在度过漫长的农业化社会之后，在工业社会中取得了极大的物质成就，生产、生活的便利无处不在。但是同时人类对于自然的索取越来越多，导致了自然资源的匮乏和环境问题的严重，生态系统受到了很大破坏，甚至造成了一系列重大的生态灾害。人类生活在地球这个生态系统之中，人类作为地球生态系统的主宰，每一次活动都会对生态系统造成影响，更为严峻的是这些影响也会很快地作用于人类。

在这样的背景下，地球森林面积和蓄积量的迅速减少、土壤沙化、水土流失、江河泛滥、干旱加剧、冰川融解、工业酸雨、破坏性风暴增多、生物物种减少乃至灭绝。这一系列生态环境的恶化与自然生态资源锐减的现象，迫使人类越来越关注生态问题。同时，人类生产活动与生态资源承载能力的矛盾也越来越突出。在我国，经历了改革开放的经济飞速发展、人民物质生活得到基本满足后，生态问题、资源问题、环境问题接踵而来，已经成为当前经济社会发展面临的最为重要、最为迫切的问题之一。更为忧心的是，我国工业化进程还远未完成，经济社会发展还需要依赖于向生态系统的索取，保护建设好生态系统依然承受着巨大压力。西方发达国家所走过的“先发展、后治理”的老路，我们事实上已经在重蹈覆辙，甚至在一些地方，似乎已经走得很远。自然生态资源作为人类生产力要素和条件，已开始制约生产力的无止境发展。随着经济社会的发展，生活水平的提高，人类已开始把改善和保持良好的自然生态环境作为追求幸福的目标之一。

一、生态文明和林业产业

1. 生态经济学和生态文明

生态经济的概念和理论研究是在20世纪中期由发达国家提出的。发达国家曾以廉价掠夺生态资源和肆意破坏生态环境的非理性行为，完成了资本的原始积累，并实现了产业经济现代化和社会生活现代化。此后便开始受到自然环境破坏和自然资源枯竭所带来的惩罚。于是，一些有识之士呼吁要培育和发展以保护和改善生态环境为前提并与自然资源可持续利用为目的的生态经济。在第二次世界大战之后的经济复苏期，开始了由传统产业向现代生态经济转变的理论研究，提出从保护生态环境和自然资源出发，运用新技术，节约使用或代用非再生资源，大力发展可再生资源。这标志着世界经济发展史进入一个根本性的质变。经济社会与生态环境的和谐，经济的持续扩大再生产与自然资源的可持续供给和利用衍生了生态经济学。生态经济学就是把经济发展建立在生态环境可承受的基础之上，在保证自然资源再生产的前提下扩大经济的再生产，从而实现经济发展和生态改善的"双赢"，建立经济、社会、自然良性循环的复合型经济系统。

生态文明是以人与人、人与自然、人与社会和谐共生为宗旨，以建立可持续的生产方式和消费方式为内涵，引导人们走上持续和谐发展道路的文明形态。2007 年 10 月，党的十七大报告中提出了科学发展观，要求全面、协调、可持续地发展生态经济，并首次把"生态文明"的理念写进党的行动纲领。党的十八大报告中将生态文明建设提到了一个崭新的高度，报告中指出，面对我国目前严峻的生态环境形势，站在中华民族生存发展的战略高度，将生态文明建设纳入中国特色社会主义总体布局。报告中明确要求，大力推进生态文明建设，树立尊重自然、顺应自然、保护自然的生态文明理念，把生态文明建设融入经济建设、政治建设、文化建设、社会建设各方面和全过程，加大自然生态系统和环境保护力度，努力建设美丽中国，实现中华民族永续发展，之后召开的十八届三中全会又对生态文明建设做出了具体安排。在我国，生态文明的重要性和必要性受到了前所未有的关注，生态文明建设是我国按照社会主义初级阶段发展的需要而产生的独创性理论，是符合现阶段中国社会主义现代化建设的需要，满足广大人民群众对环境和经济平衡发展的理论。

2. 林业产业和生态文明

21 世纪初，伴随我国经济的持续高速增长，生态环境的压力也越来越大。彼时全国水土流失面积达 356 万平方千米，年流失土壤达 50 亿吨；全国沙化土地达 174 万平方千米，而且每年以 3436 平方千米的速度在扩展；洪涝、干旱、沙尘暴等自然灾害逐年加剧，造成的经济损失巨大。全国人居环境总体质量不高，约有 8 亿人口生活在受各种不利环境因素制约的地区。生态环境的不断恶化，已经成为全面建设小康社会，大力推进社会主义现代化建设的严重制约因素。从中华民族的长远发展和根本利益出发，重视保护资源和环境，促进人口、资源、环境和经济发展相协调，建设生态文明已刻不容缓。

改革开放以来，我国林业建设取得了举世瞩目的成就，实现了森林面积和蓄积的"双增长"，森林覆盖率有了很大的提高，各项林业工作不断深入。森林作为陆地生态系统的主体，林业作为生态文明建设的主体，肩负着建设和保护森林生态系统、保护和恢复湿地生态系统、治理和改善荒漠生态系统及维护生物多样性、弘扬生态文明的重要职责，是实现经济社会可持续发展的重要基础，林业的健康持续发展是建设生态文明的重要部分和必然规律。

与此同时，我国林业产业规模伴随林业的大发展也在不断壮大，保持了强劲的发展势头，已经成为生态林业、民生林业的动力和引擎。林业产业具有减缓和适应气候变化的双重功能，是一个天生绿色、低碳的产业。一方面可以通过林下植被、林木、林地实现直接固碳，同时还通过林产品的碳储存和碳替代实现间接固碳，在生态文明建设过程中具有不可忽视的作用。同时，回顾世界林业的发展历程可以发现，世界林业产业发展的总体趋势，是从重视经济效益为主向重视生态效益和社会效益转变，进而逐步转向生态效益、经济效益、社会效益三者均衡发展的趋势。在生态经济的大背景下，世界许多国家也纷纷制定了各自的林业可持续发展战略，从而实现经济、社命、环境和资源的协调发展。产业兴则林业兴，产业活则林业活，林业兴则生态强，研究林业产业和生态文明之间的关系，能更好地分析林业产业的构成及经济、环境之间的变化规律，是提高林业产业含金量的必要举措，是促进生态文明建设的有效途径和关键点。

二、生态文明建设中林业产业的特点、原则和目标

1. 生态文明建设中林业产业的特点

首先，生态资源是林业产业必需的基础性资源。森林资源产品是林业产业赖以发展的资源性基础。同时，森林资源为林业产业体系各产业链条提供加工或生产对象。就这个层面而言，林业产业体系正是依托森林资源，其不同层次的产业链条才得以最终形成。林业产业要永续、长足发展，同时也离不开优越的生态环境外域设施及无形服务的配套，只有良好的生态环境才能为林业乃至其他各大产业的发展提供其相应废弃物的排放场所和自然净化场所，从而促进林业乃至其他各大产业的不断稳步发展。

其次，生态环境与经济社会的良好互动是林业产业体系的必须。林业产业发展是建立在森林生态环境优化建设的基础之上的，其发展反过来又为森林生态环境的保护与改善提供了技术性和资源性保证，从而促进了森林生态环境的不断永续优化，而森林生态环境的优化又为林业产业收益的进一步发展提供了良好的基础性条件。同时，林业相关产业的发展不仅为人们提供了广阔的就业机会，而且提高了人们的收入水平，良好、优质的环境又为人们带来了巨大的精神享受。因此，通过实施林业产业，不仅形成了生态环境优化与林业产业发展、社会发展进步之间的良性循环套路，还使得生态、经济、社会效益协同发挥作用，受益明显。

再次，生态理论的系统性保证了林业产业的优化发展。在林业产业中，通过实行森林资源培育、加工、销售的专业化生产，及建立不同层次的产业链条将各环节密切地衔接起来，形成了系统的林业产业经营战略体系。同时，林业产业是一种涵盖面很广的系统化经营过程。在该过程中，林业产业所涵盖的商品林生产与公益林生产的产出种类是相同的，只是主次不同。商品林生产主要的产出是经济产品，但同时也产出生态环境产品；公益林生产主要的产出是生态环境产品，但同时也有经济产品的产出。因此，林业产业又是多种复合产品的系统化的综合产出过程。它通过基地与市场的有效联结，实现了资源培育、加工、销售、服务的一体化综合经营，最终使林区的多资源、多产业经营有机地联系起来，从整体上促进了林区经济的全面发展。

最后，生态效益保证了林业产业的社会性。森林资源所具有的生态、经济、社会效益，使得它与人类的生存与发展息息相关，同时它又是林业产业的主要对象，因此林业的发展不仅事关林业部门内部，还关系到整个社会的发展进步。从这个意义而言林业产业不仅是一个公益事业，它还是一个社会事业，具有很强的社会性。也就是说，林业具有外生效益，而且整个社会将长期受益。所以，林业产业应该受到全社会的广泛支持与重视。

2. 生态文明建设中林业产业的原则

(1)生态环境和林业产业共进原则　在实施林业产业过程中，森林资源是重要的基础性要素，但林业产业必须采取适当、合理的发展模式，才能促进该资源的永续开发利用。否则，任何不适当、不合理的经营发展行为，都会造成该资源的破坏，并会随之带来严重与可怕的环境问题。同时，众所周知在环境相关问题上，即使耗费再大的人力与物力去治理，也难以在短期内得到修复与恢复；环境问题的加剧又会加重资源的毁坏程度。从这个意义上来说，资源与环境是相辅相成、密不可分的。因此，在实施林业产业过程中，必须做到永续开发和利用资源与保护环境协调共进。

(2)生态环境和林业产业利益一致原则　在实施林业产业过程中，各方面利益关系的协同一致是其健康发展的必要条件之一。林业产业过程中的利益关系包括林业与社会及其他部门的利益关系，主要表现在对林业所提供的外部环境效益的合理补偿；林业产业内部各产业间的利益关系，主要表现在森林资源培育与加工利用间的利益关系；代际间的利益关系，主要是说林业产业要考虑到其可持续性；同时也要考虑到龙头企业与其他企业间的利益关系。所有上述这些利益关系的协同，都必须通过建立合理的经营发展体制和利益分配机制去加以协调，从而更进一步密切产业链条的联结，促进林业产业的健康发展。

(3)从实际出发，因地制宜原则　鉴于各地区(区域)自身不同的条件与特点，林业产业的发展模式也不应该完全相同。要坚持“一切从实际出发”的原则，以地区(区域)自身不同的条件与特点为基础依据，选择适合的林业产业发展模式。这主要表现在地域产业安排以及该地主导产业选择要与区域基础资源及环境相协调，从而使所选择的产业或产品具有更好的经济效益和市场竞争力，也才能够实现区域范围的资源优化配置，以产业的发展来促进区域经济的发展，同时又不对区域自然环境造成破坏性影响。要做到因地制宜，发挥区域优势，首先必须对区域内资源条件有正确的评估，并根据市场需求状况开发优势资源。其次根据资源状况，进行区域内的整体产业布局。

(4)生态和产业科技不断创新的原则　充分认识先进的科学技术是林业产业发展的重要驱动力量，林业产业中必须涵盖林业生产手段现代化、林业生产技术科学化、林业生产组织管理科学化。在实施林业产业过程中，要进一步密切产业链条的联结，必须依靠先进的科学技术手段。因此，林业产业必须坚持生态和产业科技不断创新的原则，以先进的资源培育技术推动森林资源产业的发展，以先进的木材深加工技术、非木质产品加工技术推动森林资源加工业的发展。

3. 生态文明建设中林业产业的目标

林业产业的发展是建立在生态文明基础和前提之下，实现林业的可持续发展，促进林业产业总体发展战略。总的来讲，是在实施林业的产业化经营的基础上，为全社会持续性提供生态产品、经济产品、精神产品，并不断创造生态效益、经济效益、社会效益，从而实现生态文明和林业物质文明的协调性发展。其目的主要有以下几个方面：

(1)持续稳定高效地提供生态环境产品，发挥最佳社会效益　随着人类对自然索求的无休止提高以及人类对自然生态环境的不断破坏，人类已经不同程度地尝到了因生态环境破坏而带来的苦果，因此迫切需要对其生存环境加以改善。林业产业作为生态环境建设的主体，肩负着为社会持续性地提供生态、经济、精神产品的重任。但是，由于过去林业发展模式的单一性，将经济、社会与其环境的发展割裂对待，只寻求自身的、局部的、暂时的经济效益，从而过度的采伐森林资源，结果不仅未能提高经济效益，反之还带来了全社会的、整体的、长期的经济效益低下甚至滞后。林业产业通过对各产业链条的重构与整合，使各产业协调性发展。通过建立森林资源生产基地，使森林资源产业得到快速发展，各产业的发展以森林资源和生态环境相关产业为基础，又为生态环境相关产业的发展提供有力保障。因此，实施林业产业的目的是，建立起产业结构合理、链条联系密切、生态功能良好的林业产业战略体系，持续稳定高效地提供满足社会需求的相关生态环境产品。

(2)持续稳定高效地为社会提供多种经济产品，发挥最佳经济效益　林业产业自开发建设以来，为全社会提供了大量的、品种繁多的经济产品。随着社会的发展和人民生活水平的日益提高，现有的林业生产能力及产出的产品，已不能满足其日益多样性的需求。实施林业产业，是要以丰富的森林资源为基础，通过林业产业的整合，形成多个相互关联的产业链条，并进行产业的合理布局，形成各区域的主导产业和支柱产业，在此基础上实行适度规模经营，以此来带动相关产业的发展、进步，从而为社会持续稳定高效地提供更加丰富多样的经济产品，满足社会发展的需要。

(3)持续稳定高效地推进林业产业组织合理化建设　自林业开发建设以来，由于我国林业管理体制的不顺畅，使得林业产业组织的合理化程度很低。木材生产及其后续产品加工与营林、造林相互脱节，同时，营林造林及其木材加工利用与市场未能有效关联起来。一直以来，人们在营林、造林中只注重面积的增加、森林覆盖率的提高，而很少考虑到木材加工利用的实际要求；林产工业盲目追求投资、新上项目、重复建设，而很少考虑到区域内森林资源的现实状况。从这个意义上来讲，整个林业产业内部没有形成有效的关联机制，致使林业产业整体效益低下。林业产业合理化建设，其目的就是要改变林业产业组织不合理的现实状况，通过构建多个产业链条(群)，形成产业之间相互关联、协作的产业组织体系。同时，建立有效的利益分配机制，使各产业间利益分配趋于合理，从而使得各产业发展达到协调、共赢。

(4)持续稳定高效地促进林业产业结构的高级化进程　林业产业结构的高级化，是指林业产业结构在总体协同优化的基础上，其结构的整体素质和产出效益向更高层次呈现出有序的阶段性提升的过程。其中涵盖三方面的内容：一是当前林业产业结构中比重占优势的第一产业须逐步向其他产业(包括第二、三、四、五产业)转变，二是劳动密集型产业须逐步向技术密集型产业转变，三是初级制品业须逐步向深加工制品业转变。同时，林业产业结构的高级化应该适合特定区域特点，与森林资源条件、市场供需程度、林业产业总体生产力水平相适应。

三、我国生态文明建设和林业产业历史沿革及现状

(一)生态文明建设和林业产业历史沿革

近半个多世纪来，我国林业产业政策经历了多个阶段，目前我国林业产业大发展也是以前60多年林业产业政策积累和实践的结果，从片面性的获取森林经济价值到生态文明建设转变，从行政垄断性政策制定到市场经济转变，从中央主导到经济统筹转变，在不同阶段有着自身的特征表1。

表1　中国生态文明建设与林业产业的历史沿革

阶段	二者关系	特点	政策标志	影响
1949～1957年	恢复林业生态和发展林业产业	普遍护林，重点造林，合理采伐利用木材	建立多个防护林带，有计划地营造用材林，严格采伐制度	森林得到初步恢复；提出一些具有生态建设思想的森林管理方案
1958～1978年	重产业，轻生态的伐木经济	森林砍伐，荒地育林，提供木材原料	大力开展群众造林运动，推动林业建设的人民公社化	运动式的造林伴随毁林，系统化的森林建设停滞；政治运动对森林建设产生了一定的负面影响
1979～1997年	重产业，轻生态的计划经济过渡到市场经济	计划经济向市场经济过渡，第二产业发展迅速，砍伐严重	颁布实施《森林法》，规范林业生产活动，开展林业三定工作，明确划分营林范围，放开木材市场流通	森林建设重新回到正轨，森林数量和质量有所提升；出现一些林地权属划分不清、职责不明的情况
1998～2002年	重视林业生态建设	林业生态得到一些恢复，林业产业和社会公益事业协调发展	实施一系列大型生态工程项目，尝试建立林业分类经营管理模式	大规模造林工程的启动一定程度上改善了部分地区的生态环境；森林和野生动物保护情况有较大提高
2003至今	生态效益优先，生态与产业并重	确立以生态文明建设为主体的协同发展	全面突出森林的生态价值，建设生态文明，以国家投资保证生态建设，为美丽中国做出贡献	森林数量和质量得到较大幅度提升，尤其是天然林破坏得到遏制；国家投资支撑森林建设，森林建设更加体系化

1. 1949～1957年，恢复林业生态和发展林业产业

1950年，我国当时的领导人受苏联森林永续经营理念，明令地方制止乱砍滥伐，保护森林按计划采伐。1952年的《全国林业会议的总结报告》指出林业的任务是“改造自然环境，灭免天灾，保障农田水利，培养和扩大森林资源，保证工业建设所需木材”，提出“普遍护林、重点造林、合理采伐利用木材”的森林建设原则。1953～1957年全国营林基本投资从512.3万元提高到3332万元。

在森林建设的政策机制和组织体系建立上，与计划经济体制配套，国家对林业部门采取计划指令式的方式进行集中管理。1949年成立林垦部，1956年成立森林工业部(1958年并入林业部)，统一协调和规划全国的森林建设事宜，特别是木材和林产品生

产的相关事宜，建立了中央主导的森林建设体系。在此基础上，国家又成立了 100 多个森林工业局，以统一组织与协调的方式组织森林生产。木材和林产品都作为国家指令性的计划，并落实到各地森工局。当时林业产业也得到了极大程度的培育。

2. 1957~1978 年，重产业、轻生态的伐木经济

1958 年开始的"大跃进"和人民公社化运动中，由于对客观规律的忽视，各级政府不切实际地要求大量提高木材和林产品产量。1962 年 1 月 7 日中央发布《中共中央关于抓紧木材生产的批示》，要求 1962 年必须达到全年 2401 万立方米木材生产计划，此后多次发布抓紧木材生产的通知。这种以木材和林产品生产为中心的急功近利的行政化命令的确在短时间内提高了木材产量。据统计，1949~1979 年全国累计生产木材高达 10 亿立方米，本就为数不多的天然林资源遭到了严重破坏，前一阶段森林建设所取得的成果付诸东流。

1966 年的全国林业工作会议提出"走自己的发展林业道路……突出政治、立足战争，依靠群众，自力更生，大力造林，造管并重，采育结合，综合利用，林粮结合，多种经营"，希望探索生态与经济并重，通过保留部分市场机制调动群众造林积极性，并鼓励地方进行自主探索的道路，应该说这是中国森林建设探索的重要里程碑，但在实际执行中，还是出现了很大偏差，比如在营林方面，仿照农业生产领域的人民公社，鼓励林农组织人民公社进行集体生产，使得在建国初期已经得到初步确定的林地权属又再一次集中，也使得林农的生产积极性不高，在营林生产领域也处于停滞不前的状态。

3. 1979~1997 年，由重产业、轻生态的计划经济过渡到市场经济

1978 年改革开放开始时，中国森林建设面临迫切的改革需求。1979 年，在邓小平提议下人大常委会决定每年 3 月 12 日为植树节，就体现了当时领导人思想的转变。此外，国务院批准启动"三北"防护林体系等工程建设，以国家投资进行森林生态建设的方式开始出现。中央审批、地方管理的国家森林公园也在这一时期产生，在 1982 年张家界国家森林公园建立，到 1991 年共有 17 处国家森林公园陆续建立。

林业生产方式"永续经营"理念被再次提出，政府在全国启动了速生丰产林推广，尝试建立规模化、集约化的木材生产，减少对天然林的砍伐。在制度变革方面，随着农业"包产到户"取得进展以及商品经济改革的不断深化，林业领域也开始借鉴经验。从 1981 年开始政府在农村推行"稳定山权林权、划定自留山和确定林业生产责任制"。1985 年中共中央、国务院颁布的《关于进一步活跃农村经济的十项政策》，提出"集体林区取消木材统购，开放木材市场，允许林农和集体的木材自由上市，实行议购议销"和"木材收购部门可以用换购合同的形式收购一部分木材"两项政策。1995 年开始的森林分类管理，标志着政府对不同属性森林管理的探索进一步深入。通过将森林进行生态公益林和商品林划分，并进行分区管理。

4. 1998~2002 年，重视林业生态建设

这一时期全国的森林覆盖率和森林蓄积量已经呈现了双增长的势头，生态赤字得到了初步扭转，但由于对森林生态价值认识的局限，国家在投入方面也比较有限，在具体执行上缺乏系统性的宏观规划，所以绿色投资与建设的效果依然不明显，生态环境的改善还没有得到全方位的体现。此外，天然林作为珍贵的生态价值宝库依然没有得到应有的保护。

1998 年发生的长江、松花江和嫩江流域特大洪水，使领导人对国家生态安全达到了前所未有的重视程度，政府主动提供和保护生态公共产品的决心大大加强。时任国家主席江泽民在抗洪表彰大会上深刻反思，认为要“学会按自然规律办事，以利把我们的经济建设和其他社会事业搞得更好，实现经济建设与生态环境的协调发展”。之后，《全国生态环境建设规划》颁布，生态建设进一步确立为森林建设总体思路，生态价值被作为森林建设的主要目标，一系列保护和促进森林生态价值积累的政策开始酝酿。另一方面，新一轮林权改革启动，通过更加规范的产权界定，林农有更高的积极性提高对生态林的投入和商品林的经营效率。

5. 2003 至今，生态效益优先，生态与产业并重

在林业市场机制探索方面，2003 年后新一轮南方集体林权改革推开，在改革方式上各地方的创新获得了较充分的尊重，改革在进一步明晰产权、规范市场秩序方面给予了制度保障，以充分释放市场活力。当然，目前农民自营经济林的经营还在实施计划经济体制以来的森林采伐配额制度，下一步改革尚有空间。这一阶段，中国的森林建设逐步实现了全方位与系统化，以政府绿色投资置换森林绿色资本的方式在 10 多年内取得了显著的成果，推动了中国森林资源的增长，也在一定程度上改善了中国的生态现状。

伴随党的十八大的召开，生态文明建设成为全民族的共识，党的十八届三中全会又进一步明确了生态文明制度建设的主要任务。生态文明建设成为现今中国的热门话题，如何建设生态文明已经有了基本的思路和具体的实施路径，各部门也加快了制定本部门生态文明建设的步伐。林业产业正在向着低碳环保和可持续的循环经济方向迈进。

（二）生态文明建设和林业产业发展现状

据统计，21 世纪以来我国林业产业保持年均 20% 以上的增长速度，2014 年全国林业产业实现总产值 5. 26 万亿元，比 2013 年增长 11. 1%，木竹加工及产品制造业、经济林产品种植与采集业产值均突破 1 万亿元。全国林产品进出口贸易额达 1380 亿美元，比 2013 年增长 9. 5%。全国经济林产量 1. 49 亿吨，油茶种植面积 5664 万亩，花卉种植面积 1841 万亩，木材产量 8178 万立方米，人造板产量 2. 58 亿立方米。从主要林产品产量来看，我国人造板、松香、木地板、家具、经济林产品产量均处于世界首位，成为世界林产品生产、消费和贸易大国，在国民经济中的地位日益显著。林业产业得到大发展的同时，生态文明建设也在逐步迈进，林业产业作为一种绿色、环保、低碳的生态经济类型已经成为生态文明建设中十分关键的一环。

1. 绿色产业不断兴起

我国政府提出的七大新兴产业中有五个产业和林业息息相关，在新能源产业、新材料产业、低碳环保产业、生物产业、高端制造业中，林业产业都将占有重要地位，林业因为物种和资源的丰富，为新兴产业提供了巨大的可能性。首先，林业新兴产业将摆脱以往资源依赖的特点，以产业附加值为价值重点，突破林业资源限制，向着更宽更广的方向迈进，林能、林化、林药乃至森林食品等产业的跃进将提高林业产业的经济附加值；第二，新兴产业中制造业和服务业融合发展的趋势十分显著，服务价值比例不断提高。在林业产业中，咨询服务、中介、金融等产业规模将不断扩大，这些产业的成熟也将为林业产业的绿色之梦注入新兴力量，成为林业产业绿色的新兴增长点；第三，新兴产业注重绿色增长，具有知识密集性、资源节约性、潜力发展性和综合效益性等特点，在充分满足消费者个体需求的同时，更加注重社会公共利益，在追求经济目标的同时更加强调资源节约、环境保护、公共健康等社会目标。这些新兴绿色产业将推动我国林业产业结构升级，加快经济生产方式转变，实现绿色增长。

2. 循环产业成为生态文明建设主力

林业是一个由林业第一、二、三产业组成的独立的产业部门，联系着森林资源的生产、利用与消耗的全过程。以循环经济理念指导林业生产，可以提高木材综合利用率，减少污染、改善环境、提供更多的就业岗位，具有良好的经济效益、社会效益和生态效益。以完备的林业生态系统和发达的林业产业系统协调发展为特征的可持续林业是实现生态恢复、环境改善、资源高效利用、人与自然和谐共处的一种重要手段。因此，发展循环济是实现林业生态与林业产业良性的必然选择。林业既有内部经济，又有外部经济，并且外部经济远远大于内部经济。从林业企业的角度来看，发展循环经济可以促进企业发展。林业企业通过实施清洁生产、企业间协作和回收利用木质废料，可减少污染治理费用，降低能耗和物耗，从而降低生产成本。因此，循环经济是林业企业提升竞争力的重要手段，更是生态文明建设的主力。

3. 合理产业结构成为生态文明发展引擎

2001年我国林业第一、二、三产业的产值结构比例为66∶30.4∶3.6，2006年为44.2∶48.8∶7，2011年为36∶55∶9。10年间第二产业所占比例由30.4%提升到55%，林业工业化进程明显加快。目前，全国规模以上林业工业企业超过15万家，产值占到全国林业总产值的70%以上。在林产工业迅速发展的同时，特色产业也迅速崛起。统计显示，2013年林业产业总产值达到4.73万亿元（按现价计算），比2012年增长19.93%，产业规模不断扩大。自2001年以来，林业产业总产值的平均增速达到22.63%。我国林业产业呈现出持续高速增长的态势。全国林业产业总产值达到1万亿元用了57年，从1万亿元达到2万亿元用了4年，从2万亿元达到3万亿元仅用了1年。在我国林业十大支柱产业区域布局与近期发展重点问题调研报告中指出，以“建设生态文明、发展现代林业、推动林业科学发展”为中心，以林业产业结构战略性调整和全面升级为主线，以建设比较发达的产业体系为目标，以体制创新、政策创新和科技创新为动力，以兴林富民为根本出发点，按照建设资源节约型社会和发展循环经济的要求，面向国际和国内两个市场，突出区域特色，加强森林资源培育，提高林地生产力，巩固传统产业，大力发展新兴产业，加快精深加工发展，提高产业素质，做精做强林业产业，全面提升林业产业国际竞争力。到2015年，林业总产值达到6万亿，林业产业进一步壮大，产业结构和生产力布局更趋合理，初步形成比较发达的林业产业体系。在产业结构优化调整中，第二、三产业产值在林业产业中的比重达到70%左右，初步形成一、二、三产业协调发展格局。第一产业以提高林地产出率，扩大林业产业发展基础为重点，加大速生丰产用材林、木本粮油、生物能源林、名特优经济林基地建设力度，积极鼓励利用林地资源从事林地立体生态开发，将资源优势转化为经济优势；第二产业以鼓励林产品精深加工为重点，加大木竹精深加工产品的开发力度，提升林业机械制造水平，强化技术进步和技术创新，发展木本油料加工和林业生物产业，全面提高资源利用率和产品质量，打造名牌产品。按照循环经济发展的要求，鼓励“次小薪”材加工利用、木竹化学利用。加快生产力布局调整，扶优扶强，促进龙头企业、产业集群的形成和壮大；第三产业以发展森林旅游业为重点，加大森林公园和自然保护区等森林旅游基础设施建设力度，增强服务功能，使森林旅游业真正成为传播生态文明的重要载体。实现了林业产业内部第一、二、三产业的比例均衡，实现原料工业与加工工业的均衡，同时建立了符合长期发展目标及需要的主导产业以带动其他产业的发展。加强了产业之间的关联作用程度，为生态文明的发展打造了腾飞的引擎。

4. 产业技术和资本创新成为生态文明建设的先导

未来几年是我国科技创新的关键时期和攻坚阶段，林业产业正在成为林业科技创新的聚焦点之一，林业产业科技创新将引领整个行业走向科技附加值高、资源整合型的高层次。珍稀物种培育、生物制药技术、能源技术等都将成为林业产业科技创新的主要力量，成熟的林业产业科研成果商业化、产业化链条将成为林业产业的核心竞争力，推动整个产业向着更加低碳、更加环保、可持续发展的方向发展。以竹代木、以木代塑代钢、绿基材料和新型木结构等产业，科技创新程度已经达到了很高的水平，新材料的开发和利用将有效地节约木材资源，拓宽木材的利用空间，提高林业产业的含金量，促进林业产业向着更广的空间发展。林木花卉良种技术、非木质林产品精深加工、现代林业机械技术及装备等领域的技术突破，将强化源头创新，促进林业传统产业的技术升级和产业结构优化，提高资源综合利用效率和产品附加值。与此同时，社会多元化资本涌入林业产业，十分活跃。除国家政策资本外，行业协会、林业金融机构和企业都在探索着更加宽阔的林业产业投融资发展渠道。从目前来看，林权证抵押贷款、企业上市证券融资、企业债券等一系列的投融资手段都在为我国现代林业的建设添砖加瓦。伴随着林权制度的改革，很多能源、信息、房地产等行业涉足林业产业日渐频繁。更为可贵的是国际组织、境外资本从资金援助到跨境投资再到海外上市融资，不断拓展林业产业的深度，从传统的二产向一产和三产发展，营林育林、林下经济、森林旅游、家居一体、园林造景等各个行业都能看到国际资本的身影。尤其引人注意的是，林业资本呈现双向流动的态势。随着我国经济实力的不断提高，境外森林经营活动也成为现阶段和未来一段时间的重点。目前，我国林业对外投资存量超过13亿元，在俄罗斯、非洲、东南亚、美洲等多个国家和地区购买或租用林地约6.5亿亩，森林蓄积近30亿立方米，涉及木材采伐、初加工以及木制品、家具制造等领域。林业发展与资本市场的关系相辅相成，资本促进林业向着更加科学、绿色、可持续的方向大步迈进，同时林业的发展也会给资本带来丰厚的回报。

第三部分 行业报告篇

在我国林业产业发展过程中，产业升级和转型一直是核心内容。其中，造纸和人造板等产业接近成熟，产业体系内部具有相当数量的优秀企业。同时，新兴的生物质能源、林化和装饰纸产业等，成为未来林业产业发展的关键点和希望。在本部分中，安排了多篇分产业的论述，对产业发展的脉络进行解析，对产业的前景和未来进行判断和分析。

2014 中国装饰纸产业研究报告

唐召群　黄安民　王　瑞

装饰纸是伴随着我国人造板工业和家具制造业快速发展而发展起来的一种饰面材料，通常压贴于人造板表面，具有装饰、保护、强化、封闭等功能，是提升人造板的装饰效果、表面性能、使用寿命和产品附加值的主要手段之一，是拓展人造板应用领域、强化人造板市场竞争力的重要支撑。在全社会环保意识逐步提升的背景下，装饰纸企业提出“古人以木造纸，今人以纸造木”的广告语体现装饰纸高度仿真高档木材的装饰效果，更体现充分满足消费需求的同时大量替代和节约天然珍贵木材的作用，装饰纸已成为保护天然林资源、低碳环保的重要保障。

目前装饰纸饰面人造板在我国人造板产量中占比已超过50%，装饰纸饰面人造板已在木家具、地板、木质门、衣柜、橱柜、木质展示柜、车船木质装饰、木质装饰装修材料等应用领域的市场份额均已超过半壁江山，业已成为国内外消费者喜闻乐见的装饰装修材料，随着技术创新、花色和产品设计、定制化服务、整体家居设计等要素的进一步推进，凭借其特有的优势，装饰纸用量和市场份额预计在今后 20 年内将持续保持稳步增长，不仅在装饰装修领域将会有更宽广的发展空间，在高附加值的功能材料应用领域也颇具前景。

我国从20 世纪20 年代生产胶合板后，利用带有花纹的薄木，生产薄木贴面装饰胶合板。1959 年研制成三聚氰胺饰面板，为人造板提供了新型装饰材料。1975 年后在北京、上海先后建立了木纹直接印刷、辊压薄纸(膜)贴面、装饰原纸、印刷装饰纸和浸渍胶膜纸等生产线。截至 2014 年，装饰纸相关企业约有 1000 家，装饰原纸产量约 78.6 万吨，印刷装饰纸约 45.1 万吨，浸渍胶膜纸约 80 亿平方米；总产值约 385 亿元，其中装饰原纸产值约 95 亿元，印刷装饰纸产值约 90 亿元，浸渍胶膜纸产值约 200 亿元。党的十八大报告指出，2020 年实现国内生产总值和城乡居民人均收入比 2010 年翻一番；国民收入的提高必将进一步激发人们改善家居环境、提升生活品质的需求，作为丰富家居装饰的主要装饰材料，装饰纸产业发展前景十分广阔，是未来拥有无限潜力的朝阳产业。

一、中国装饰纸生产能力

（一）装饰原纸

1. 装饰原纸行业发展简述

装饰原纸是一种以优质木浆和钛白粉为主要原料经特殊工艺加工而成的工业特种用纸，经印刷、三聚氰胺树脂浸渍后，主要用于纤维板、刨花板等人造板的护面层纸、面层用纸和底层用纸。装饰原纸按照应用特性及用途可分为素色装饰原纸、可印刷装饰原纸、表层原纸、表层耐磨原纸、平衡原纸、封边带原纸。

在我国装饰原纸是一个特种纸行业，最早20世纪中期由山东造纸厂生产；1976年浙江临安玲珑造纸厂开始生产原纸，1978年开始印刷；上海勤丰造纸厂1989年开始生产原纸；北京装饰纸厂1982年开始生产印刷装饰纸。

初期阶段，我国市场主要被从西欧和美国进口的装饰原纸产品占据。自20世纪90年代以来，在我国房地产、建筑装修行业的快速拉动下，装饰原纸行业迅速崛起。20世纪末至21世纪初，在与国外公司的不断竞争以及自身持续的研发努力下，我国一批掌握装饰原纸核心生产技术、具备自主知识产权的民营企业，广泛借鉴国外同行在产品研发、经营管理和市场开发等方面的先进经验和做法，从装饰原纸生产、凹版印刷、浸渍加工，到高、低压人造板的热压贴面技术等整个装饰原纸及深加工产业都得到了超乎寻常的发展，装饰原纸产品的质量和技术水平迅速提升，生产成本大幅度降低，并逐步替代欧美产品，企业快速发展壮大，产品不仅迅速抢占了国内市场，并已开始出口欧洲和美国等发达国家和地区。

2. 装饰原纸行业现状分析

据调查统计，目前我国装饰原纸生产企业约30家左右，主要集中在山东、浙江等地，单线平均生产能力约1.15万吨，行业平均达产率约为70%。整个产业年产量超过5万吨的企业有4家，年产量超过2万吨的企业不超过10家，行业集中度较高。我国装饰原纸生产企业主要集中在山东、浙江、河北等省，市场占有率较大的企业是山东齐峰特种纸业股份有限公司、浙江夏王纸业有限公司、杭州华旺新材料有限公司、山东鲁南纸业股份有限公司、阳光王子（寿光）特种纸有限公司、德州泰鼎新材料科技有限公司等。

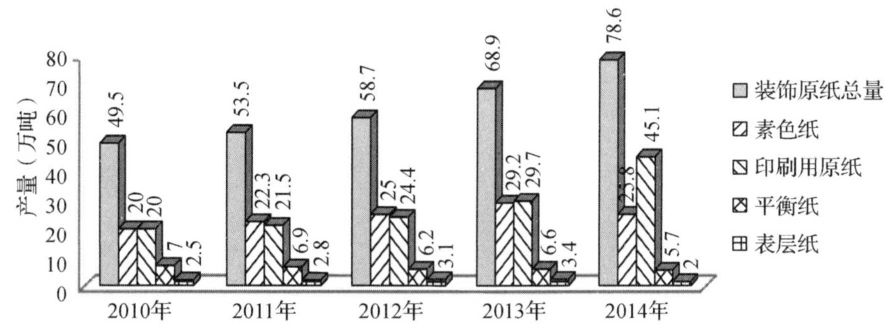

图1 2010~2014年我国装饰原纸产量

2010~2014年我国装饰原纸产量情况如图1所示。

据调查统计，2014年中国装饰原纸产品结构如图2所示。

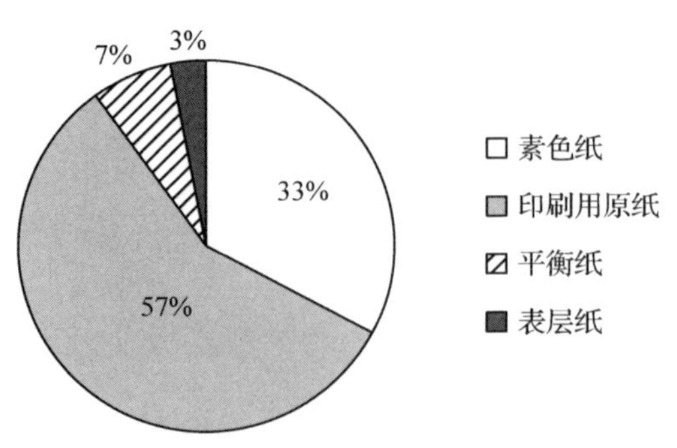

图2　中国装饰原纸产品结构图

(二)印刷装饰纸

1. 印刷装饰纸发展简述

自2003年开始，我国许多投资者投身到印刷装饰纸行业中，短短的几年时间，印刷装饰纸企业从几十家增加到上百家。初期，我国印刷装饰纸企业多生产低端产品，高端产品几乎全被欧洲的各大企业垄断。面对这种情况，行业内的众多精英人士不断探索，逐步填补了行业高端产品领域的空白，缩短了与国外产品的差距。经历了近8年的快速发展和不断努力，我国原纸和版辊质量都有了质的飞跃，原纸已完全适应高速印刷和高速浸渍，雕版技术有了很大的改进，从人工分色到电脑分色，从人工雕版到激光雕版，产品已接近国际先进水平。行业的发展也促使进口的印刷装饰纸不断降价，使得印刷装饰纸产品价格更加透明合理。目前，虽然我国的印刷装饰纸产品质量有了很大的飞跃，但是在产品的稳定性方面还存在一定缺陷，比如色差的控制等，需要进一步提升。

2. 印刷装饰纸现状分析

据调查统计，截至2014年，我国主要印刷装备企业有10家左右，共计销售印刷机800余台。印刷装饰纸生产企业约有250多家，生产线800条左右，单线平均生产能力约950吨/年，行业平均达产率约为65.4%，年产量超过3000吨的企业约10家，行业集中度偏低。

近年来，印刷用装饰纸需求量不断增加，很多装饰原纸生产企业大幅增加印刷用原纸比例，2014年我国印刷装饰纸产量超过45万吨，同比增长超50%。印刷装饰纸生产线主要集中在浙江、山东、江苏、广东、四川，以及京津地区。全国印刷装饰纸生产企业分布情况如图3所示。

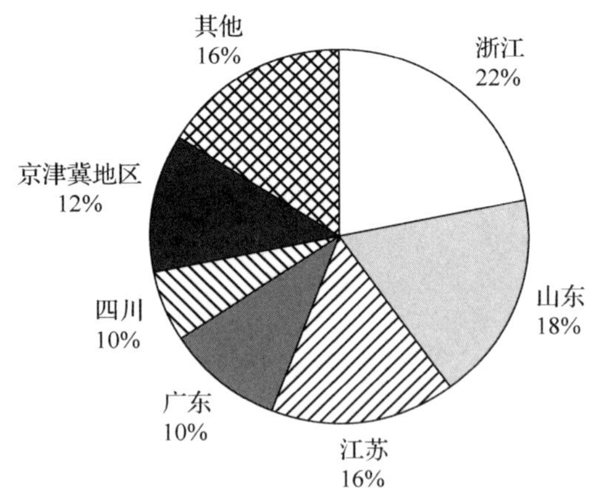

图3　全国印刷装饰纸生产企业分布

(三)浸渍胶膜纸

1. 浸渍胶膜纸发展简述

我国自1974年开始研制浸渍胶膜纸与浸渍胶膜纸贴面人造板生产技术，80年代初湖南人造板厂首家引进三聚氰胺浸渍胶膜纸与低压短周期三聚氰胺贴面板生产技术，该产品在国内很快获得市场的认同。发展至今，浸渍胶膜纸饰面人造板产品已经成为我国建筑、装饰装修等领域的重要原材料。浸渍胶膜纸是人造板企业首选的优质贴面材料。

2. 浸渍胶膜纸现状分析

据调查统计，目前我国浸渍胶膜纸生产企业约500家左右，全国浸渍胶膜纸生产线约1000条。全国浸渍胶膜纸生产基本分布于环渤海、长江三角洲、泛珠江三角洲三大区域，主要城市有广东、深圳、东莞、成都、上海、北京等地，统计见表1。单线平均生产能力约928万平方米/年，行业平均达产率约为77%，整个产业年产量超过5000万平方米的企业约5家，主要分布在广东、成都、北京等地，行业集中度不高。

表1 全国浸渍胶膜纸生产线初步统计表

大区域名称	细分省市	生产线数量(条)	大区合计(条)
华东地区	山东	100	440
	常州、无锡、杭州、苏州	300	
	温州	10	
	福建	10	
	上海	20	
华南地区	广东	90	90
华北地区	北京、天津	40	140
	河北	100	
东北地区	辽宁	40	40
西北地区	新疆、陕西、甘肃	15	15
华中地区	河南、湖北、湖南	50	50
西南地区	成都	190	195
	云南、贵州	5	
合计		970	

2014年浸渍胶膜纸产量约80亿平方米左右，2010~2014年我国浸渍胶膜纸产量情况如图4所示。

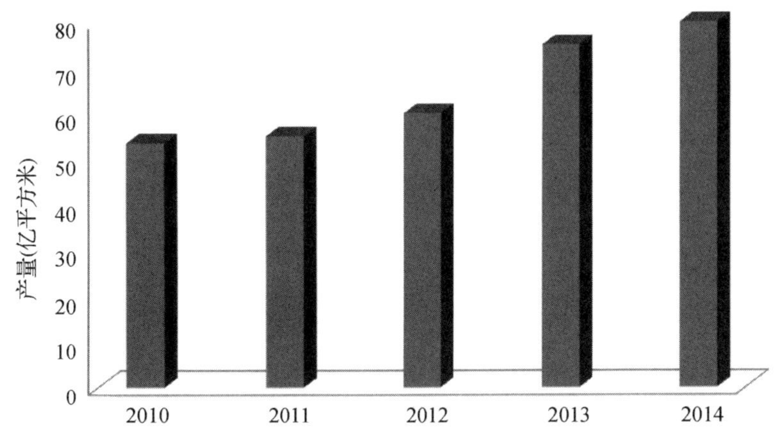

图4 2001~2014年我国浸渍胶膜纸产量

据调查统计，在浸渍胶膜纸产品应用领域中，家具用印刷装饰纸约占 55%，浸渍纸层压木质地板用印刷装饰纸约占 25%，橱柜、固定式衣柜、木门等领域用印刷装饰纸约占 20%，浸渍胶膜纸产品应用结构如图 5 所示。

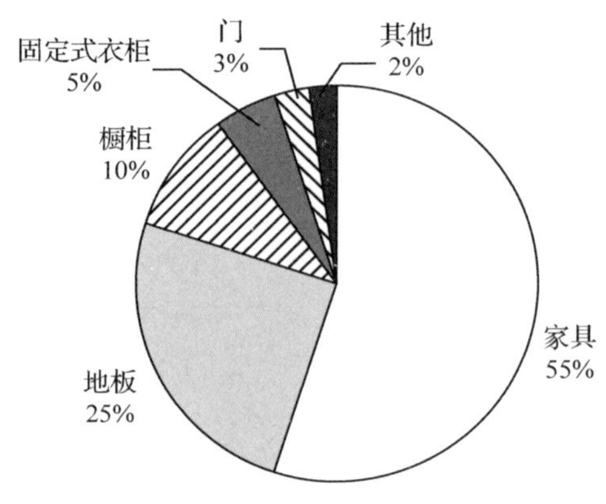

图 5　中国浸渍胶膜纸产品应用

二、中国装饰纸消费和需求分析

经过几十年的发展，装饰纸产品种类已经多达万余种，纹理、花色各不相同，经装饰纸饰面后的人造板，不仅表面花色丰富，美观时尚，视觉效果好，而且耐磨、耐热、耐划痕、耐香烟灼烧、耐污染等多种性能都优于人造板表面性能，对人造板有明显的保护作用，人造板经装饰纸饰面后，可满足多种场所的多种用途和不同消费者的需求。20 世纪 90 年代中后期我国首次出现规模化的装饰纸生产企业。目前，中国装饰纸产量、消费量已居世界前列。

作为传统人造板产业的升级产品，浸渍胶膜纸饰面人造板彻底解决了传统人造板表面装饰性的不足，而且环保性能好，价格优势明显，和涂饰、薄木饰面等其他表面处理方式相比，装饰纸种类多、时尚美观、低碳环保、性价比高，综合性能优势明显，广泛应用于板式家具、厨房家具、强化木地板、木质门、交通工具装修等领域。

（一）我国装饰纸产业发展的社会经济背景

建筑装饰产业是装饰纸产业主要的下游产业。建筑装饰装修是装饰工艺技术与装饰材料完美结合的过程。建筑装饰装修产业的快速发展不仅带动建筑装饰装修工程企业的发展，同时为大批装饰材料生产企业提供了广阔的市场空间。

1. 经济发展及城市化进程促进了建筑装饰产业的快速发展

1990~2013 年，中国经济以年均 9.7% 的较高速度发展，城市化率由 1990 年的 26.40% 上升到 2013 年的 53.70%。中国城市化率水平情况如图 6 所示。这一时期，投入到基础设施建设方面的投资大幅度增长，尤其是包括住宅和各种商业、公共用房的房屋建设快速发展，对装饰装修产生了大量需求。

随着经济的高速发展，不仅我国城市、乡村居民居住条件迅速改善，而且商业、交通、教育、医疗、餐饮、会展等得到了快速发展，这些公共建筑工程的建设和使用，不仅增加了建筑装饰的市场需求规模，而且对装饰的质量、档次提出了更高的要求，推动了装饰行业整体水平向更高层次发展。2014 年，中国建筑装饰行业总产值达到 176713 亿元，2003~2012 年我国建筑装饰行业总产值及增速情况如图 7 所示。

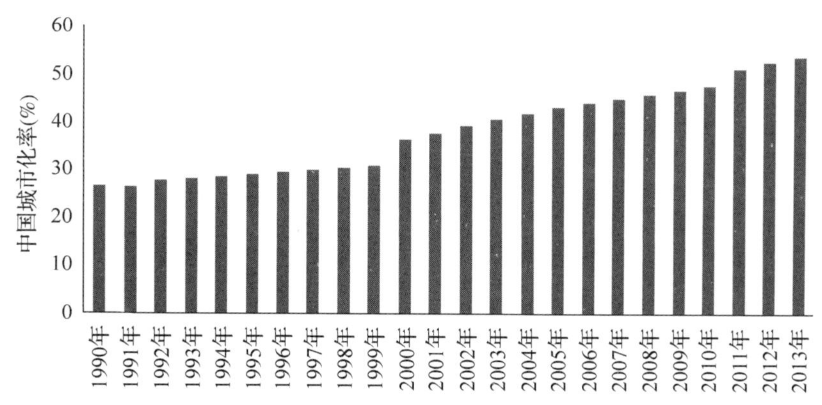

图 6 中国城市化率水平

（数据来源：国家统计局）

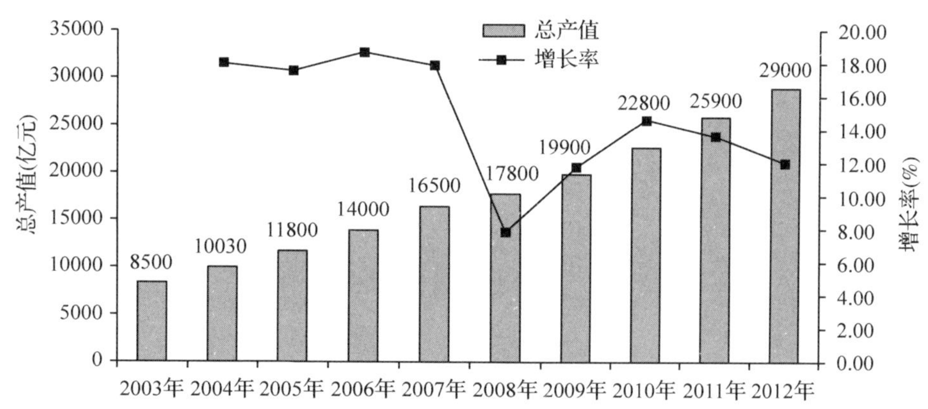

图 7 2003~2012 年我国建筑装饰行业产值及其增长情况

（数据来源：中国建筑装饰行业协会统计数据）

2. 今后 5 年建筑装饰产业仍将快速发展

未来中国城市化进程仍将快速发展，每年将提高近 1%，将有 1300 万左右的农业人口转化为城市人口，直接拉动建筑业需求 6 亿平方米以上。中国产业结构调整、工业化水平提高及新型工业的发展，需要更加先进的生产环境，也将带来巨大的工业建筑装饰装修需求。中国现有城市建筑面积 400 亿平方米，存量建筑的改造性装修需求十分巨大。中国各级政府及有关经济组织具有较强的投资能力，在提高城市功能水平、特别是交通、市政等城市基础设施及“惠民生”的医疗卫生、教育、文化、体育等公共福利设施方面的投资将会增加，也将为建筑装饰业提供大量的发展空间。国家的房地产调控政策虽然将继续进行，但房地产作为国民经济支柱产业的地位不会改变。住宅开发建设中成品房、小户型、经济型住宅的比重会不断提高，将带动社会刚性需求的增长；高档商品房供应量的增长速度虽会放缓，但购房群体的经济实力水平会有很大提高，势必会减少成品房的空置，对住宅装饰装修市场起到强有力的拉动作用。随着经济发展和人民生活水平的提高，高档次、个性化住宅装饰需求会日益增长，配套服务的标准也会不断提高，由住宅装饰装修到包括家具、地板、木门、橱柜、壁纸等在内的整体家居环境营造的需求将会更加明显。

按"十二五"规划，建筑装饰行业规划2015年产值目标为3.8万亿元，比2010年增长1.7万亿元，总增长率为81%，年平均增长率为12.3%。这为我国装饰纸产业的发展提供了巨大需求。

(二)我国装饰纸应用领域分析

1. 人造板

经过近几年的高速发展，中国人造板产量已经连续多年位居世界第一位。2013年我国人造板产量达27220万立方米，同比增长11%。2010~2013年中国人造板产量及其增长情况见表2。

表2 2001~2013年中国人造板产量 万平方米

产量 产品 年份	总产量	胶合板	纤维板	刨花板	其他板种(细木工板)
2001	2111	904	970	342	——
2002	2430	1135	789	369	——
2003	4553	2102	1128	547	775(617)
2004	5446	2099	1560	643	1144.49(881)
2005	6393	2515	2061	576	1241
2006	7429	2729	2467	843	1390(1155)
2007	8839	3561	2729	829	1718(1322)
2008	9410	3541	2907	1142	1820(1304)
2009	11547	4451	3489	1431	2176(1480)
2010	15360	7139	4355	1264	2602
2011	20919	9869	5562	2559	2928
2012	22335	10981	5500	2349	3204
2013	27220	13725	6402	1885	3548

随着对森林和生态环境的重视，保护天然林资源，将减少木材的供应，森林问题的政治化以及原木生产国进出口政策的调整都将使人造板发挥更大的作用。提高人居环境质量，需要更多的人造板产品；发展低碳经济需要利用更多的木质资料，人造板在资源利用和增加木质材料供应方面将发挥更大的作用。通过装饰纸对人造板进行必要的装饰加工，拓展人造板的应用范围，可以有效利用木质资源，减少不必要的浪费。

2. 家具

近10年来，中国家具生产呈现了高速增长的势头，产量年均增长超过20%，出口年均增长超过30%。家具生产企业数量不断增加，企业规模不断扩大，从业人员不断增加，人员素质不断提高，职业设计人员、职业管理人员队伍日益壮大。2001~2013年中国家具行业工业总产值情况如图8所示。根据家具方面相关协会不完全统计，

2013 年全国家具行业规模以上企业 4716 家，实现主营业务收入 6462.75 亿元，同比增幅 14.3%。我国家具出口总额达 531.01 亿美元，同比增长 6.30%。板式家具产业的高速发展将为上游的人造板产业发展提供强大的发展动力，将会极大地促进装饰纸产业的发展。

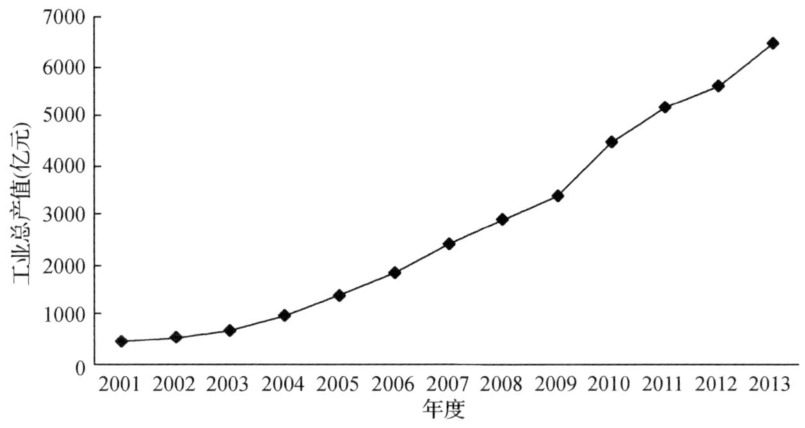

图 8　2001～2013 年中国家具行业工业总产值

板式家具是我国家具产业的重要组成部分，也是装饰纸在家具行业中的主要应用领域。板式家具以人造板和装饰纸为主要原料，可以高效利用木材资源，节约大量珍贵的硬木材料，有利于保护森林资源和环境。近年来，板式家具因其线条简练、色调多样、拆装方便和性价比高等优点广受消费者欢迎。中国板式家具的总产值占家具总产值的 60%，未来这一数据将保持持续增长趋势。

3. 浸渍纸层压木质地板(强化木地板)

20 世纪 90 年代起，我国地板开始进入工业化进程。进入新世纪以来，地板产业经历了持续多年高速增长的蓬勃发展期。2001～2014 年我国木地板产销量见表 3。至 2014 年，全国各类从事木地板及相关企业超过 5000 多家，直接从业人口 100 多万，已成为世界木地板生产大国和出口大国。在我国加工贸易兴盛的长三角地区、珠三角、东北，形成了以南浔、中山、常州、敦化、安吉等为集群的实木地板、实木复合地板、强化木地板、竹地板产业集群。地板业涌现出一批在装备能力、技术水平和产品等国际竞争力方面崭露头角的品牌企业，出现了一大批以地板作为主导产品的大型企业集团，地板主营业务产值超 10 亿元的企业十多家。

表 3　2001～2010 年我国木地板产销量　　万平方米

年度	强化木地板	实木地板	实木复合地板	竹地板	总产量
2000	6000	4500	1000	300	12000
2001	7500	6000	1200	330	15270
2002	9500	6500	1600	360	17960
2003	12000	7000	2200	400	21600
2004	15000	7000	3300	500	25800
2005	19000	5000	4600	600	29300

（续）

年度	强化木地板	实木地板	实木复合地板	竹地板	总产量
2006	20000	4500	6000	2500	33000
2007	22000	4400	7500	2000	36100
2008	19800	4200	7800	2400	34380
2009	21200	4200	8300	2500	36420
2010	23800	4300	8900	2530	39900
2011	23500	4260	9070	2510	39700
2012	21100	4170	8600	3500（含竹木复合）	37700
2013	22400	4250	9460	3500（含竹木复合）	40000
2014	21200	4030	9650	3535（含竹木复合）	38800

我国地板业产品质量、技术工艺已经达到世界先进水平。通过15年地板行业的快速发展，木地板行业伴随着市场经济的浪潮，实现了“从小到大”、“从弱到强”的发展历程。我国地板行业已经发生了翻天覆地的变化，中国已经成为全球最大的地板制造国以及消费国之一。

强化木地板最早出现于20世纪北欧的瑞典，在高压三聚氰胺贴面板的基础上，由台板、计算机房地板等逐步发展演变。1977年由奥地利生产刨花板的埃尔公司与瑞典生产高压装饰板的珀利公司合作开发而成，随后在欧美国家迅猛发展。中国强化木地板从2000年开始规模出口；2006年，中国强化地板产量达到2亿平方米，2010年达到2.38亿平方米。2001~2014年我国强化木地板销量情况如图9所示。

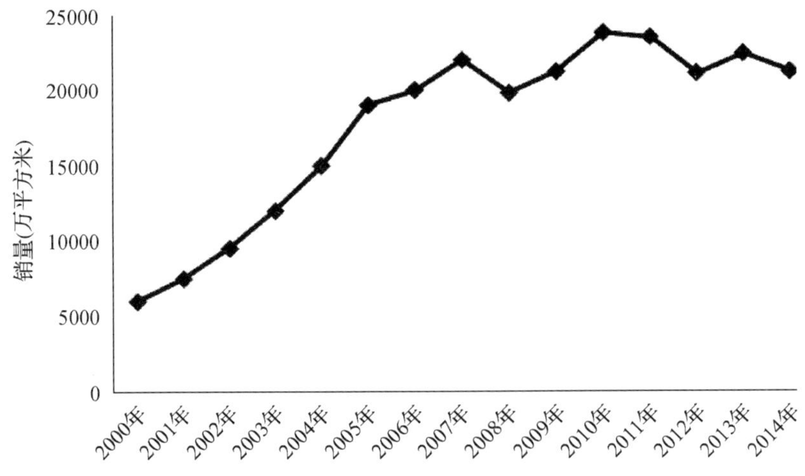

图9　2001~2014年我国强化木地板销量

目前，我国从事强化木地板生产的企业约有1000多家。从生产基地的分布看，强化木地板产区主要分布在江苏、广东、上海、浙江、四川等地，年生产能力在100万平方米以上的企业有数十家。强化木地板是装饰纸的又一大应用领域，用量约占装饰纸总量的25%，中国强化木地板的未来潜力巨大，前景广阔，必将拉动装饰纸产业的发展。

4. 其他应用领域分析

(1)木质门行业 20世纪90年代后，我国人造板行业快速发展，胶合板、纤维板、刨花板、集成材、细木工板、装饰板等被广泛地用于木质门的生产，木质门产品的整体结构设计和表面装饰工艺不断丰富，产品种类增加，表面处理形式多样，开发出实木复合门、木质复合门等产品。2000年后，我国木质门将处于快速发展阶段，木质门产品种类将进一步丰富，产品质量将进一步提升，整个产业向自动化、规模化、规范化发展。我国木质门行业发展十分迅速。我国木门行业产值从2004年的170亿元增长至2012年的940亿元，每年以新增100亿元左右的规模高速发展，是建材类增长速度最快的行业之一。图10为2003~2011年我国木门工业产值情况。

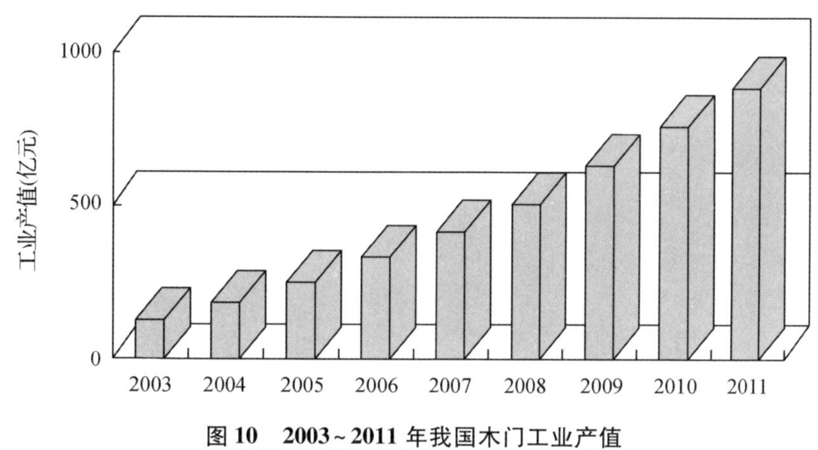

图10 2003~2011年我国木门工业产值

(2)橱柜行业 我国橱柜产业是在20世纪90年代随着人们居住条件的改善起步并逐步发展壮大起来的。在20世纪80年代末之前，中国没有橱柜的概念，厨房中只有一些简陋设施。到90年代初期，板式家具兴起，家具五金普遍应用，进口高压装饰板开始应用于厨房家具，出现了简单的整体台面和橱柜组合。人造石出现后，其任意造型和无缝拼接的特性使橱柜的设计发挥到极致，加上厨房电气化，整体橱柜进入了普通百姓的生活。

2014年1~5月，我国橱柜行业规模企业销售收入达到了284.50亿元，同比增长了29.4%。2013年，该行业规模企业销售收入达到了752.56亿元，同比上年增加26.1%。近年来，增幅最快的年份是2012年。2011~2014年5月我国橱柜行业销售收入统计见表4。

表4 2011年至2014年5月我国橱柜行业销售收入

时间	销售收入(亿元)	同比增长(%)
2011年	516.52	46.1
2012年	596.90	15.6
2013年	752.56	26.1
2014年1~5月	284.50	29.4

数据来源：国家统计局

(3)交通运输工具装修 随着中国交通领域的迅猛发展，浸渍胶膜纸饰面人造板、高压装饰板等产品在这一领域的应用增长十分迅速，主要应用在火车车体隔断、餐厅桌面、船只内部装潢以及交通工具的家具制造。这些应用环境对产品的抗拉强度、耐开裂性能、滞燃性能、甲醛释放限量的要求较为严格。我国船舶制造业因成本限制较少采用高压装饰板，我国船舶用装饰板大多出口韩国、欧美国家。

2009~2014 年中国铁路固定资产投资总额如图 11 所示，由此可见我国铁路行业近年来的迅猛发展。我国运输机场数量将有更大幅度的提高。铁路、空港、船舶等领域持续、稳定的发展将拉动对装饰纸产品的需求。

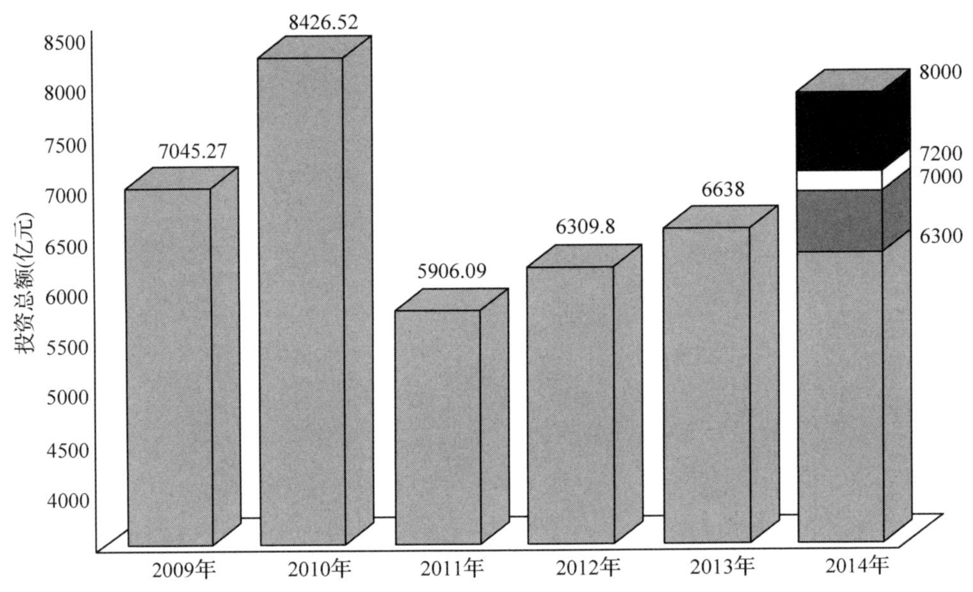

图 11　2009~2014 年中国铁路固定资产投资总额

(4) 学校和医院、餐馆等装修　目前在国内院校、科研院所、各级医院、餐馆等特定环境的装修中大量使用浸渍胶膜纸饰面人造板产品、高压装饰板产品，主要应用在实验室台面、医院墙板、消毒室，需要高耐酸碱腐蚀、耐燃、耐污染性能的表面，易于清洁、具有较高耐水性的台面、隔断、挂墙板、门等，具有良好防潮阻燃性能的餐馆桌椅等领域。

(三) 主要消费地区分析

装饰纸主要的销售地区以华东、华南、西南为主，其中江苏、浙江、广东、四川等地需求量较大。

1. 华东地区

浙江地区装饰纸主要供给华东地区的强化木地板和板式家具企业，以浙江临安为中心，辐射浙江、江苏、安徽等省。浙江家具总产值和出口居广东省之后，居全国第二位。生产企业达 3000 多家，2014 年当地全行业 4500 家企业全年将完成工业总产值 1600 亿元，家具出口 100 亿美元，实现利税近 90 亿元人民币。浙江南浔是我国木地板之都，强化木地板产量不断加大，大量消费装饰纸产品。

江苏地区主要供给江苏省的强化木地板企业和板式家具企业，以常州为中心，辐射丹阳、徐州等市场，同时产品亦销往上海、山东、河南等省。江苏常州是我国最大的强化木地板生产基地，被中国林产工业协会授予“强化地板之都”称号。同时，丹阳是我国最大的人造板生产企业大亚集团的总部，该地区有强化地板企业数十家，知名品牌如圣象、肯帝亚、宏耐等都是装饰纸产品的主要用户。

华东地区(浙江、山东、上海、江苏、安徽、福建、江西)是中国纤维板、刨花板生产第一大生产区。据统计，截至2011年底，全国已有695条纤维板生产线，生产能力达3891万立方米，2012年年初在建纤维板生产线56条，生产能力达629万立方米，合计年生产能力将达到4520万立方米，其中华东地区拥有纤维板生产线290条，占全国生产能力42.4%。

2. 华南地区

广东装饰纸产品主要供给广东、福建等省，主要销售给家具企业。广东是中国家具生产第一大省，拥有家具生产企业约6000多家，从业人员100万。广东家具以出口为主，出口企业达3000多家。据广东省家具协会初步估计，2014年广东省家具销售总值预计3630亿元，比上年同期的3390亿元增加7.1%，约占全国的30%。全年出口196.49亿美元，比去年同期增长12.6%，占全国家具出口额33.8%。

华南地区(广东、广西、海南)是中国第二大纤维板生产区。该地区拥有纤维板生产线108条，生产能力达到602万立方米/年，约占全国生产能力的20.0%。

3. 西南地区

四川省装饰纸产品主要供给四川的板式家具企业，部分高档产品同时外销其他省市，如建丰等企业的耐磨装饰纸供给浙江和江苏高档需求客户。西南地区(四川、重庆、云南、贵州、西藏)拥有纤维板生产线57条，生产能力达到242万立方米/年，约占全国生产能力的8%。

(四)我国装饰纸产业需求分析

我国城镇化进程的加快、商业建筑等的快速发展等因素将继续推动强化家具、橱柜、地板、木门等快速发展，从而拉动装饰纸行业迅猛发展。2011~2015年装饰纸产业市场需求预计年增长15%~25%。

1. 家具产业需求分析

低碳经济给板式家具带来了机遇，因为在各种材料的家具中，板式家具最具低碳经济发展潜力，市场潜力巨大。

(1)板式家具市场份额将进一步增加 板式家具深受年轻白领和家具企业的青睐。线条简练、色调多样、性价比高；拆装方便，能够在生产线上批量生产也是板式家具受消费者青睐的重要原因。板式家具符合当前资源节约型社会的需求，节约大量珍贵的硬木材料，有利于保护森林资源和生态环境。有数据显示，预计到2015年，全球环保产业的规模可达2.4万亿美元。在中国，环保领域的巨大发展前景也吸引来众多追随者，越来越多的企业在市场中寻找与环保有关的商机，生产环保性高的板式家具则是家具业的一个投资亮点。在未来几年，这类家具所占的比例会越来越大。

(2)家具消费观念正在发生改变　随着对居住环境要求的提高，人们在家具消费观念上，将会有全新的转变，从追求家具的功能性，逐步转向追求个性与时尚。家装建材的更新周期也正在逐步缩短，人们对家具求新、求变的理念是未来消费的主流，因而家具的更新速度亦会逐步加快，更新周期将由目前的15～20年缩短为4～8年。同时，绿色设计将受到重视，家具设计的出发点除了美观、时尚外，还要尽可能地减少不可再生材料的使用与消耗。板式家具的生产符合这一设计理念。板式家具作为装饰纸的重点应用领域，将为装饰纸行业发展提供重大需求。

2. 强化木地板产业需求分析

中国强化木地板有较大的潜在市场。中国的国内生产总值(GDP)年增长率仍将维持在7%左右，年新增人口1300万人，富裕高消费人群增加，中国处于城镇化水平提高最快的时期，房地产业已成为三大支柱产业之一。木材产品具有天然、绿色、环保、可再生及可循环的特点，完全顺应了这种消费趋势的变化。住房面积的扩大、装修标准的提高，必然会对木地板消费提出巨大需求，从而促进装饰纸行业发展。从以下方面可见我国住房面积变化。

(1)城镇房　“十二五”时期，国家将进一步加大保障性住房建设力度，争取到“十二五”末，基本解决城镇低收入家庭的住房困难，改善部分中等偏下收入家庭的住房条件。2011～2015年间，我国计划新建保障性住房3600万套，其中2011年建设1000万套。根据测算，“十二五”期间我国平均每年城镇新建住宅竣工面积将超过9亿平方米。

(2)农村房　“十一五”期间，我国农村房建筑面积平均每年6亿平方米。“十二五”期间每年还要再改造农村危房150万户以上，每年建设面积将在7亿平方米以上。

(3)商业用房　商业用房是指各类商场、宾馆、饭店、写字楼等从事商业和为居民生活服务所用的房屋。“十一五”期间，我国每年建设商业用房面积7亿平方米以上；随着国家对个人购房的限制，商业用房将得到更快的发展。据估计，“十二五”期间，我国每年建设商业用房面积将在8亿平方米以上。

(4)二次装修　所谓二次装修，是指已经装修并入住的房屋经过几年的居住使用后，需要对房屋的局部或全部装修进行改造而产生的家装需求。家庭二次装修的需求将会越来越多，市场潜力巨大。“十一五”期间，全国主要城市二手房成交套数增长显著。目前全国超过50万人口的城市有180多个，按每个城市二手房成交5万套计算，全国每年二手房成交800万套，每套按75平方米计算，超过6亿平方米。据推测，2011～2015年，我国平均每年建设房屋面积24亿平方米左右，现有城乡住宅420亿平方米，每年二次装修房屋面积大约6亿平方米，合计30亿平方米。按可进行地面装饰的面积占80%，木地板市场占有率25%计算，这将为木地板提供超过6亿平方米的市场需求，其中强化木地板大约占60%，约3.6亿平方米。

3. 其他行业需求

(1)木门、橱柜产业　2011～2015年，我国建筑面积按照30亿平方米来估算，按建筑面积100平方米平均需要6扇门计算，每扇门800元计算，大约需要价值1440亿元的木门产品；按建筑面积100平方米平均需要2.5延长米橱柜计算，每延长米800元计算，大约需要价值600亿元的橱柜产品。总体估计，2015年我国木门、橱柜市场大约2000亿人民币，这也说明木门、橱柜市场对于装饰纸产品存在巨大的需求空间。

(2)*高压装饰板* 近几年来建筑装饰装修行业的快速发展为高压装饰板产业带来了强劲需求，高压装饰板产业得到了迅猛发展。据估计2015年高压装饰板的产量将超过7亿平方米，对装饰纸产生较大需求。同时由于我国在原材料、劳动力成本、市场容量等方面的优势，国际装饰纸生产厂商纷纷在中国设立生产基地，这给中国装饰纸产业带来先进的技术、管理经验，提升了装饰纸的产品质量，使我国的装饰纸在世界市场具有较强的竞争力。国内国际市场的巨大需求，必将拉动我国装饰纸产业的高速发展。

三、中国装饰纸行业发展展望

(一)装饰纸行业发展须注意的问题

中国装饰纸行业中除了少数企业建立了现代企业管理制度，经营、管理、营销体系比较健全，大多数企业从事装饰纸的开发、生产、销售时间较短，规模较小，在管理、技术、研发、产品质量控制等方面还存在一些问题，需要今后进一步改进。

(1)*企业间信息、技术交流较少* 总体上看，装饰纸行业产值不高，行业较小，在木材加工行业和造纸行业中受到的关注度不够，企业与企业间、企业和高等院校、科研院所之间、企业与国家主管部委、行业协会之间信息交流、技术交流等较少，不利于行业的快速、健康发展。

(2)*创新研发能力弱* 在技术研发方面的投入不足，新产品开发能力不强，自主研发、自主创新能力较弱。装饰纸产业进入中国市场的时间较短，我国的装饰纸企业生产从引进和模仿开始生产，但在竞争激烈的市场中，企业必须摆脱单一模仿为主的发展模式，坚持走自主创新发展道路，在生产模式、企业管理、营销方式、要素配置等方方面面都要加强自主创新。现在，部分企业的心思不是用在自主创新上，而是密切关注市场，快速仿制。市场上今天开发的一个新品种，明天、后天市场上就有了类似的产品。虽然仿制者尽力模仿，外观上差异不大，但由于生产设备、原辅材料的差异，仿制产品整体上无法达到被仿者的品质水准，两者的成本却大不相同。大量仿制产品凭借价格优势流向市场，由于品质缺陷对终端消费者造成了负面影响，久而久之，会对装饰纸行业的整体发展造成很大的影响。

(3)*产品质量需要进一步加强* 装饰纸作为木制品生产的中间材料，近年来发展速度较快，市场竞争也比较激烈，部分企业为了抢占市场份额、降低成本，忽视了对产品质量控制，造成市场上的产品品质参差不齐，不但影响了下游产品的最终质量，同时也影响了装饰纸行业的健康发展。随着装饰纸相关标准的陆续颁布，下游产品对装饰纸质量要求也越来越高。因此，企业必须从原材料采购、生产过程和产品质量进行严格控制，保证产品质量稳步提升。

(4)*中低端产品竞争激烈* 目前，总体上看，房产、教育、医疗仍是我国居民消费的主要方面，其他方面的消费能力仍然较低，反应在装饰纸上面，就是中低端企业数量巨大，中低端产品需求总量较大。但是随着我国经济的快速发展和居民消费观念的转变，居民购买力水平的逐年提高，消费结构的进一步升级，装饰纸需求的档次结构将发生变化——低端需求逐步减少，中高端需求进一步扩大。因此，低端产品生产商之间的竞争将逐渐恶化，营利水平逐步下滑；而中高档产品生产商凭借设计、品牌、质量、规模等优势能保持营利水平基本稳定，市场份额逐渐扩大。这也有利于行业的进一步优胜劣汰，各种资源向规模化企业靠拢，装饰纸生产装备陆续升级更新，能源和材料消耗不断降低，产业逐步走上健康发展的轨道。

（二）装饰纸行业发展前景广阔

行业平均毛利率约在18%左右，部分中高端产品毛利率达到了25%。据分析，预计今后五年装饰纸行业的生产和销售将保持15%~25%的增长速度。

（1）建筑装饰业的发展将带动装饰纸行业快速发展　今后5年甚至更长的一段时间，国人仍将改善住房质量，提升家居环境，对装饰纸的消费仍将快速发展。

（2）人造板、家具等上下游产业的发展将保证装饰纸产业的增长态势　据行业资料显示，一方面我国人造板、家具、地板以及橱柜、木门等行业仍将保持一定的增长速度；另一方面，人造板、家具等产品结构的变化也将促进装饰纸产业的发展。首先，人造板产品中，胶合板、细木工板比例将降低，纤维板、刨花板产品比例将会上升，这将需要更多的装饰纸；其次，家具产品中，实木家具、钢家具等比例将下降，板式家具比例将上升；地板产品中，强化木地板比例仍将上升；木门产品中，模压门、复合木质门等产品比例将上升，这些都将增加装饰纸的需求量。

（3）装饰纸在人造板表面装饰中的使用比例逐渐提高　据统计和预测，2000年，薄木贴面在人造板表面装饰中所占比例为27%，2014年其比例将降为10%；而低压三聚氰胺浸渍胶膜纸贴面占人造板表面装饰的比例由2000年的36%上升2014年的60%左右；而其它高压装饰纸贴面、涂料、油漆纸、塑料贴面等变化不大。

（三）装饰纸行业的发展建议

装饰纸行业正处于以增强核心竞争力为基础的战略转型期，行业面临着前所未有的发展机遇，同时也面临着严峻的挑战，发展、合作是时代的潮流，科技进步日新月异，装饰纸行业要实现健康、有序、可持续发展，需要做到：

（1）促进良性竞争，维护市场环境　加强行业自律，实现良性发展，减少恶性竞争，保持企业的健康发展和合理利润。企业要依靠科技进步、提升产品质量、扩大产品用途和树立品牌意识等途径占领市场，避免跟风模仿和价格战。

（2）加强信息、市场、技术方面的沟通与交流　交流和合作是提升双方竞争力的有效途径，装饰纸企业要加强同行间和上下游企业间信息、市场、技术方面的沟通与交流，积极参加协会以及科研单位、高校等组织的活动，加强上下游产业的延伸与企业间合作。

（3）加强质量控制，提升产品质量　只有稳定的产品质量才能赢得用户的青睐，产品质量不仅取决于原材料、模具、生产工艺参数、生产设备等技术问题，还与管理理念、质量管理规程、操作人员素质等管理问题密切相关。企业要按照相关标准要求，从技术问题入手，通过科学的管理提升产品质量，为下游企业提供稳定质量的产品。

(4)树立品牌战略，提升产品附加值　品牌价值是建立在有形产品和无形服务的基础上的，有形是指产品的性能、设计、包装等，无形服务是指销售中或售后提供给顾客的满意程度。随着消费市场从卖方市场开始转向买方市场，市场竞争格局开始发生显著变化，企业将开始意识到品牌的重要性，品牌的竞争将对企业的发展起到关键作用，企业将加大在品牌营销方面的投入。装饰纸企业必须重视品牌发展，提升综合竞争力，只有这样才能在世界装饰纸竞争中掌握主动权，增强综合竞争力。

(5)树立创新战略，增强综合竞争力　加大研发投入，创造有自主知识产权的产品、工艺和技术，变“中国制造”为“中国创造”。生产模式要创新，要更多地利用新的平台和技术实现绿色生产，促进生产过程的现代化。营销模式要创新，除了传统的营销模式外，还要利用互联网发展网上采购、销售、结算、交易。要素配置要创新，要注重人力资源的配置，除了技术工人外，还要善于发现和运用管理人员、研发人员和高素质的人力资源。自主创新是装饰纸产业的出路，只有加强技术、管理、营销、产品创新，才能提高综合竞争力，保证健康、良性发展。

(6)建立长期发展战略规划，实现可持续发展　由于受到资金、设备等资源限制，大部分企业投资少、规模小，主要生产中低端产品。同时企业自身缺乏长远发展战略规划，对管理人员的培养重视不够，导致人员流动性较大，管理水平亟待提高。企业应当制定中长期科学发展规划，重视科研投入，强调以人为本，提高管理综合能力，增强市场竞争能力；鼓励企业加强上下游产业的延伸与企业间信息、市场、技术方面的沟通与交流，促进整个产业链健康、有序地发展；鼓励企业创新交易模式，除传统销售模式外，还可以利用互联网发展电子商务，扩大营销网络范围，提高企业在国内乃至世界范围内的影响力，进一步提高工作效率及经营效益。装饰纸行业只有在形成雄厚的产业基础、完善的产业链条、严格的质量标准、专业的员工队伍、优秀的管理团队、强大的研发力量后才能推动中国装饰纸行业持续、稳定、健康发展。

我国长柄扁桃产业化前景研究

刘德晶

长柄扁桃(*Amygdalus pedunculata*)，又名巴丹杏，俗称“野樱桃”或“毛樱桃”，系蔷薇科(Rosaceae)扁桃属(*Amygdalus*)落叶灌木。长柄扁桃树身矮小，根系发达，具有适应性强、耐旱耐寒、抗病虫等优点，主要分布在我国西北干旱、半干旱山地和沙漠地带的内蒙古和陕西等地区，是荒山造林和治沙造林的先锋树种，在西伯利亚地区和蒙古也有分布。其枝条修长，花色艳丽，故亦可作为观赏树种栽培。其果仁可榨油、可入药。

1　长柄扁桃的产业现状

1.1　自然分布

长柄扁桃多分布在我国毛乌素沙地、浑善达克沙地等半干旱沙地和阴山山脉的土石山区，隶属我国北方年均降水量200~400毫米的半干旱地区。据调查，发现其优势分布区包括：一是毛乌素沙地，从内蒙古鄂尔多斯市乌审旗到陕西北部长城沿线的沙地，集中分布于陕西省的榆林地区；二是阴山山脉的大青山、乌拉山山系的土石山区，以内蒙古包头市固阳县、乌拉特前旗分布较集中；三是浑善达克沙地西北部及西部，以内蒙古锡林郭勒盟苏尼特右旗分布较多。

1.2　人工栽培

采用秋季栽培、黄泥裹根和无灌溉栽培技术，人工栽植一年生苗木，成活率达85%~90%，当年生幼苗地上部分生长缓慢，年高生长10~20厘米，第二年生长加快，苗高达50~70厘米，第三年后生长显著增快，苗高为80~130厘米。实生苗一般2~3年即可开花结实。8月中旬生长逐渐缓慢以至停止。栽培试验表明，该树种在干旱沙漠、黄土丘陵区、土石山区均可正常生长，是一种少有的干旱地区丰产性能较好的油料灌木，具有生长快、含油量高、适应范围广、寿命长、管理简单等特点(于继洲，2002)。目前，神木县生态协会与西北大学、西北农林科技大学已在沙地栽植长柄扁桃1万余亩。

1.3 产业发展中存在的问题

（1）现有的野生资源亟待加以保护 长柄扁桃在其原生分布区长期以来被当作薪柴使用，由于长柄扁桃承受着过度利用和全球变化的双重压力，导致其自然分布范围迅速缩小，种群数量明显下降，种质资源殆尽。因此，必须采取严格的保护措施加以切实保护，如划为重点天然林保护区、建立生态保护区等。

（2）系统化科学研究亟待加强 长柄扁桃天然杂交率高，种源间差异大，高产、稳产、高抗的种质资源收集与创制尚未系统开展，严重地制约了长柄扁桃产业的发展。因此，急需开展种质资源的调查、收集、评价工作，筛选出优良品系，构建核心种质，建设种质资源圃；对选出的优良类型，进行无性快繁和嫁接技术研究，建立配套的高产优质栽培模式。同时，应开展区域拓展适应性研究，摸清不同种源适宜拓宽发展的边界，为制定产业发展规划提供科学依据。

（3）产业政策扶持缺失 做好区域发展规划，是长柄扁桃产业化发展的基础。应首先立足陕西榆林，内蒙古鄂尔多斯、包头、乌拉特前旗、锡林郭勒盟等优势发展区域，规划出资源保护区、核心发展区、协调发展区和拓展发展区等不同类型的发展区域，摸清家底，做好筹划，分步拓展长柄扁桃的发展空间。其次，资源保护是关键，应把资源保护与天然林保护工程结合起来，把长柄扁桃的核心产业发展与退耕还林工程很好结合起来，综合发挥长柄扁桃的生态价值、经济价值和社会价值。同时，还要做好长柄扁桃向内蒙古东部、山西、宁夏、甘肃等地区的引种驯化工作。在区域适应性研究的基础上，制定长柄扁桃及其相关资源的中长期产业发展规划，并给予积极的产业政策扶持，使长柄扁桃产业得以快速发展，将潜势尽快转化为优势，发挥其应有价值。

2 长柄扁桃产品研发

近年来，世界各国，尤其是发达国家，都致力于开发高效、无污染的生物质能源利用技术，以保障能源安全，实现二氧化碳减排，促进经济、社会的可持续发展。与欧美发达国家相比，我国在能源植物研究方面起步晚但发展速度较快，已经完成了部分能源植物的资源调查、品种选育、引进栽培、种质保存、加工工艺和设备等方面的研究工作。近年来长柄扁桃的多种营养成分及其高端利用价值逐步得到发掘，特别是其营养价值丰富、保健功能强的高端食用油，使人们对其生态价值和社会价值等综合价值有了全新的认识。

2.1 新型高端食用油

长柄扁桃仁含有45%～58%的油脂，该油脂不饱和脂肪酸总量高达98.1%，居所有植物油榜首。油酸、亚油酸、亚麻酸和花生烯酸的含量分别为66.5%、29.9%、0.8%和0.4%，属于高油酸、高亚油酸植物油，并含有1.2%的ω-3族脂肪酸，几种成分的比例与素有“食用植物油皇后”美称的橄榄油相当，优于核桃油、花生油和玉米油等。VE 含量约 500 毫克/千克，其中 α-VE 63.4 毫克/千克，仅低于大豆油，优于橄榄油。

2.2 性能优良的生物柴油及其附属甘油

以长柄扁桃油为原料制备生物柴油转化率可达 98% 以上，产油率在 97% 以上。生产的生物柴油各项指标均符合国家标准 GB/T 20828~2007《柴油机燃料调合用生物柴油(BD100)》的要求(十六烷值和氧化安定性需加十六烷值改进剂和抗氧化剂稍加处理)，其中冷滤点可达 -30~ -28℃。台架实验表明，BD5 与 0 号柴油在动力性、经济性和排放性能等方面基本一致，符合《生物柴油调和燃料(B5)》(GB/T 25199 -2010)的要求。通过静置可分离出生物柴油的副产物——甘油，产率在 80% 以上。

2.3 多种高值产品开发利用

长柄扁桃还具备多方面的资源开发利用价值。其中，长柄扁桃仁中苦杏仁甙含量约为 0.2%。苦杏仁甙是重要的医药原材料，具有降气、止咳、平喘、润肠和通便的功效，医学上用于治疗咳嗽气喘、胸满痰多、血虚津枯、热燥便秘等疾病，也是医药上制取治疗偏头痛、高血压病等反应源类疾病的药物的中间体；长柄扁桃仁中蛋白质含量高达 10%(干果)，含有 18 种氨基酸，总量占 21.2%，8 种人体必需氨基酸总量 6.3%，其他具有特殊药理作用的氨基酸如谷氨酸、天冬氨酸及甘氨酸等含量也很丰富；对提取苦杏仁甙、蛋白粉后的残渣进行成分分析。结果表明，粗脂肪、粗蛋白、氨基酸和矿质元素含量仍很丰富，可作为饲料原料加以利用；长柄扁桃的种壳也可得到充分利用，可以制备高吸附性能的活性炭，符合国标中净水用活性炭、食品级活性炭、医药级活性炭一级品标准。

2.4 优良的生态造林树种

长柄扁桃根系发达，萌蘖力强，枝条稠密，耐旱耐寒、耐风蚀，抗病虫害，主根可深入土层 70~80 厘米，根长可达 27.8 米，2 年生的植株水平根的分布超过树冠范围，是我国西北地区优良的防风固沙树种，可作为荒山造林和治沙造林的先锋树种。长柄扁桃花期为 4 月中旬至 5 月中旬，先开花，再展叶，花色艳丽，可作为优良的绿化观赏植物和蜜源植物。同时，长柄扁桃与桃、扁桃亲缘关系很近，是潜在的桃、扁桃矮化多抗型砧木种质资源。

3 长柄扁桃产业化经营战略体系

长柄扁桃产业化生产体系必须围绕生产—加工—销售的经营模式开展建设，以此带动长柄扁桃产、供、销一体化发展，最终做大做强长柄扁桃国内外市场。

3.1 销售体系

产业化生产体系中最关键的是销售体系，也就是开拓市场。没有市场就没有产品的生命力，就没有生产规模的扩大，市场是决定资源分配的关键因素。市场不完全是自然形成的，有它自身发生、发展和壮大的规律，在很大程度上受人为因素的影响。要培育良好的长柄扁桃市场，建设有效的长柄扁桃销售体系，需要做好以下几点：①选好优良品种，创造优质产品；②建设龙头企业，创造知名品牌；③利用品牌效应，健全营销网络。

销售体系的主体是当地及附近的大市场，要充分利用当地兼职营销队伍，搞好产品宣传和信息发布，建立多渠道的销售网络。除此之外，还要在全国各大城市建立销售网点，通过网络信息平台等现代化手段，开展网上交易。

3.2 产前信息服务体系

产前信息服务体系是长柄扁桃产业化体系的重要基础，是市场综合信息的传播。通过这些信息，才能确定要发展的品种、要生产的商品目标、要采取的综合技术措施、经济以及人力资源的分配重点等。因此，信息服务体系的建设程度，决定了新产品和市场急需产品、畅销产品的生产规模和发展速度。产前信息服务体系有如下途径：①生产协会传播；②互联网传播；③市场传播；④政府技术推广机构传播；⑤龙头企业的技术服务部和销售部传播。

3.3 生产中技术服务体系

生产过程中的技术服务体系是在产业化生产过程中，在市场信息的影响下，林农确定了生产目标后，在实现目标过程中所需要提供的技术服务体系。

这种体系目前主要由政府技术推广机构、长柄扁桃生产协会、龙头企业的技术服务部、大专院校和科研院所的专家、开放式大众媒体共5部分构成。

3.4 物资服务体系

物资服务体系是产业化生产的基本保障。物资服务体系建设的好坏直接关系到产品质量的好坏、生产成本的高低、先进技术的执行程度。因此，长柄扁桃产业化生产体系中，要高度重视物资服务体系建设与研发，形成多渠道、多网络、多形式的物资服务系统，保证让农民和中间加工者得到最便宜、质量最好的生产资料和其他物资，从而提高经营的经济效益。

3.5 产品加工体系和生产基地

为了提高农民和农村种植长柄扁桃的经济效益，必须在产地发展加工产业，以便将加工的增值利润最大限度地留在农村。因此，长柄扁桃初级产品产后加工体系是增强产业化生产发展后劲、提高经济效益的重要组分。规模化商品生产基地建设，是长柄扁桃产业化生产的最基本条件。没有规模化的基地，其他体系都无从谈起，因此必须认真抓好规模化生产基地的发展。

4 长柄扁桃产业化保障措施及对策

4.1 政策措施

(1)制定产业化政策 制定产业化政策，不仅是营造一种社会环境，推行一种新的经济体制，搞活产业化经营机制的需要，也是加大对长柄扁桃产业化龙头企业的扶持力度，特别是对民营企业的培育和扶持的需要，使龙头企业财政、金融信贷、税收、土地、农产品流通服务领域等多方面充分享受优惠政策。

(2)拓宽融资渠道 拓宽融资渠道，可使我国长柄扁桃产业获得强大的发展动力。国家政策性银行应提供符合长柄扁桃产业特点的金融服务，延长长柄扁桃产业贷款期限。可参照国家对经济林和其他种植业、养殖业和加工业项目的贷款年限，将长柄扁桃产业贷款年限定为10~15 年。建立面向长柄扁桃种植林农和长柄扁桃经营者的小额贷款和林业小企业贷款扶持机制。对县级以上长柄扁桃新技术示范基地建设项目应加大贴息扶持力度。

(3)积极探索产业保险机制 积极研究探索建立政府扶持的长柄扁桃产业保险机制。要在长柄扁桃产业的保险费金额及保险来源、承保方式、保险范围、赔付方案上加强研究。尽量采取低保额、低收费、保成本、定额赔付的办法。在有条件的地方，应尽量争取按县、乡统保，这样既可避免逆选择，又能简化手续，提高效率。开展多样化长柄扁桃产业保险，如按品种、面积或株数投保，按照“三个兼顾”(兼顾林农缴费能力、财政补贴能力、保险公司风险承受能力)、“两低一保”(低保额、低保费、保成本)的原则，采取“政府引导、林农自愿、市场运作”的模式，先试点、后推广，先起步、后完善，逐步建立健全长柄扁桃产业风险保障机制。

4.2 制度对策

(1)完善产权制度 完善产权制度是建设长柄扁桃产业的基础，只有完善产权制度，改善不适应长柄扁桃建设经营的生产关系，使农户和经营者的经营权、处置权和收益权得到有机的统一，使林农、长柄扁桃经营者真正成为长柄扁桃产业的主人。要放宽林地使用权，对长期未造林的国有或集体林区的荒山、荒地、荒沙，通过承包、租赁、拍卖等市场化途径吸引有投资能力的个人或企业在规定期限内营造长柄扁桃林；要坚持和完善“谁投入谁受益”的基本林业产权政策，鼓励各种社会主体跨所有制、跨行业、跨地区投资长柄扁桃产业建设并且确实保障其利益，凡有能力的农民、城镇居民、科技人员、私营业主、外国投资者、企业单位等，均可单独或共同参与长柄扁桃产业建设，充分调动一切积极因素参与长柄扁桃产业的建设和经营。各级政府要做好各项服务工作，要为各种长柄扁桃经营主体创造公平竞争的环境，调动经营者的积极性。

(2)建立符合市场规律的发展模式 在建设长柄扁桃产业进程中，要努力探索各种既符合市场经济规律，又符合当地实际的长柄扁桃产业发展新模式。有效地消除小农户与大市场之间的矛盾。根据市场需求发展长柄扁桃产业，通过长柄扁桃产业发展新模式能够吸引组织化的农户作为平等的市场主体共同进入长柄扁桃社会化大市场，以现代企业形式、生产手段和科技来发展连片种植，进行大规模的长柄扁桃加工和销售活动，创造有竞争力的聚合型经营规模，提高林业的比较效益。

可探索的模式主要包括以下几个方面：①所企合作，基地示范，农户参与模式；②龙头企业带动模式；③中介组织带动模式

4.3 科技对策

长柄扁桃产业体系建设要始终贯彻科学技术是第一生产力的思想，努力提高科技含量，提高科研成果的应用率、转化率和贡献率。建设长柄扁桃产业要特别重视新品种的驯化，适用技术推广与高新技术应用相结合，以适用技术推广为主，加大长柄扁桃实用科技成果的推广应用，尤其是要提高重点建设项目的科技含量。同时，要在示范区内，研究整体组装配套、质量效益双优的科学建设模式。科技支撑要重点做好以下几方面的工作：①抓好种质资源保护和种苗繁育；②加强科学研究、科技推广和技术培训；③营造集约化经营示范林；④制定技术标准，组织标准化生产。

（注：因体例统一需要，参考文献参见原发表刊物。）

我国人造板产业创新升级的思考

钱小瑜

我国是缺林少材国家，木材供应缺口高达50%，主要依赖进口解决，木材加工业是仅次于石油和钢铁的第三用汇行业。近年来，随着建筑装饰和家具业的快速发展，国内木材需求量急剧增长，木材供需矛盾日益突出。

发展人造板工业是节约木材资源的重要途径，不仅有利于缓解我国木材供需矛盾，更重要的是它在满足人类生活对木制品需求的同时，以刺激人工工业用材林的快速发展而减少人们对天然林采伐的依赖，从而达到保护森林、改善生态环境的效果。我国人造板工业起步虽晚，但发展很快。改革开放使我国人造板工业得到了前所未有的发展机会，使之从容地从计划经济走向市场经济，实现了从无到有不断壮大，企业规模不断扩大，产品种类不断增加，技术装备水平和产品质量不断提高，实现了由传统加工业向现代工业的转变。目前，我国主要人造板产品有胶合板、纤维板、刨花板及其延伸产品和深加工产品，细分品种已达百余种。

1　行业现状

1.1　人造板产量增速趋缓

进入21世纪，我国人造板工业高速发展，现有人造板企业万余家，从业人员300多万人，人造板年产量超过2.5亿立方米、产值近万亿元，已成为世界人造板生产、消费和进出口贸易第一大国。

2013年我国人造板产量2.56亿立方米，同比增长14.43%，占全球人造板生产总产量的58%(图1)；产品结构比例为：胶合板53.7%，纤维板25%，刨花板7.4%，其他板13.9%(图2)。产量超过1000万立方米的省(自治区)有8个，其中山东、江苏、广西、安徽、河南和河北6个省(自治区)人造板产量共计1.88亿立方米，占全国人造板总产量的73.45%(图3~4)。产量最高的山东省年产高达6422万立方米，超过当年欧洲人造板总产量，成为全国乃至世界最大的人造板生产基地。2013年人造板产量排名前十位的省(自治区)详见表1。

2014年1~11月人造板产量2.73亿立方米，同比增长7.59%。其中：胶合板1.58

亿立方米，同比增长 7.59%；纤维板 6219 万立方米，同比增长 6.58%；刨花板 1487 万立方米，同比增长 11.46%；装饰板 2.48 亿立方米，同比下降 3.19%。行业整体进入结构调整和转型升级阶段，生产规模增速减缓。

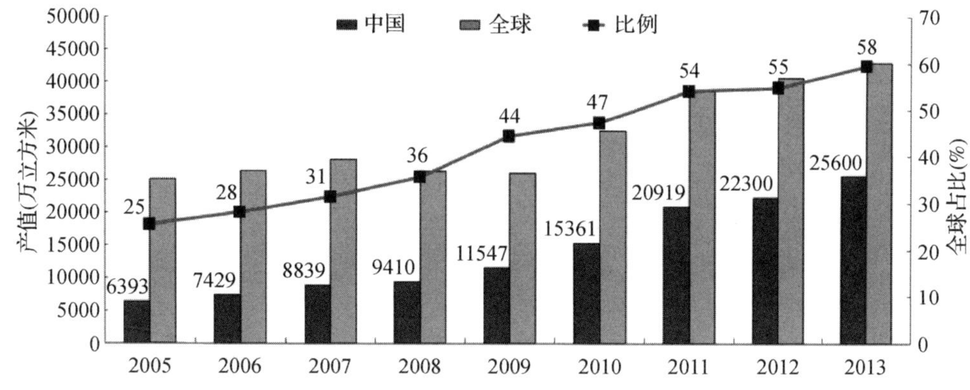

图 1 中国人造板占全球产量比例

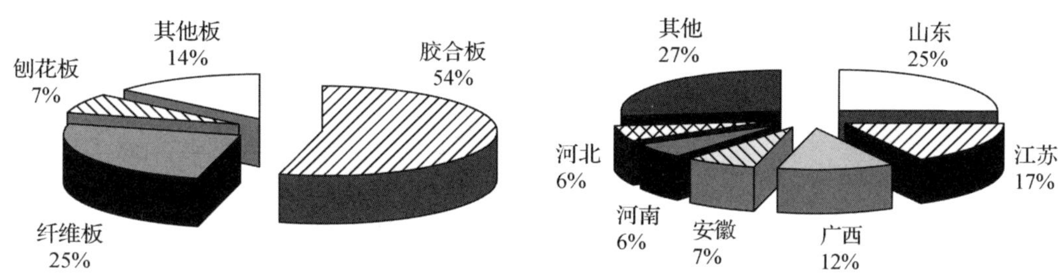

图 2 2013 年产品结构比例

图 4 2013 年人造板产量分布

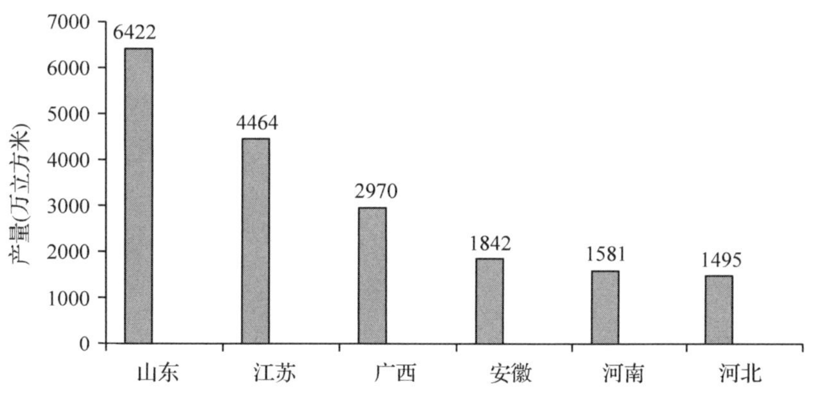

图 3 2013 年人造板产量分布

表1 2013年人造板产量TOP10 万立方米

胶合板	产量	同比(%)	纤维板	产量	同比(%)	刨花板	产量	同比(%)	装饰板	产量	同比(%)
山东	5045.5	10.37	广西	911.6	13.2	福建	220.8	-0.8	福建	6882.6	-8.3
江苏	3453.3	10.20	河南	607.1	-6.5	河南	208.8	26.3	河南	6385.6	6.4
广西	1417.5	18.49	江苏	601.1	-0.4	广东	136.9	-2.0	浙江	6005.2	-8.8
河南	1368.3	20.26	山东	558.1	9.0	江苏	100.6	-5.8	湖北	4642.4	37.8
湖南	850.7	-6.16	广东	513.7	5.3	黑龙江	91.9	10.9	山东	1520.5	-61.1
福建	674.2	8.20	四川	448.1	1.7	山东	83.6	-14.0	广东	1450.5	5.6
安徽	573.0	14.59	湖北	298.1	22.3	吉林	76.5	-10.1	湖南	922.2	-8.1
江西	472.0	-12.22	安徽	287.1	0.6	广西	60.6	107.0	辽宁	785.3	9.3
湖北	326.9	12.19	江西	252.6	4.2	河北	54.6	4.2	四川	777.7	-14.8
四川	281.6	-4.60	河北	241.9	11.5	江西	53.6	-31.7	云南	613.7	22.6

1.2 国内价格小幅下跌

受国内房地产调控和国际市场下滑的负面影响，两年多来人造板国内现货市场价格小幅下降。2013年，国内木材加工产品价格整体水平与2012年基本持平。其中：锯材1266元/立方米，木片765元/实积立方米，木地板160元/平方米，而人造板平均单价则略有下降，其中：胶合板1896元/立方米，硬质纤维板1372元/立方米，中密度纤维板1581元/立方米，刨花板953元/立方米。据鱼珠国际木材市场价格指数发布，从2013年1月以来，人造板价格持续下降，价格指数由131跌到122(图5)。近期，胶合板价格从2662元/立方米下跌到2508元/立方米，降幅5.78%(图6)；中纤板由1694元/立方米跌至1606元/立方米，降幅5.2%(图7)；刨花板从1474元/立方米下跌到1386元/立方米，降幅5.97%(图8)。

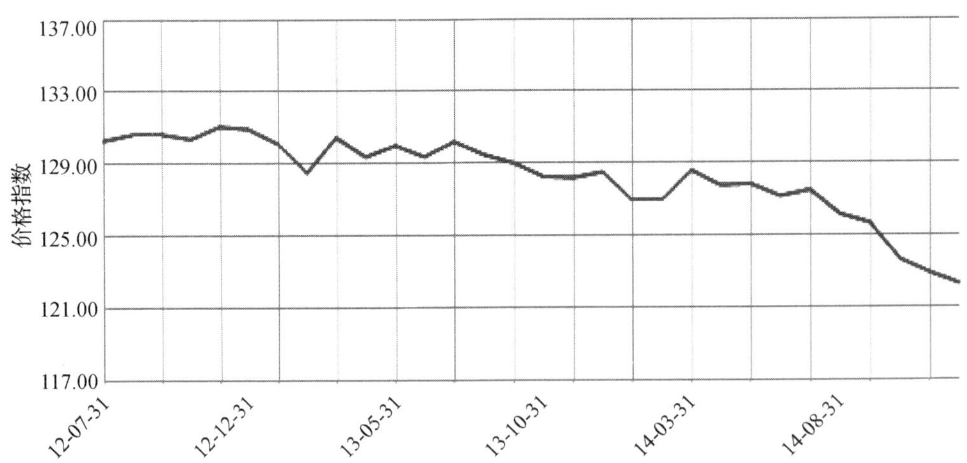

图5 2012年7月至2014年12月人造板国内现货市场价格指数

(发布时间2014年12月31日)

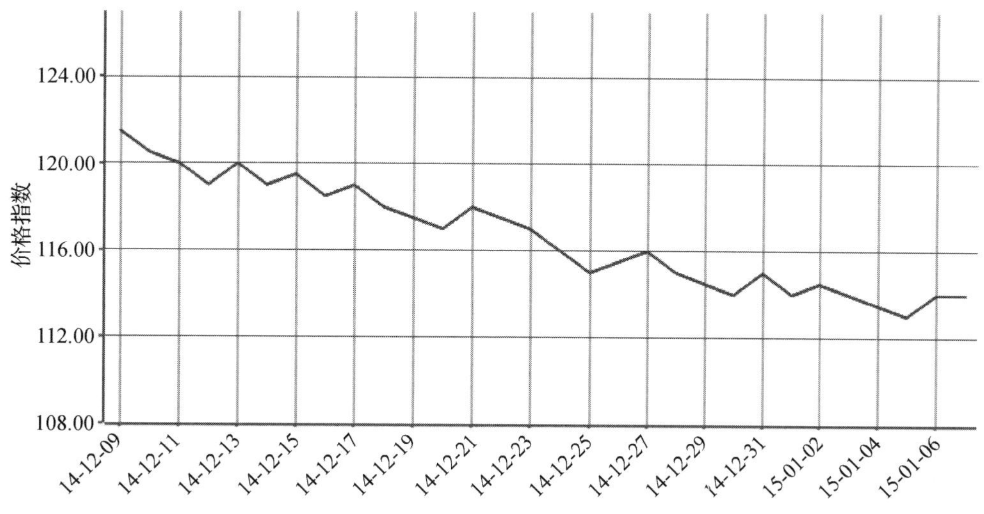

图6 胶合板近期价格走势

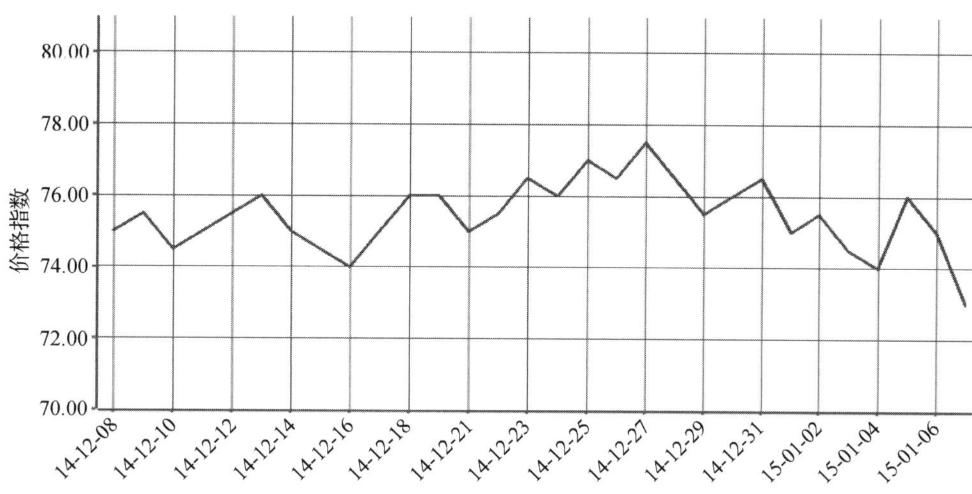

图7 中纤板近期价格走势

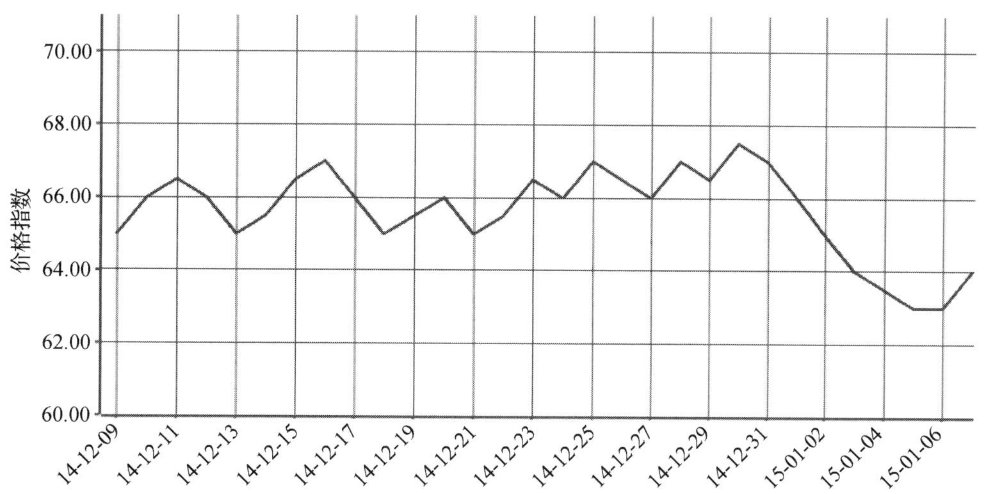

图8 刨花板近期价格走势

1.3 进出口贸易稳步增长

随着我国人造板产品质量的不断提高，近年来我国人造板进出口贸易稳步增长。人造板进口量和进口额占全球总进口的4%~5%；出口量和出口额分别占全球总量的18%和20%(图9~12)。

2013年全国进口胶合板15.47万立方米、同比下降13.44%，出口1026.14万立方米、同比增长2.3%，出口金额50.34亿美元，同比增长5%；进口纤维板6.92万立方米，同比下降19.2%，平均进口单价703美元/立方米，同比上涨了8%；出口量232.87万立方米，同比下降6.36%，但出口价格稳中有升，平均单价506美元/立方米；刨花板进口58.68万立方米，增长8.58%，出口26.12万立方米，增长25.53%(图13、14)。

2014年，我国进口胶合板17.8万立方米，同比增长15.06%，平均进口价格741.33美元/立方米，进口额大幅增长了27.98%，出口胶合板1321.56万立方米，同比增长28.79%，出口均价439.91美元/立方米，出口额同比增长15.51%；进口纤维板22.36万立方米(按每立方米750千克换算)，翻倍增长了223.12%，进口额高达1.1亿美元，同比增长132.06%，主要是木制品出口目的国提高了产品质量和认证要求，国内产品一时无法满足，只得进口解决；纤维板出口340.93万立方米，增幅为46.41%，出口额也同比增长了38.42%，平均出口单价478.5美元/立方米；同期进口刨花板58.38万立方米(按每立方米650千克换算)，下降了1.5%，由于进口单价涨到242.66美元/立方米，进口额反而增长了10.88%；刨花板出口了37.95万立方米，出口额超过1.39亿美元，分别大幅增长45.37%和57.38%，平均单价也高达366.44美元/立方米，均创历史最高纪录，主要原因为2014年年初多条进口连续压机生产线相继投产，刨花板产品质量大幅提高，不仅夺回了进口板挤占的国内市场，还大量出口高档产品(表2)。

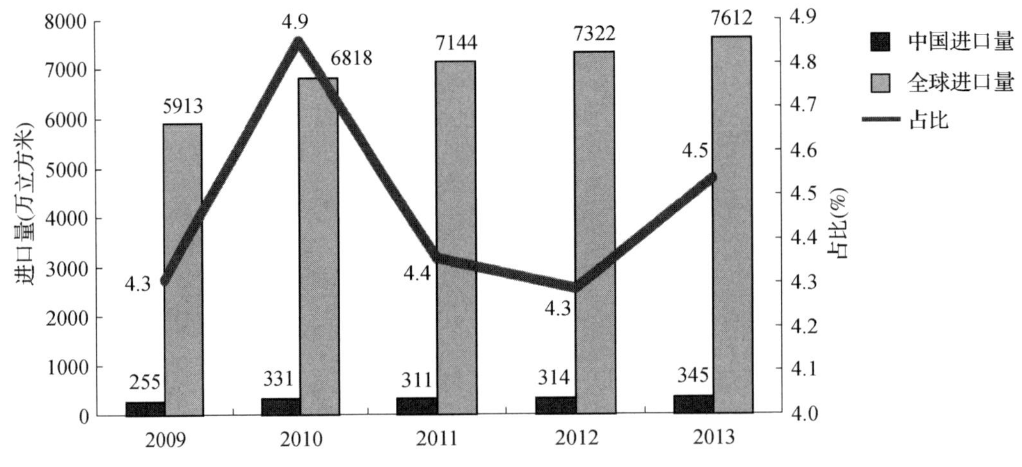

图9 中国人造板占全球进口量比例

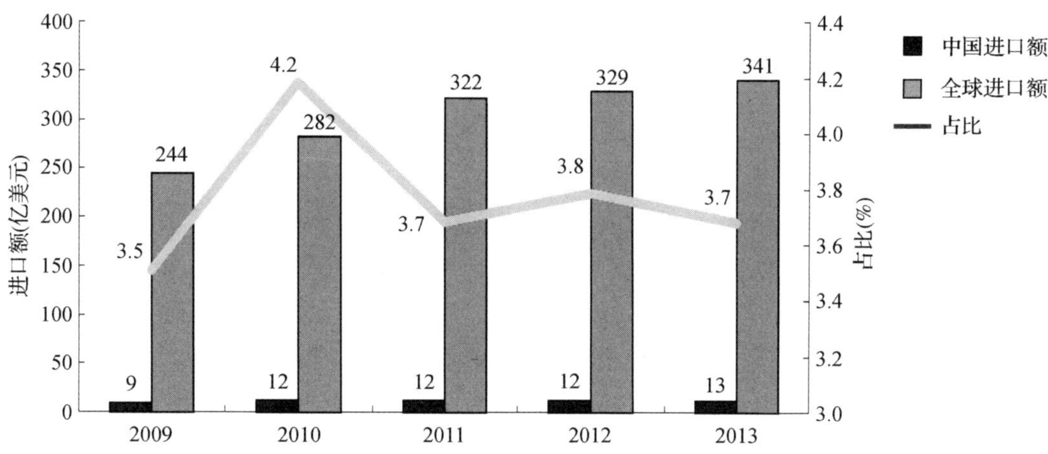

图 10　中国人造板占全球进口额比例

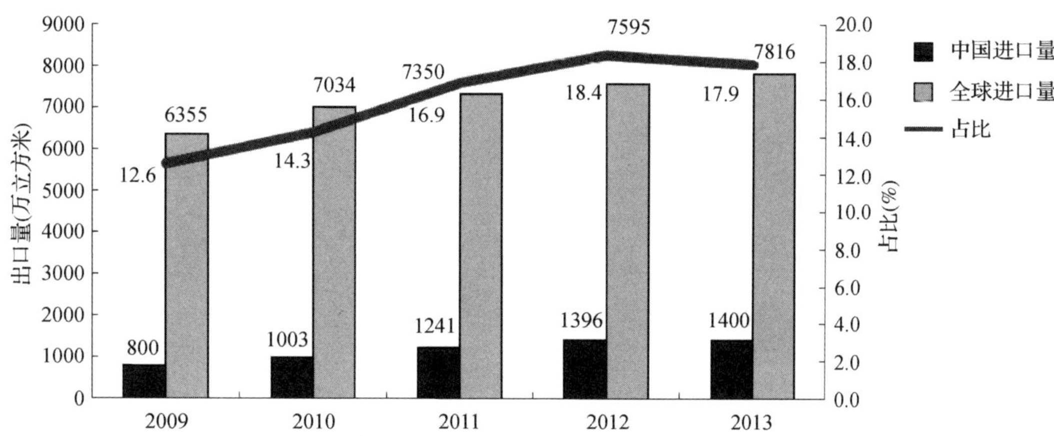

图 11　中国人造板占全球出口量比例

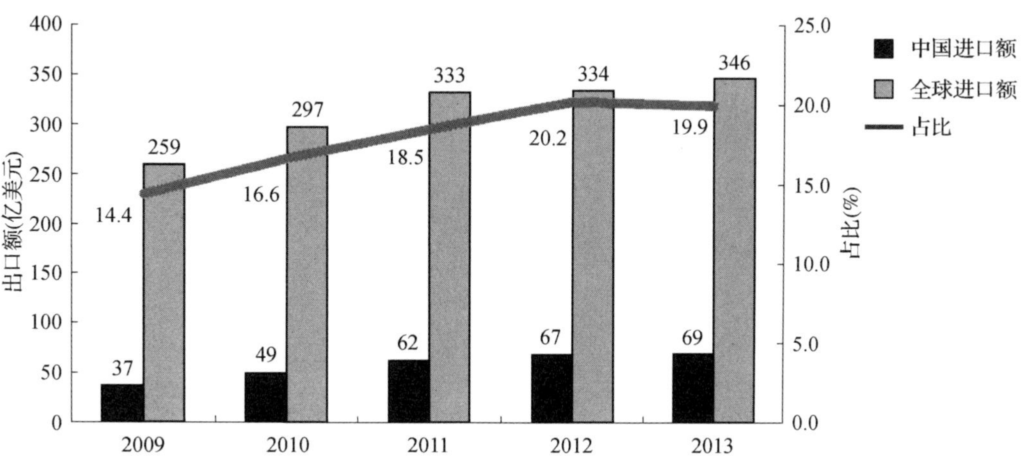

图 12　中国人造板占全球出口额比例

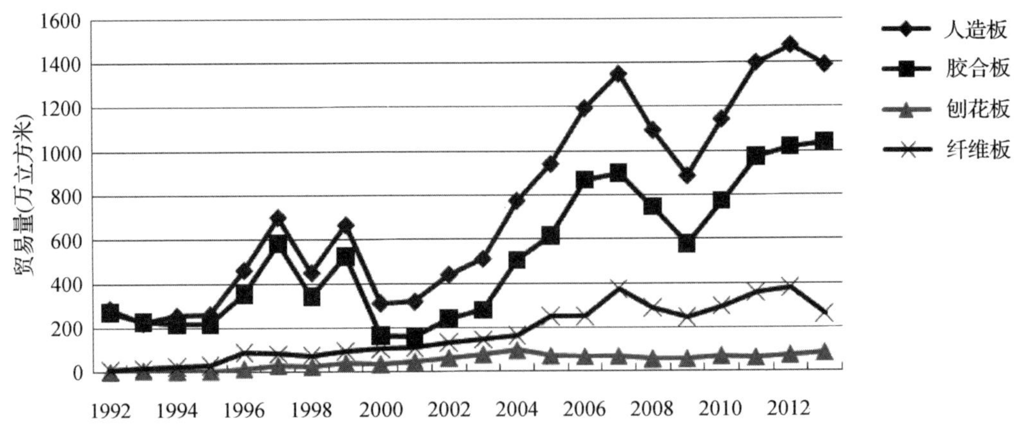

图13 1992~2013年中国人造板贸易量

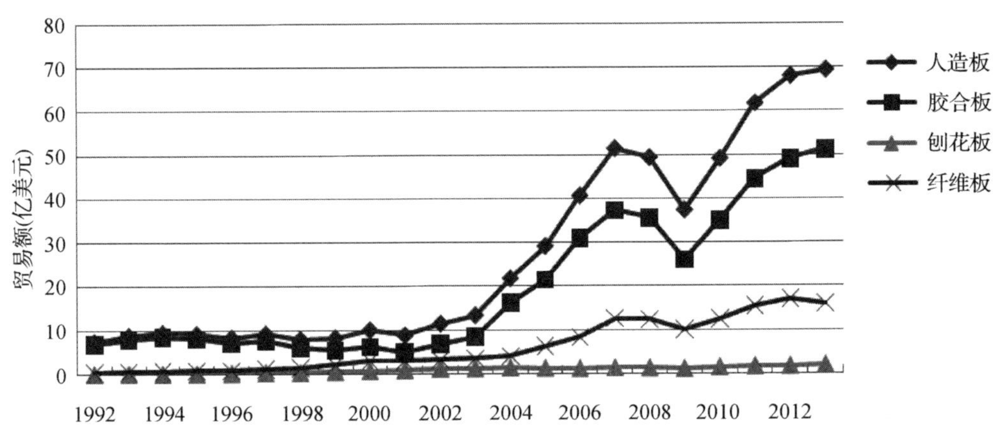

图14 1992~2013年中国人造板贸易额

表2 2014年人造板进出口贸易

2014年	进口累计		累计同比(%)		出口累计		累计同比(%)	
	数量	金额(万美元)	数量	金额	数量	金额(万美元)	数量	金额
刨花板	37.57万吨	14166.65	-1.5	10.88	24.67万吨	13906.30	45.37	57.38
纤维板	16.77万吨	11008.09	223.74	132.06	255.71万吨	163133.02	46.41	38.42
胶合板	17.80万立方米	13195.76	15.06	27.98	1321.56万立方米	581370.52	28.79	15.51

胶合板是我国人造板的主要出口产品，出口量和出口额都接近出口人造板的80%。2014年，胶合板出口额占我国木质林产品出口总额的11%左右。55%的胶合板出口市场在亚洲，出口量排名前7位的国家合计超过总量的50%(表3)。山东、江苏两省的胶合板出口量占全国出口总量的76%，出口金额占全国63%，出口单价413美元/立方米；辽宁、吉林、浙江三个省的出口均价超过1000美元/立方米，广西出口单价最低，每立方米只有346美元；虽然辽宁出口数量仅为广西的27%，但出口金额却是广西的1.3倍，出口单价高达4.7倍(表4)。

表 3　2014 年 1～9 月胶合板出口 TOP7 目的国

国家	2014 年 1～9 月(万立方米)	2013 年 1～9 月(万立方米)	增长(%)
美国	122	100. 7	21. 2
日本	63. 1	60. 9	3. 6
韩国	56. 6	64. 7	－12. 5
菲律宾	53. 9	28. 7	87. 8
阿联酋	52. 5	39. 3	33. 6
英国	50. 6	51. 7	－2. 1
沙特	46	35. 3	30. 3
合计	444. 7	381. 3	16. 6

表 4　2014 年 1～9 月胶合板出口量 TOP7 省(自治区)

地区	2014 年 1～9 月			2013 年 1～9 月	数量
	数量(万立方米)	单价(美元/立方米)	金额(百万美元)	数量(万立方米)	增长(%)
山东	415. 6	401	16. 66	360. 2	15. 4
江苏	244	433	10. 56	214. 5	13. 8
广西	46. 5	346	1. 61	45. 6	2. 0
广东	41. 3	579	2. 39	41. 2	0. 2
浙江	29. 7	1059	3. 26	33. 2	－10. 5
吉林	21. 4	1424	3. 05		
辽宁	12. 7	1626	2. 06		
其他	60. 8	600	3. 65		
总计	872	494	43. 24	775	12. 5

2　行业分析

2. 1　人造板经济指标

2013 年我国人造板制造规模以上企业有 4753 家，70% 以上是民营企业(图 15)，行业总资产 2975. 90 亿元，同比增长 19. 68%；销售收入为 7066. 66 亿元，较 2012 年同期增长 19. 42%；负债合计 1293. 4 亿元，同比增长 18. 69%，利润总额 479. 8 亿元，同比增长 18%(图 16)。

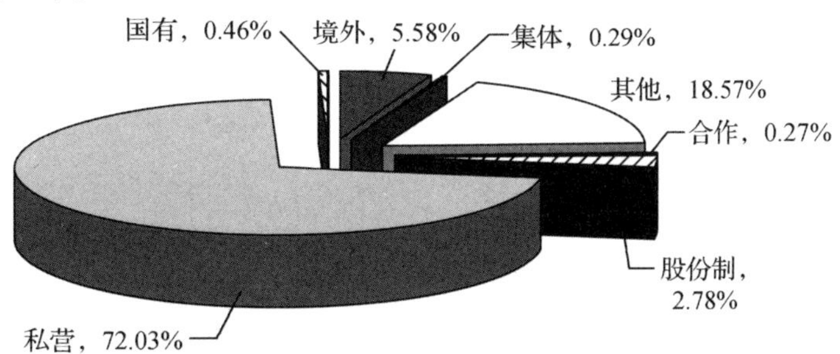

图 15　2013 年人造板企业销售收入所有制分布

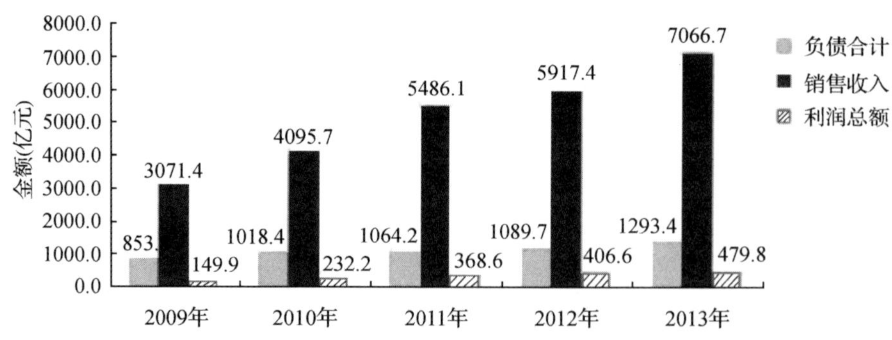

图 16　2009～2013 年人造板行业销售收入、负债和利润

由于原辅材料和物流费用上涨，2013 年人造板制造行业销售成本大增，高达 6113.2 亿元，同比增长了 20.89%（图 17），三项费用也同步增长，其中管理费用增长 20.67%，销售费用增长 18.21%，财务费用增长 28.15%（图 18）。同时，三项费用占销售收入的比重也有所增加（表 5），挤压了利润空间，造成盈利能力下降。2013 年人造板行业销售毛利率 13.49%，利润率 6.79%，资产收益率 16.12%，同比 2012 年均有所降低（图 19）。行业亏损企业 231 家，行业亏损面接近 5%。但从近三年的效益分析来看，人造板行业仍然有较强的发展能力（表 6）。

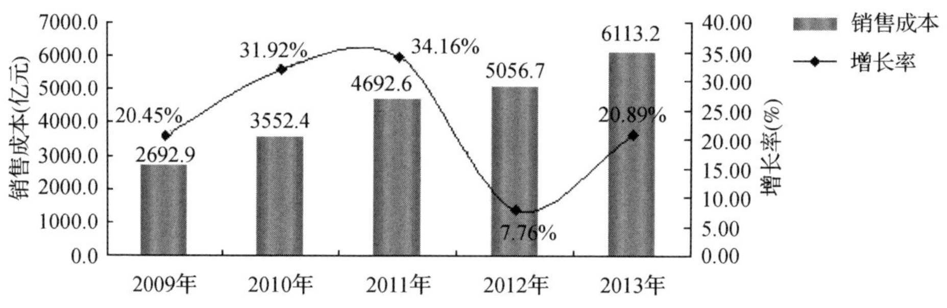

图 17　2009～2013 年人造板行业销售成本

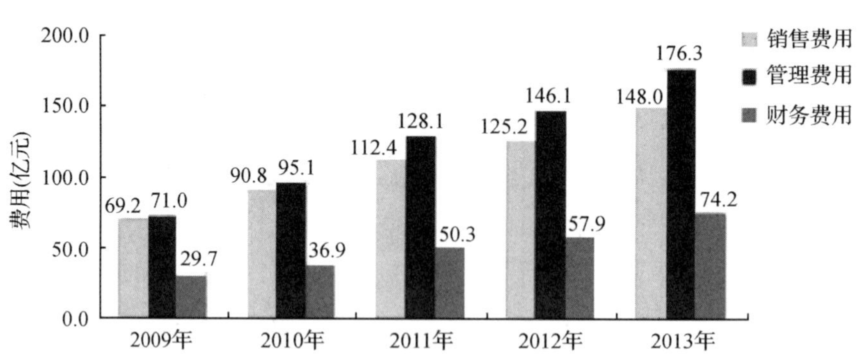

图 18　2009～2013 年人造板行业三项费用

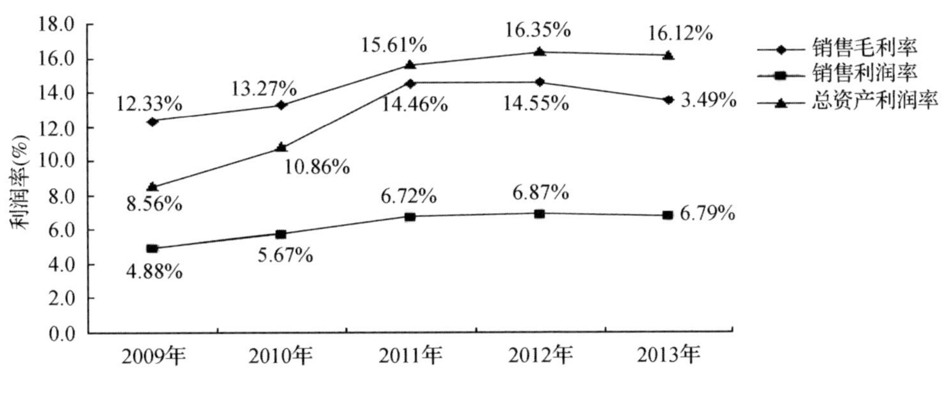

图 19 2009~2013 年人造板行业利润率

表 5 2011~2013 年人造板制造三费占销售收入比重分析 %

年份	三费比率	销售费用比率	管理费用比率	财务费用比率
2011 年	5. 30	2. 05	2. 33	0. 92
2012 年	5. 56	2. 12	2. 47	0. 98
2013 年	5. 64	2. 09	2. 50	1. 05

表 6 2011~2013 年人造板行业效益分析

评价指标		2011 年	2012 年	2013 年
营利能力	销售毛利率	16. 91%	14. 34%	13. 49%
	销售利润率	6. 72%	6. 87%	6. 79%
	资产收益率	15. 61%	19. 29%	16. 12%
偿债能力	负债率	45. 08%	43. 83%	43. 46%
	亏损面	4. 98%	5. 29%	4. 86%
	利息保障倍数	10. 37	9. 68	10. 30
营运能力	应收账款周转率	29. 32%	30. 26%	30. 69%
	流动资产周转率	5. 08%	5. 10%	5. 27%
发展能力	应收账款增长率	26. 60%	4. 51%	17. 75%
	利润总额增长率	42. 71%	10. 32%	17. 99%
	资产增长率	23. 63%	5. 33%	19. 68%
	销售收入增长率	35. 41%	7. 86%	19. 42%

2. 2 人造板下游产业

我国人造板应用领域很广，产业链下游涉及十几个行业。主要下游产业为家具行业，用量占全部人造板产量的48%，其次为建筑行业，占人造板总量的20%，接下来是包装、地板、木门、交通等行业(图 20)。2014 年 1~11 月，木质家具产量 2.38 亿件，同比增长 1. 82%；实木地板 8407 万平方米，同比下降 0. 11%；复合木地板 5. 29 亿平方米，同比增长 12. 5%。

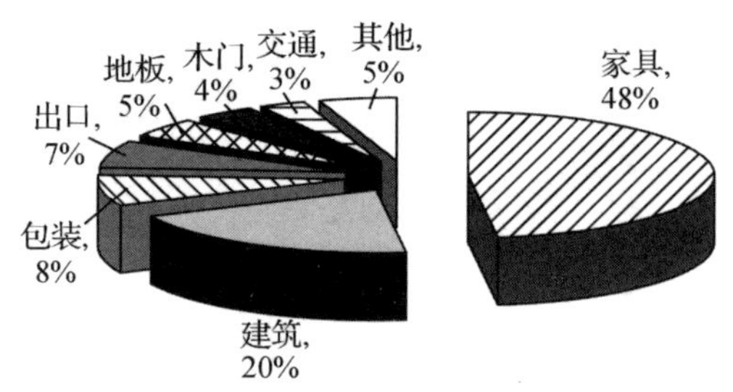

图 20　人造板应用领域

2.3　人造板期货市场

人造板的产业链上游衔接木材与化工原料，下游涉及家具、装饰、包装和汽车制造等产业，与房地产的景气程度密切相关。近年来，受上游原料价格与人工成本的上涨，人造板生产企业的利润被摊薄，而下游的市场需求受国内消费疲软与出口不景气的影响，也被进一步压缩，应运而生的人造板期货市场为广大生产企业提供了风险管理的工具。2013 年 12 月 6 日，国内首批林木类期货品种胶合板、纤维板合约在大连商品交易所顺利上市，通过对生产计划的套期保值，锁定合理利润，有效降低了企业的资金风险和无序竞争，规避了价格风险，基本改变了“生产就亏损，不生产亏更多”的被动局面，为生产企业平稳转型提供了保障。一年来，两板期货交易活跃，运行稳健，引起了社会的广泛关注，企业参与积极性很高，主要合约日均成交高达 30 万手，日均资金沉淀量逾 6 亿元，两板分别出现了好几个涨停板和跌停板。人造板期货价格被生产和流通企业关注参考，部分企业在通过套期保值操作转移市场风险的同时，充分利用期货市场的资本杠杆作用实现现货与期货有机结合，以新的营利模式增强了驾驭市场和抵御市场风险的能力。期货市场对人造板产业的服务作用开始显现。

目前，我国是全球唯一有纤维板、胶合板期货交易市场的国家。纤维板、胶合板期货上市后，通过期货市场的价格发现功能，为板材的国际贸易提供明确的指导价格，将不仅有助于提高我国板材出口的议价能力，成为增强我国人造板行业的国际影响力和争夺国际定价权的有力工具，同时随着两板期货影响力和交易量的不断扩大，将带动我国人造板柜台交易(OTC)的发展，不断挤压不达标产品的市场空间，促进行业加快调整结构、转型升级和健康平稳发展。

2.4　人造板产品质量

随着人造板行业的快速发展，近几年来我国人造板产品质量也在不断提高。2013 年 9 月，国家技术监督局和国家林业局联合发布公告：经国家监督抽查胶合板质量合格率为 87.6%，纤维板质量合格率为 90.7%，刨花板质量合格率为 81.6%，细木工板合格率为 86.7%(表 7)。

游离甲醛释放量不达标是人造板产品质量的主要问题。2013 年国家监督抽查结果显示：胶合板的主要质量指标胶合强度的合格率略有提高，但安全性指标游离甲醛释放量有所降低；纤维板产品质量的不合格项目有游离甲醛释放量、静曲强度和吸水厚度膨胀率；刨花板的吸水厚度膨胀率每年抽查的合格率都比较低，同时内结合强度合格率和游离甲醛释放量也不稳定；虽然细木工板的游离甲醛释放量和横向静曲强度合格率在逐年提高，但仍是细木工板质量不合格的主要原因。

表 7 2006~2013 年国家监督抽查人造板产品质量合格率 %

年度	胶合板	纤维板	刨花板	细木工板
2006	63.6	81.4	62.1	67.7
2007	68.6	82.0	60.1	72.1
2008	89.7	82.1	57.2	78.5
2009	87.1	82.5	66.7	91.9
2010	88.5	76.3	60.4	75.5
2011	89.9	81.5	72.0	83.4
2012	89.9	90.5	81.6	83
2013	87.6	90.7	79.2	86.7

3 行业问题

随着宏观经济减速，人造板行业发展步伐放缓，产品结构调整、生产装备升级、风投资本介入、企业并购重组，全行业整体进入结构调整、转型升级的多元化发展阶段。2013 年是人造板行业资产重组企业并购最活跃的一年，业内卖壳、兼并激流涌动，多条大鳄先后易主，吉林森林工业集团通过收购中盐银港人造板公司 88.12% 的股份，实现了对中盐银港的绝对控股；赣州稀土集团以其所拥有的赣州稀土 100% 股权认购广东威华股份公司非公开发行的新股 14.76 亿股，从而取得该上市公司的控股权；广西丰林木业集团股份有限公司收购亚洲创建（惠州）木业有限公司 75% 股权，获得该公司实际控股权……。产业资本的介入将企业资源重新优化配置，洗牌重组刷新了人造板行业龙头企业的排序，平均企业经济规模增长接近 10%，提高了行业规模集中度。在民营企业仍为人造板行业主力军的同时，中林集团、中粮集团、中航集团、中国诚通集团等大型中央企业也纷纷加盟，新的龙头企业正在崛起，为加快行业内结构调整创造了条件。但同时市场无序、资源瓶颈、效益低下等影响行业发展的问题也日益突出。

3.1 产品阶段性供过于求现象初现

不同阶段、特殊地区涌现的大规模、高增速、高强度、非理性投资引发阶段性、区域性人造板产品供需关系失衡及木材原料供求关系失衡，产能过剩风险凸显，引发产品低价竞争、质量下滑，抢购推高原料价格，企业效益下滑，不利于产业持续发展。

3.2 落后产能亟须淘汰

我国现有人造板生产能力构成中，还存在较大比例装备水平低、技术落后、产品质量差、能源与资源消耗大、环境污染严重、劳动条件差、安全隐患高的落后产能，亟须通过进一步规范市场促进调整产业结构，加快落后产能淘汰速度。

3.3 原料持续供应压力增大

人造板生产能力急剧膨胀，生产量迅速增长，支撑人造板工业发展的原料供应能力滞后于人造板生产发展的进程，天然林资源保护二期工程实施后，木材采伐量大幅下降，局部地区受原料供应能力的制约出现生产增长停滞甚至回落现象。

3.4 国际贸易摩擦频发

次贷危机引发的全球金融危机重挫发达经济体，受全球复杂政治经济形势影响，贸易保护主义抬头，人造板及其下游产品国际贸易摩擦频发，技术性贸易壁垒和绿色贸易壁垒泛滥，我国人造板产品及其下游产品出口遭遇打压，同时人民币汇率升值进一步增加产品出口难度，我国人造板产品国际市场竞争力下降。

3.5 效益下滑引起的企业外移趋势增加

人造板生产是充分市场竞争产业，优胜劣汰是必然规律。近期受原辅材料及能源价格上涨、运输及物流成本增高、劳动力成本快速上升等多种因素综合影响，人造板生产经营成本普遍上升，效益下滑，招工、融资难度增加，企业面临生产经营困难。劳动密集型产业及下游产业的比较优势逐渐下降，制造业外移趋势增加。

4 发展趋势

党的十八大对建设生态文明做出了全面部署，强调把生态文明建设放在突出地位，赋予林业建设生态文明首要任务的重任，要求构建起坚实的生态安全体系，高效的生态经济体系和繁荣的生态文化体系。为此，国家林业局发布了《推进生态文明建设规划纲要》，作为今后一个时期推进生态文明建设、指导和引领林业发展的纲领性文件。2014 年 7 月，国务院发布“关于加快发展生产性服务业、促进产业结构调整升级的指导意见”，提出了坚持市场主导、突出重点、创新驱动、集聚发展的四项原则，强调以产业转型升级需求为导向，加快生产性服务业发展，引导企业进一步打破“大而全”、“小而全”的格局，分离和外包非核心业务，向价值链高端延伸，促进我国产业逐步由生产制造型向生产服务型转变。

2015 年是“十二五”的最后一年，在国家鼓励调整结构、转型升级的大形势下，我国人造板工业转型升级取得了实质性的进展，企业的创新能力、抵御风险能力、可持续发展能力和国际竞争力得到显著增强。进入“十三五”期间，我国林业产业建设将在以下六方面可望得到明显加强：一是进一步优化林业产业特色区域布局，重点培育国家级产业集聚地；二是扶持国家级龙头企业，促进产业升级；三是全力推进林产品市场体系建设；四是强化技术创新，加快技术装备更新换代；五是加大落后产能淘汰力度；六是实施品牌战略，提升品牌价值和效应，推动我国人造板工业强国建设迈上新的台阶。

今后一段时期，我国人造板工业的发展将遵循《推进生态文明建设规划纲要》和“关于加快发展生产性服务业、促进产业结构调整升级的指导意见”，有机衔接《全国木材战略储备生产基地建设规划》等“十三五”相关规划，加快转型升级，走绿色发展道路，进入人造板发展的新时期，可能呈现以下趋势：①扩大原料林基地建设，逐步实现林板生产一体化；②技术进步步伐加快，落后产能逐渐淘汰，产品结构不断优化，结构性板材需求量上升；③行业整合速度加快，弱势企业将被重组、淘汰，行业龙头企业和多元化企业集团不断涌现，特色产业集群初步形成，行业集中度提高；④新技术、新工艺、新材料和新装备将不断提升人造板产品质量，企业社会责任和品牌意识增强；⑤注重发展循环经济，环保型板材开发和城市木质废料的回收利用快速增长，非木质人造板发展加快。

人造板工业是高效利用森林资源的重要产业，将长期居于加工制造业中的新兴和朝阳产业地位，行业增长空间十分巨大。人造板企业通过产品创新、商业模式创新、管理机制创新等手段，利用资本市场的力量，并购整合各方资源，淘汰落后产能，优化资源配置，谋求转型升级和高速成长，是新经济形势下行业发展的大势所趋。一批拥有国际知名品牌和核心竞争力的大中型人造板企业，将引领产业链上下游企业专业化分工协作共赢，有效整合全球资源，率先跨入世界人造板及其制品的先进行列。行业优势企业将由“有限公司”发展成“集团公司”，通过“兼并收购”优化整合，在雄厚的产业实力、完善的产业链、成熟的工人队伍的基础上，通过资源要素优化配置和技术、管理创新，创建一批知名品牌，涌现出一支优秀、庞大的现代企业家队伍，推动人造板行业持续、稳步、健康发展。在行业洗牌的过程中，人造板企业应用创新文化改造传统经营理念，以科技创新引领企业转型升级，运用宽带互联网、移动互联网、物联网、云计算、大数据等智慧林业的信息技术不断拓展市场发展空间，开发新产品、新需求，寻找产业结构调整的新动力、新路径，通过降低成本、提升全员劳动生产率和核心竞争力来完善产业链，提升价值链，创建最佳商业运营模式，实现企业战略发展目标，推动我国人造板行业由中国制造走向中国创造，从世界工厂变成世界市场，以赢得主动，赢得优势，赢得未来。同时，人造板期货市场也将会为企业重组、产业升级提供新的发展机遇，金融资本杠杆将在企业兼并重组、建立规范的法人治理结构和适当提高产业集中度中，引导企业由规模扩张向质量提升发展。对此，我们充满信心。

（注：文中所有数据除特殊说明外，均来源于国家海关总署、国家统计局和国家林业局。）

中国造纸业林纸一体化发展战略分析

董 梅 王飞飞 李 明 梅 玫

我国造纸工业已步入转型期，由数量主导型向质量效益型转变势在必行。随着我国新型工业化、信息化、城镇化、农业现代化的发展，内需将进一步增长，必将给造纸工业发展带来新的挑战与发展。

一、中国造纸业的挑战

（一）原料供给不足

经过20年的努力，中国纸业实现了从产业小国到产业大国的飞跃。但我们必须清醒地认识到，中国是造纸产业大国，远不是造纸产业强国，与先进国家相比，还有相当大的差距。中国在未来的纸业发展之路还面临诸多困难与挑战，尤其是原料的供给能力不足问题，一直是影响中国造纸业平衡健康发展的重要因素。

造纸所需的主要原材料包括木浆、非木浆和废纸浆。其中，木浆是造纸最好的材料，其含量直接决定着纸制品的产量和质量。然而，受地理条件和历史传统等诸多因素的影响，国内原料林基地建设迟缓，供材有限，加之清洁生产新技术开发滞后，导致非木浆造纸的发展受到严重影响，再加上国内废纸回收率偏低等因素，使得造纸纤维原料自给率难以提高，供需矛盾日益加剧。据统计，2013年，国内造纸产业消耗木浆2378万吨，占纸浆消耗总量26%，其中国产木浆仅占10%，而进口木浆则占到了16%；废纸浆5940万吨，占纸浆消耗总量65%，其中国产废纸浆占39%，而进口废纸浆则占到了26%。2014年1～6月，中国累计进口纸浆数量达880万吨，比上年同期增长6.7%；同期，累计进口纸浆金额共计60.4亿美元，比上年同期增长9.7%。其中2014年6月，中国进口纸浆数量达151万吨，同比增长17%，环比减少4.1%；进口纸浆金额共计10.0亿美元，同比增长13.5%，环比增长0.5%。据专家统计推算，到2020年我国纸浆需求量为1.3亿～1.4亿吨，如果木浆全部由国内生产，大约需要消耗纸浆木材1.2亿立方米，废纸1亿吨，非木材纤维原料2800万吨（绝干重）。这标志着中国造纸工业对木浆和废纸浆的需求增长较快，国内原料将出现严重的供给不足。

造纸业是木材使用大户，目前中国的森林覆盖率仅为21.63%，远远低于世界平均水平。世界每年消耗的森林资源中，有40%用于造纸，但中国目前造纸用材仅占中国森林资源消耗的6.7%。伴随着近年来以木材为原料的多产业的快速发展，我国的林区普遍遭到严重破坏，原始森林面积迅速缩小。由于国情和条件限制，我国原料基地建设缓慢，规模经营难以落实。另外，快速发展的人造板、生物能源和生物化工行业与造纸行业产生原料竞争，挤压了纸浆材的来源空间，使造纸工业的原料供应一直陷于被动局面。

废纸已成为我国纸浆纤维的主要来源，但进一步发展空间有限。据统计分析，2014年上半年，我国废纸浆利率已在70%以上，其中累计进口废纸数量达1411.0万吨，利用率高于30%，处于国际较高的水平。由于资源限制和成本的制约，造纸发达国家都逐步增加了对废纸利用的重视程度，废纸资源的竞争将越来越激烈。因此，随着我国造纸业进一步发展，国内废纸浆的利用率将不断增加，但比例增加的难度会相对较大。

我国是农业大国，秸秆等非木质纤维原料资源丰富，但目前的造纸产业正向着高品质、低消耗、清洁生产的产业结构发展，以草为主要原料的格局将难以再现，但作为必要的补充地位将长期存在。从实际情况看，由于受木材原料短缺的制约，未来草浆还将在造纸市场中存在下去，并在造纸原料中起到不可替代的补充作用。但不会是传统的污染型小规模草浆生产线，而是以循环经济思路发展起来的上规模的新型草浆生产线。此外，传统的造纸工艺纸产品结构单一，只利用了原料中的纤维素，而大量的半纤维素与木素进入废液，不仅造成了原料的浪费，更加剧了环境污染问题。随着资源成本的提高，必须改变只产出单一纸品的生产模式，还应充分提取造纸原料中的纤维素、半纤维素和木素等各种成分，同时生产浆、纸、高分子材料、化学品和生物质能源等多元化高附加值产品。

(二)产品结构不合理

在国际金融环境的影响下，全球产品供大于求、增长乏力，造纸行业也告别了产品短缺时代，部分产品出现产能过剩，这增加了我国纸产品的出口压力，致使商品包装纸、纸板和包装物的出口率大幅下降。加之产品结构不合理，新闻纸、生活用纸等中低档产品比重过高，产品同质化严重，加剧了造纸工业发展速度的下滑。

随着互联网与电子媒体的发展，全球新闻纸产销量在总量占比中呈连年下降趋势，生活用纸和瓦楞材料占比连年上升，各种食品、饮料功能性包装纸及纸板、特种纸及纸基功能新材料迅速发展，造纸品种规格达到上万种，并总体上向绿色、低碳、节约、可持续发展方向迈进。据国际权威部门预测分析：到2020年全球箱纸板需求年均增长为2.8%，中国将高达4.9%；涂布白纸板需求年均增长为2.4%，中国约为4.1%；特种纸需求年均增长为1.1%，中国将高达3.4%。另据中国造纸协会生活用纸专业委员会预测，到2020年，生活用纸需求年均增长将高达5%~7%。文化用纸和办公用纸，短期内市场需求会相对稳定。长期看，市场有萎缩的可能，尤其是新闻纸，受电子媒体的影响，消费量逐年下降。因此，顺应社会转型与纸张需求变化，实施战略转型，从以产品为中心转向以顾客为中心，优化调整产品结构势在必行。我国造纸产业应以市场需求为导向，对传统产品进行低成本再造与产品价值提升，淘汰消耗高、质量差产品，加强市场萎缩产品的调转，限制过剩产品新建，加快产品档次的升级换代，巩固提升大宗产品的传统地位。同时，引导造纸产品向低定量、低消耗、增加单位产品使用面积、低白度的消费新理念转变，向高强度、功能化、环保型、高附加值方面提升，进一步开发高得率浆、再生纤维，以及秸秆为原料造纸新产品。注重高性能纸基功能材料的开发，力争在特种纸及纸板、电子信息和新型生物质包装材料等功能纸开发上取得新的突破；加强高阻隔、安全、卫生食品包装纸与纸板和包装容器的开发；同时，要注重生活用纸的市场细分化的深度开发。优化产品结构，实现多类纸产品的生产与市场需求的平衡。

(三)技术创新能力薄弱

虽然我国纸及纸板的生产量和消费量均居世界第一位，但行业科技基础能力和技术创新能力不足的局面依然没有改变。突出表现为以下几点：

(1)自主创新能力薄弱　研发资金投入不足，行业整体自主创新能力建设和创新能力服务支撑体系不完善，使得产、学、研、设计技术创新联盟等行业技术创新公共服务平台发展速度缓慢，目前尚未形成产学研创新体系的有机整体，在协同攻关当代造纸科技方面尚存在未能充分发挥造纸科技资源的问题，有待进一步解决。

(2)产业工程化科技成果相对较少　面对企业需求，在新工艺、新设备和新产品的研发方面尚缺少自主创新的产业化、工程化重大成果，对企业改造升级支撑动力不足，有待提升科技创新能力，重点突破，加大自主创新技术与装备应用的比例。应充分发挥高等院校、研究院所和企业培养专业人才的优势，依托重大科技专项重点项目建设，进一步优化人力资源结构，建设高素质创新人才团队。

(3)高端装备和关键部件依赖进口　国内造纸装备制造业技术创新能力不足，缺乏跨学科多专业配套的创新团队，缺乏实验装备与手段，缺乏对基础理论研究以及从工艺到装备和控制等系统性、成套性研究，难以掌控产品核心技术，致使高端大型制浆造纸设备及关键部件(如大型蒸煮、筛选、漂白设备，高速纸机流浆箱、靴式压榨、压光机、复卷机等)基本依赖进口。

(4)国际合作不足　现代制浆造纸主要技术与专用化学品研究开发都掌握在为数不多的跨国公司手中，使得中国造纸业在技术上存在结构失调问题，一方面表现在欠缺国际上的先进技术，另一方面国内的先进技术又处于“非主流”地位，呈现出难以为继的趋势。应鼓励造纸业外商投资企业与内资企业、科研机构优势互补、共同研发、共享成果，扩大技术溢出效应；鼓励中外企业加强研发合作，支持符合条件的外资企业和内资企业、研究机构合作申请国家科技开发项目、创新能力建设项目；鼓励国内企业参与国外技术研发、接受技术转让，提升我国造纸工业技术研发水平和创新能力。

(5)复合型人才短缺　目前，造纸企业都在向大规模、新技术、精装备、现代化管理的方向迈进。造纸机高车速、高自动化、大幅宽、高产量是当前大规模造纸企业的具体体现。因此，造纸企业需要一大批具有较高素质的复合型人才来操纵和管理，然而目前的造纸企业却面临严重的人才短缺，人才形成断层问题。据统计，当前造纸上市公司员工以高中、中专及以下学历为主，占到了总数的72%，而本科及以上学历只占到9%。近几年，造纸企业积极吸引高等人才，但由于造纸行业的吸引力和薪酬吸引力在不断下降，使得造纸企业吸引高等人才还有不小的难度。

（四）深度调整期考验严峻

根据中国造纸协会年报数据，2013年纸及纸板产量为10110万吨，较上年下降1.37%，消费量为9782万吨，较上年下降2.65%，人均消费量为72千克（约13.61亿人），首次出现了负增长，但主营业务收入和利润总额同比分别增长5.96%和6.95%。受此影响，造纸工业“十二五”前3年年均增速不足1.7%，远低于“十二五”4.6%的目标。这意味着我国造纸工业在经历超常规的高速发展、实现生产量和消费量双双过亿吨后，进入短暂的中低速发展阶段，中国纸业已初步由速度效益型迈上质量效益型轨道，这也标志着中国造纸工业进入深刻战略调整期后，迎来深度调整的新阶段。

面对严峻的深度调整新阶段，我国造纸工业正进入结构性紧缩期，将面临保持适宜的增长速度和加快转变发展方式的双重挑战。新阶段的显著特点和发展目标是：在结构优化、发展质量和效益稳定提高的基础上，实现新的产需平衡。因此这种平衡是高水平的产需平衡，是建立在产品和产业链高端化的基础上的平衡，是建立在产品结构、原料结构、企业组织结构更加科学合理的基础上的平衡，是建立在质量效益统一、管理精细化基础上的平衡。然而，当前我国造纸业正面临着增速放缓、生产要素成本不断增加，资源、环境、能源约束全面增强的双重压力。我们传统的高投入、高消耗、低成本的增长模式已不可持续，传统的盈利模式也将遇到巨大的挑战。

新阶段是发展阶段的转换，并非是下台阶，纸和纸板生产总量将以中低速小幅度增长，但发展质量和效益要有新的提高，因此加快结构优化调整和产业升级是重要任务。建立在新的产需平衡基础上的未来纸业发展，总量增长受限，量的扩张将进一步让位于质的提高。更多的是通过产品和产业链高端化战略来实现存量调整，提升产品质量和档次，进一步提高发展质量和发展效益。因此加快从资源消耗型向全生产要素集约利用型转变，培育新的增长点，重塑新的竞争优势是进入深度调整期后的迫切要求，也是我国造纸业面临的严峻挑战和考验。

二、中国造纸工业发展的策略分析

改革开放以来，在国民经济快速发展的带动下，造纸产业取得了长足的发展。2007年，造纸行业实现产需基本平衡的历史性突破，一举解决了长期以来依赖进口的难题。目前，我国已成为全球纸及纸板最大生产国。与此同时，造纸工业也开始由数量主导型进入上质量、上档次、上水平的新的发展阶段。在我国经济由高速增长期进入中速增长缓行期的战略转型期，必须认真把握当今中国造纸业所面临的形势和难点，力争实现对资源的高效利用并将造纸业发展为可持续发展的绿色产业。

（一）造纸行业的政策导向

经过 10 多年的快速发展，造纸行业在成功解决市场供应短缺这一历史难题后，多个纸种又出现了产能饱和与过剩，在市场需求下降时，出现竞相降价和过度竞争。近几年来，造纸行业一直保持持续低迷态势，在国内经济疲弱，出口形势严峻的背景下，主要下游行业增速进一步回落，收入增速进一步趋缓。2014 年，对于造纸行业来说，是改革创新的关键一年。供给方面，行业扩张速度趋缓，但在大企业的推动下行业仍将释放较大规模的新增产能，落后产能的退出将成为影响市场供需格局的主要因素，依据近期的政策导向这一因素或将得到强化。2014 年也是我国造纸行业正进入转型升级发展的新阶段。由于经济增长和市场需求减缓，部分产品阶段性过剩，造成纸产品市场竞争加剧，加上企业主要生产要素上涨等因素，挤压企业营利空间，生产经营困难的企业增多。根据国务院的“十二五”规划提出的工业产业要向低成本、高质量、低能耗、高产能的方向发展，尤其是造纸产业作为轻工业中发展最受关注的产业，是四大基础产业之一，所以政府关于造纸产业的政策也是至关重要的。从这几年的政策来看，总体来说，政策导向主要是向着绿色发展的方向进行的。

根据 2013 年 7 月 19 日工信部节能与综合利用司制定的《工业和信息化部关于进一步加强工业节能工作的意见》，其中重点是：进一步加强高耗能和产能过剩行业新建项目管理，从严把好企业技术改造项目审核和节能评估审查、加大淘汰落后产能工作力度，要将国家下达的淘汰年度目标任务，分解到地、市、县、落实到具体企业、具体项目，加快建立和实施超能耗限额企业惩罚性电价政策、加强节能减排技术改造、强化重点用能企业节能管理，实施更加严格的能效标准。这些政策的目的就是为了切实推动造纸等高能耗产业的工业转型升级，从根本上扭转工业能源消耗高、增长快的被动局面，促进工业转型升级和行业绿色发展。随后国家发展改革委在 2013 年 8 月 9 日又出台了《黑龙江和内蒙古东北部地区沿边开发规划》，这个规划中主要是针对佳木斯地区的工业发展，该地区是全国重要的绿色食品加工基地，重要的农机煤机制造基地，林纸一体化生产和新材料基地和国际物流枢纽。政策的目标就是落实国家沿边开放战略和振兴东北地区等老工业基地战略，加快建成面向俄罗斯及东北亚开放的重要枢纽。这个规划的实施有利于发展林纸一体化的生产，有利于提高造纸行业供给能力。随后，国家发展改革委在 8 月 16 日又发布了《关于加大工作力度确保实现 2014 年节能减排目标任务的通知》，这些政策的实施主要还是为了做好节能减排工作，并实现“十二五”节能减排的约束性目标。

通过这些政策的颁布和实施可以看出，2014 年以后国家将进一步落实工业的转型升级和行业的绿色发展，造纸工业的政策导向更是向着节能减排，改进技术，低能耗，绿色发展的方向发展的。同时，中国的造纸工业也必须进行转型和技术升级才能在以后的竞争中脱颖而出。

（二）造纸行业的监管策略与发展措施

近年来我国造纸产业蓬勃发展，但是我国环保立法的监管水平明显低于发达国家立法及国际法监管水平，这主要是我国在立法上缺少针对性强的细化规定，法规的制定与更新不及时，可操作性差，不足以发挥法律的威慑和惩戒作用。

为了建立公平的市场秩序和良好的发展环境，政府出台了多项政策，加快了地方相关法规规范的制定与更新工作，并适时修订和完善现有相关执行标准，以符合造纸企业发展的实际。切实做好造纸行业环境监管和服务工作，实现造纸行业可持续发展。并严格环境执法，巩固达标治理成果。积极推行污染治理设施运行社会化、管理规范化和监督自动化。探索建立排污企业环保信用等级管理制度，定期公布重点企业环境保护信用信息，对信用好的企业给予优惠，对信用等级低的企业重点监督，强化社会监督。推行排污许可制度，禁止无证和超总量排污。要加大对企业的服务支持力度，鼓励支持国内造纸企业走出去，完善现代企业管理，为造纸产业跨越式发展奠定基础。

其次，实行清洁生产，发展循环经济，创建环境友好型的造纸企业。在污染治理中引入循环经济的理念，国家将督促按流域以省为单元的造纸行业结构调整计划的制定和实施，继续对影响水质特别是跨省界断面水质的一批造纸排污大户实行关、停、并、转、迁，对生产规模不经济、技术落后、经营分散、污染严重而又无力治污或无法稳定达标的造纸企业予以淘汰，严格行业准入标准。环保总局将鼓励更多的企业创建国家环境友好企业，为构建资源节约型和环境友好型社会而不懈努力。同时，把地方政府的监管成效纳入政府绩效考核的范畴。通过这一举措，严格规范政府工作人员的行为，切实做到为人民服务。加大对造纸行业的专项检查和督查力度，确保造纸企业合法生产。加大政府对企业的财政投入，扶持合格的造纸企业。另外，造纸产业也应以科学发展观为指导，大力实施产业结构调整，严格规范造纸企业自身的生产行为，严格遵守行业规范。

再者，加大地方政府应对造纸企业的财政投入，鼓励企业加强与科研院所、大专院校的协作，培养一批高素质的企业经营管理和技术人才，鼓励企业增加对技术改造的投入，提高行业整体经济效益。政府可以给予优秀造纸企业一定的税收优惠，对于污染严重，又不注重减排工作的企业加大税收征管力度。加强政府与企业之间的沟通，注重造纸行业协会建设，充分发挥造纸行业协会在政府和企业之间的桥梁作用。行业协会可以参与政府相关法律规范的制定，同时参与行业内部新产品、新技术的研发。政府通过行业协会加强对企业技术人员的培训，同时配合政府部门维护造纸企业的正当权益，积极反映企业资金、税费等问题，加强行业统计工作，推动造纸企业又好又快发展。

最后，还可通过市场化的手段和社会监督的方式来规范造纸企业。鼓励企业申请IS01400认证，保护认证标志，运用无形资产的激励作用形成企业良性竞争。探索建立企业排污权交易制度，并对交易秩序加以有效的政府规制，避免投机行为。量化、细化环境污染的执法依据，严格审批，强化执法监督，建立环境损失的强制补偿制度，以惩罚措施配合激励措施，促成企业积极主动的环保行为。社会监督的内容和形式很多，包括群众监督、新闻舆论监督等。社会监督是国家监督机构必须重视和依靠的力量，也是督促行业监督自我完善的力量。宣传相关法律知识，做到家喻户晓，人人懂得，以提高人们的法制观念。一方面使造纸生产、经营、使用单位及个人知法、守法；

另一方面则是强化社会环境保护意识，让公民不但知法而且帮助国家监督机构行使监督权。

为使我国造纸产业健康可持续发展，首先我们要提高产业集中度，鼓励中国造纸企业做大做强，向规模化、集约化经营方向发展，同时通过重组整合将污染严重的小纸厂淘汰出局，发展强势企业集团，为在造纸行业全面实现循环经济创造条件。第二，应该采用税收、补贴等政策向开展“林纸一体化”的造纸企业倾斜，用市场价格的杠杆作用推动中国造纸业走上循环经济之路。第三，破除狭隘的地方保护主义，严厉打击各种环境违法行为，切实做好造纸企业的环境保护工作。第四，大力发展木浆的同时，努力提高国内废纸回收率和废纸利用率，合理利用进口废纸。第五，科学合理利用非木纤维，实施清洁生产新工艺，提高节能减排和综合利用水平，以及非木纤维制浆造纸质量，以缓解国内纤维资源供需矛盾和对进口木材纤维和废纸的依赖，优化造纸原料结构。总言之，造纸行业要按照国家造纸工业“十二五”规划提出的战略目标和任务，通过优化结构，提升改造，淘汰落后产能，增强新产品开发能力，在技术、管理、成本控制等方面练好内功，尽早实现造纸工业由数量主导型向质量、效益主导型转变，全面提升造纸行业的整体水平和竞争力，真正做到由大变强。

（三）解决我国造纸工业污染的方法及建议

造纸工业是对环境产生污染的生产部门，其造成的公害可谓五毒俱全，即废水、废气、废渣、噪声和恶臭。五毒之首当属废水，这是由于造纸工业废水排放量大，废水中又含有大量的纤维素、木质素、无机碱以及丹宁、树脂、蛋白质等等致使废水色度深、碱度大，难降解物质含量高、耗氧量大，可造成整个水体和生态环境的污染。所以废水中的碱回收就显得尤其重要，一个造纸企业能不能顺利地经营下去，关键在于碱回收系统技术是否完善。木类纸浆生产所排出的黑液国内外已有很成熟的碱回收技术，但在草类纸浆生产中，由于草类浆强度低，过滤性能差，加上黑液中的硅干扰和黑液的特性，如细小纤维多，多糖含量高，木素结构复杂等，使草浆碱回收在黑液提取、蒸发、苛化、白泥洗涤等工段均存在一系列困难，尤其在黑液提取及蒸发上难度更大，使我国草浆黑液碱回收技术虽然取得了一定经验，但至今还没有一个值得推广的示范工程。因此，对于黑液处理技术还需进一步加强。降低水耗既是降低成本的重要措施，更是减轻废水处理负荷的有效办法。既可大大节约废水处理设施的投资，也可大大降低成本。同时要充分利用黑液、废渣、污泥厌氧发酵产生的沼气，大力发展生物质能源，提高能源自给率，降低化石能源消耗，以保护环境及降低能源成本支出。

造纸工业中另一个比较严重的污染是漂白纸浆带来的污染，漂白纸浆不仅意味着要浪费大量的水资源，而且带来的水污染也比较难治理。因此，对于治理造纸工业中的漂白，应该从传统的三段氯漂白和氯漂白改进成现在开发使用的无氯漂白(ECF)和全无氯漂白(TCF)，以响应国家的政策导向把造纸企业转向低能耗、绿色的发展轨道上来。近年来，无元素氯(ECF)和全无氯(TCF)等纸浆漂白新技术得到了迅速发展，并在造纸工业中得到了广泛应用。对于我国造纸工业来说，借鉴国际先进漂白技术，结合当前国内行业实际情况，逐步推广 ECF 漂白，力争向 TCF 漂白工艺转型将势在必行。

另外，新发展起来的生物漂白等，利用微生物或其分泌的酶处理纸浆，可有效脱除木素或有利于脱木素，并改善纸浆的可漂性或提高纸浆白度。其中应用于纸浆漂白的酶有半纤维素酶、锰过氧化物酶、木素过氧化物酶和漆酶等，目前用于助漂的半纤维素木聚糖酶的研究最多，Viikari 在 1986 年首次提出的利用半纤维素水解酶提高 KP 浆的可漂性，随后芬兰率先将生物预漂白技术引入制浆造纸工业。至今，用于生物预漂白的木聚糖酶已经历了三代发展：酸性酶、中性酶到碱性酶。目前，对碱性木聚糖酶的研究与应用进入高峰期，采用基因工程与蛋白质工程手段获得性质优良的耐热耐碱木聚糖酶已成为当前研究热点，这是解决造纸工业中的水漂白带来污染的有效办法。

生化法是处理造纸废水的另一种方法，但再生造纸废水必须经过预处理才能进行生化处理，因为其废水中高 COD 物质使其可生化性差。由于生化法处理能去除较低分子量的有机物，可弥补混凝沉淀法的不足，所以由这两种方法组合成二级处理流程具有较大优势。再生造纸废水经此流程处理效果好、运行费用低，不足之处是处理周期长、一次性投资较大。

对于造纸工业产生的废气和废泥等污染物，废气可以实现热能的供应和热气的循环利用，把造纸产业作为一个循环产业来做，这样产生的污染物就可以变废为宝，把资源合理化使用了。对于废泥等，可以利用白泥的处理，经过加工利用之后可以生产化肥，农药等产品，提高能源的利用率，减少资源的浪费。

综合造纸行业的特性以及这几年造纸行业的发展形势，解决造纸污染的问题必须要提高造纸的技术改进，摆脱掉以前复杂的、高能耗、高污染的技术，实行新的无污染漂白和碱回收技术，降低 COD 和 BOD 的排放指标，注重研发产业化的生物技术在制浆造纸工业中的应用，推动行业低能耗、低污染、低排放的低碳经济发展，满足绿色发展的需要。同时大力实施造纸技术产业转型升级，调节现在的产能过剩、高能耗、低效率的生产模式。

（四）解决我国造纸工业原料短缺问题的有效途径

长期以来，原料问题一直严重制约着我国制浆造纸工业的发展。我国虽是树木种类繁多的国家，但又是个贫林国。伴随着近年来造纸产业的快速发展，我国的林区普遍遭到严重破坏，原始森林面积迅速缩小，纸厂用材林资源日益枯竭，使造纸工业的原料供应一直陷于被动局面。近年来，全国各地林业政策有所落实，造林有所增加，但木材供应要满足我国工业的发展需要，仍需长期的艰苦努力。

由于人们环保意识的增强和造纸原料的短缺，回收利用废纸资源造纸已是我国造纸工业原料调整的重要措施之一。废纸利用不仅可以节约大量植物纤维原料、能源和降低成本，还减轻了对生态环境的破坏，既有经济效益，又有很好的社会效益和环境效益，是造纸工业实施循环经济的一项重要内容。目前，我国许多造纸企业已广泛利用废纸造纸。现在我国废纸浆用量已占造纸用浆总量的 52%，这充分说明了我国造纸工业对废纸资源已有较大的依赖性，但值得注意的是国内废纸的回收状况仍不尽理想，目前国内废纸回收率仅为 30.6%，废纸的来源很大一部分是依靠进口。虽然提高进口废纸用量可缓解当前我国造纸原料的不足，但过分依赖进口废纸资源，会使我国造纸产业变得被动。为避免产业危机，造纸企业一定要有应对措施和风险的准备。在不断扩大利用进口废纸的同时，减少对进口废纸的过度依赖，必须加大国内废纸的回收利用，努力提高国内废纸的回收率，国家也应制定相应的政策和法规来引导，并积极采取有效措施，做好国内废纸的回收组织工作。

我国造纸植物纤维原料的基本特点，首先是原料严重不足，其次是草类原料多，木材原料少。科学合理地利用非木材纤维原料资源，是缓解原料短缺问题的有效途径。中国是世界上草类原料资源极其丰富的国家，特别是稻、麦草、芦苇(荻)、蔗渣等农业剩余资源，价廉、数量又大。据有关资料介绍，我国农作物秸秆年产量高达6亿吨，其中可收集部分约4.5亿吨，但是综合利用率却不足40%。秸秆本身是很宝贵的再生资源，如果充分利用至少可以部分解决我国造纸原料的严重短缺。今后如何用好我国农村大量的稻、麦草资源制浆造纸，是摆在我们面前一项重要课题，我们应该在总结经验的基础上，积极开拓自主创新，研究新技术、新工艺和研制新设备，创造出一条适合我国国情并具有中国特色的新道路。

扩大竹子的制浆造纸利用率。竹子是优良的中长纤维非木材造纸原料，具有适应性广、生长快、产量高、伐期短等优点，在一定程度上可以代替针叶材原料，对造纸工业的发展起着重要作用。我国的竹子有300余种，占世界竹类品种的25%，年产竹材500多万吨，占世界竹材总量的33%，有着悠久的竹材造纸历史。然而，目前我国每年的竹浆产量仅20万吨左右，总产量甚低，竹材在造纸工业的利用率不高。在今后的生产中，我们应重视竹材基地的建设，加强对竹材的纸浆造纸开发利用研究，这对加速解决我国造纸织物纤维原料的短缺难题，发展我国的造纸工业将起到积极作用。

大力扶持林纸一体化循环发展进程，即将原来独立的林、浆、纸三个环节整合在一起，让造纸企业担负起造林的责任，自己解决造纸原料问题，发展生态造纸，形成以纸养林、以林促纸的产业格局，促进造纸企业永续经营和造纸工业的可持续发展。我国从2000年开始实施《全国林纸一体化工程建设“十五”及2010年专项规划》，使国内木浆和废纸的供给能力有所提高，原料结构得到一定改善。木浆用量由2005年的1130万吨增至2013年的2378万吨，占总用浆量的26%；废纸浆由2810万吨增至5940万吨，比重由54%提升至65%。经过多年的发展，我国纸及纸板产量获得了很大的提高，取得了巨大的成绩。到2013年为止，全国纸及纸板生产量10110万吨，比2005年增长80.5%，年均增长10.1%；消费量9782万吨，比2005年增长58.3%，年均增长7.3%。另外，国家有关部门也务必要以求真务实的精神，以高度的责任感，抓住机遇，运用“科学发展观”的理念，总结经验，用“发展”的新思维，研究“发展”的新路子，从我国造纸工业今后发展的战略高度来认真研究和解决原料短缺这个造纸行业的大难题，为我国造纸工业的腾飞和国民经济的高速增长做出新贡献。

三、造纸行业林纸一体化发展战略探讨

2004年国家发展改革委发布《全国林纸一体化工程建设“十五”及2010年专项规

划》，正式提出我国要大力发展林纸一体化工程建设和具体政策措施。林纸一体化就是打破过去林纸分离的传统管理模式，以市场需求为导向、以造纸企业为主体、通过资本纽带和经济利益将制浆造纸企业与营造造纸林基地有机结合起来，建设造纸企业和原料林基地相结合，形成以纸养林、以林促纸、林纸结合的产业化新格局，实现经济效益、生态效益、社会效益的统一，促进经济可持续发展。

（一）我国实施林纸一体化的原因

1. 林纸一体化实施的必要性

首先，实施林纸一体化是缓解原料瓶颈的必经之途。全球木材的需求增长与供应不足，决定了我国必须实施林纸一体化工程。20 世纪人口、环境和资源的矛盾日益凸显，全球林地（含原生林和人工林）面积不断缩小，全球木材的供应呈递减趋势，造纸用木材需求还面临着与建筑用木材等其他用途木材的竞争。而造纸用纤维的需求将维持现有的增长态势，主要是因为发展中国家，尤其是中国的纸与纸板消费量的不断增长。总之，木材的需求不断增长，而供给呈递减趋势，若不实施林纸一体化工程将无法满足木材需求。

其次，实施林纸一体化有助于我国造纸企业降低成本，提高利润率。目前我国造纸企业的原木浆以国外进口为主，价格上也受制于国际纸浆市场。为了控制成本，我国纸浆结构中木浆所占比重始终未有突破，从 2000 年的 19% 到 2011 年的 23.7%，变化幅度较小。造纸行业为资本密集型工业，利润率只有 6%~8%，企业间竞争依靠扩产达到规模优势来降低成本。而林业为资源型行业，长期净利润率在 50% 以上。目前，林业由于来自下游制浆业、建筑业和家具业的旺盛需求，加之木材成长周期性长造成的林业资源稀缺和木材价格的上涨态势，拥有林业资源的企业仍可获得超额利润。林纸一体化将产业链各环节结合在一起，从上下游一体化的角度，将我国造纸行业的竞争力由过去的依靠价格战和规模扩张来实现市场份额的扩大，提高到对原料林浆控制力的层次，使得企业的营利能力显著提升，是促进造纸行业可持续发展的必经之途。因此我国造纸企业只有实施林纸一体化才能降低成本，提高利润率，增加行业的竞争力，缓解原材料瓶颈，保障产业的安全。

第三，实施林纸一体化工程可有效解决我国造纸带来的环境污染问题。我国制浆造纸行业不合理的原料结构是造成严重污染的主要来源。2011 年造纸工业废水排放量 382.2 亿吨，约占全国重点统计企业废水排放总量的 17.0%。其中草浆生产线有碱回收装置的产量仅占草浆总产量的 30.0%，草类制浆 COD 排放量占整个造纸工业排放量的 60% 以上，仍然是主要的污染源。要解决我国造纸带来的环境污染问题，必须增加优质长纤维的供给，提高木浆比重，淘汰落后草浆生产线，优化我国造纸原料结构。

2. 林纸一体化是顺应国际趋势

近年来，世界造纸工业技术发展迅速，由于受到资源、环境、效益等方面的约束，造纸企业立足在节能降耗、保护环境、提高产品质量、提高经济效益等方面，朝着高效率、高质量、高效益、低消耗、低排放的现代化大工业方向持续发展，呈现出企业规模化、技术集成化、产品多样化、功能化、生产清洁化、资源节约化、林纸一体化和产业全球化发展的突出特点。

“林纸一体化”在国际大型纸业生产基地已经发展成熟。世界上主要的木浆出口国家如加拿大、瑞典和芬兰，已经建立了“林纸一体化”的产业链，形成了稳定的循环经济模式，木浆产量稳定。芬兰和瑞典等国通过几十年大面积营造人工林，促进了生态环境的持续改善，也使得本国很大程度上在业界掌控了产业发展的上游资源，在改善生态环境的同时成为名副其实的纸业大国。

因此，为提高我国造纸业的行业竞争力，顺应国际造纸发展趋势，促进造纸业可持续发展，必须加快林纸一体化的进度。

(二)国内外林纸一体化发展模式分析

1. 造纸工业发达国家林纸一体化模式

造纸工业比较发达的国家，由于具有良好的政策环境和发展条件，大型制浆造纸企业和原料林基地以多种形式结合起来，形成一体化经营模式，使得林业和造纸业从互为消长转变为相互促进，依存发展。

造纸工业较发达国家实施林纸一体化的模式主要有以下几种：

(1)造纸企业营造人工速生林基地 随着造纸业的迅猛发展，森林资源日渐匮乏，通过发展人工林来保证原料供给已经成了美国、巴西等各造纸发达国家普遍采用的做法。巴西的大型制浆造纸企业，多数是在建设之前就着手营造工业原料林，或者先用天然林和传统人工林，然后立即用造纸专用林来替代，以达到林纸同步发展的目标。目前率先实现林纸一体化的制浆造纸企业生产所需的木材80%左右由自己的原料林基地供应，基本保证了原料供应的稳定性和连续性。印度尼西亚由于地处热带，树木生长迅速，政府也推行大规模建立工业用林计划以支持制浆造纸工业。人工速生林的发展为造纸业提供了充足的木材原料，促进了造纸工业的发展，同时保护了森林生态系统。

(2)私有林主形成联盟发展造纸业 有些私有林比重较大的国家或地区，私有林所有者组成了他们自己的森林工业联盟，为造纸工业提供稳定的原料来源。芬兰是一个木材资源十分丰富的国家，其中私有林占一半以上，国内私有林所有者组成了芬兰森林工业联盟，并与包括造纸企业在内的以木材为原料的企业签订协议，为他们提供木材原料，形成稳定的供求关系。瑞典的私有森林所有者也成立了自己的林产业协会，以推动除林木培植和采伐业以外的板材、纸浆、造纸、林产化学等工业的发展。

(3)林、纸及相关产业形成产业群体 “林纸产业群体”模式由芬兰首创，现已被各国普遍采用。由于林纸工业的快速发展，带动了与之相关的产业，从而形成了一个产业群体。该群体是木材、机械和专有技术的联合体，有造林、造纸、机械设备制造、能源供应、化学品生产、运输、印刷、咨询等公司以及相应的科研教育机构等组成，并以木材加工为基础，生产锯材、纸浆和纸产品等，以达到群体中的各相关工业同发展的目的。瑞典的制浆造纸企业经过多年的发展，也拥有自己的森林培育、制材、制浆、各类纸及纸板生产、化学品生产、运输和电力系统等产业，从而形成了一定的林纸产业群体。

(4)跨国林纸一体化　随着造纸企业规模的不断扩增以及本国原料来源和产品市场局限性的日益凸显，造纸大国的众多林纸企业纷纷在国外开辟市场，建设国外自有的原料林基地或林纸企业，使本国的林纸工业向规模化和国际化方向发展，既保证了本国企业和本国造纸业的发展，又保护了本国的森林资源、环境和生态。日本造纸行业开始纷纷在巴西、智利、澳大利亚等国大规模营造速生人工林，建立自己的林纸企业。

2. 我国林纸一体化模式

我国木材资源匮乏，造纸企业大都以麦草和废纸为主要原料，2011 年我国纸浆消费总量 9044 万吨，其中木浆 2144 万吨，非木浆 1240 万吨，废纸浆 5660 万吨，分别占纸浆消费总量的 23.7%、13.7% 和 62.6%。国际造纸工业纸浆消费总量中原生木浆比例平均为 63%，而我国木浆消耗中国产木浆比例一直仅为 7% 左右。以木材、芦苇、竹、蔗渣等纤维为原料造纸的企业不足 200 家，不合理的原料结构影响了产品档次和竞争力，而且污染严重，环保成本高。受制于木材资源的匮乏，造纸产业不得不从解决造纸原料的出路问题出发，寻求发展以非木材原料为主的造纸工业道路。而国际造纸企业的发展方向则是采用可再生的速生林为主要原料。近 30 年来，我国造纸工业逐步朝着林纸一体化的方向发展。但由于我国特有的国情，林纸一体化进程比较艰难，发展模式还不够成熟，需要进一步改进和更新。

国内实施林纸一体化的模式主要有以下几种：

(1)行政干预前提下的林纸结合　自 1987 年以来，国务院逐年加大对林纸一体化工作的推进力度。在试点的基础上，连续出台了《关于加快造纸工业原料林基地建设若干意见的通知》、《关于认真组织实施林业重点工程，加快生态建设的意见》、《全国林纸一体化工程建设"十五"及 2010 年专项规划》等政策性文件。在上述政策的宏观指导下，部分地区采取了行政手段，将部分国有造纸企业资源和国有林场资源进行了资源整合，实行了林纸一体化。

(2)林业和纸业兼并重组与股份制改造　经过长时间的实践，我国逐步实行了林业和纸业的兼并重组与股份制改造，从而出现了由核心企业与合并方合作成立的林纸一体化企业，各方派人共同组成管理层，共同占有企业的所有权，并按出资额享受企业权益。

(3)营造自有人工林纸采林基地　我国是个森林资源匮乏的国家，天然林资源远远满足不了快速发展的造纸及其他相关行业的需要，人工营林就成了很多企业必然的选择。岳纸集团早在 20 世纪 80 年代就开始植树造林，在国内率先走出了一条"林纸一体化可持续发展造纸"的路子。

(4)与林农合作发展"定单林业"　建造自有速生林基地所需资金数额巨大，并不是所有造纸企业都能够承担的。因此，必须尝试着与林农集团或造林单位合作，签订合同保证原料来源，这也是我国可以借鉴的林纸一体化模式之一。

(5)引进外资发展林纸产业　与造纸发达国家的林纸业合作建造林纸集团，是我国发展林纸一体化的又一渠道。国外大型林纸企业看准了中国造纸业的发展潜力以及中国庞大的消费市场，都纷纷在中国抢占市场。例如，印度尼西亚的金光集团为了在中国缔造林纸产业链，在我国大面积建设原料林基地。芬兰的斯道拉恩索公司和芬欧汇川、日本的王子等公司也纷纷在中国“圈地”造林，发展林纸产业。

（三）国内外林纸一体化发展的启示

前面我们对国内外有关林纸一体化的发展模式作了一个简单的对比总结，结合我国的实际情况，我们从中得到以下几点启示以供参考：

1. 林纸一体化不能只是“一体而不化”

从各国纸业的发展历史来看，纸业与林业是产业链中息息相关、相辅相成的环节，只有将造林、营林和林产业加工紧密结合起来，才能形成森林资源和林产工业持续发展的局面。当然我们说的这种有效的林纸一体化模式不能是林与纸的表面“一体而不化，结而不合”的外在结合。对于造纸企业来讲要把林业的发展作为自己企业内部发展战略的一部分，做到林纸完全的和谐与融合。

2. 林纸一体化可以有多种实施模式

由于环境和资源条件等因素的制约，各发达国家甚至是一个国家的不同发展阶段采用了不同的林纸一体化实施模式。我国也可以根据自身的自然资源、融资环境以及企业竞争力等内外部条件，走一条适合自己的林纸一体化的发展道路。

对于单个公司来讲，资金雄厚或者融资能力较强的龙头公司可以建立自己的原料林基地从而实现原料的自给，有些公司也可以通过与农户签订收购合同的方式来锁定原材料成本。当然，后者对公司资金的要求比前者要低。实现林纸一体化的方式多种多样，具体公司可以结合自己的实际情况来实施不同的方案。

3. 林纸一体化建设离不开政府支持

企业和政府作为推动造纸业进程的主要力量，对林纸一体化建设起着关键性的作用。其中政府根据产业发展规划对遗留问题等出台有效的政策与措施，可以为林纸一体化创造良好的外部环境。

（四）在我国实施林纸一体化的现实性分析

我国林业资源短缺。全国森林面积为2.08亿公顷，仅占国土面积的21.63%，人均森林面积0.152公顷，仅为世界平均值的25%。据全世界73个国家的不完全统计，世界人均森林蓄积量为77.49立方米，我国11.07立方米的人均森林蓄积量与之相差甚远。我国是世界最大的原生纸浆和废纸进口国，2011年全国各类纸浆生产量7723万吨，同比增长5.53%；各类纸浆出口9.91万吨，同比增长22.35%。我国造纸工业未来的发展仍将很大程度依赖进口纤维原料。

在我国进行林纸一体化工程建设，首先要内外结合，利用国内外两种资源两个市场来造林，在全球范围内解决资源短缺的问题。中国国内适宜造林的地域有限，且林木的生长速度较慢，目前短周期阔叶材桉木、杨木等速生丰产林的轮伐期为6年，松木等针叶材的轮伐期为15年，远赶不上市场需求的增长速度。而且在中国推进林纸一体化工程的同时，国际纸业巨头纷纷以合资或直接投资等方式，加紧抢占我国广西、广东、海南等宜林地区，缔造自己在中国的产业链条，进军中国纸品消费市场。因此，只依靠中国的本土资源已不足以满足需求。

造纸产业发展政策明确提出支持国内有条件的企业到国外建设造纸林基地和制浆造纸项目。我国造纸企业可以选择国外的林业资源国家建立长期合作。如巴西、智利等南美林业大国，树木生长速度比中国快3~4倍，机械化操作带来较低的砍树成本。如果我国企业到那里造林，既可解决我国的原料短缺问题，也可给合作方带来经济和环保的利益。在经济全球化的今天，中国本土的资源已经无法满足日益增长的需求，中国造纸企业必须在国内造林的同时走出去造林，才能从根本上解决林的问题。

在我国实施林纸一体化工程建设，还要因地制宜，根据各地区情况确定建设项目，处理好造纸林基地与耕地的关系，防止占用耕地，保护基本农田。

造林需综合考虑气温、降水等自然因素和社会经济条件。现在许多造纸企业开始在土地资源丰富的西部发展林纸一体化项目，如我国的广西、广东、海南等省(自治区)都有条件开展大面积种植阔叶林，海南的可造林面积较大，但交通运输不够便利，广东大规模林地建设的成本比较高，而广西可供造林的荒山地较多。各地的自然条件和人口、劳力、耕地及工农业发展等社会经济发展要求都是进行项目规划的依据，需要加以综合考虑。

(五)我国林纸一体化的实施进展及对造纸企业的影响

1. 我国林纸一体化实施进展

我国林纸一体化的进程取得比较明显的进步，许多大型造纸企业正在积极完善自身的产业链，建设自己的林木基地和自制木浆生产线。

据国家林业部门消息，近年来可提供用于造纸的林木资源迅速增多，“十一五”期间，造纸林基地达到4500万亩，在考虑轮伐与成材的时间后，预计可生产400万吨的木浆。2010年基本进入轮伐期后，我国造纸林基地可稳定提供5600万立方米木材，竹材1350万吨，可配套木浆生产线1300万吨以上，竹浆400万吨，在很大程度上减轻了对国际市场木浆的依赖，将最终彻底解决我国造纸工业原材料的瓶颈问题。

根据初步统计，近几年拟建的项目总规模达到300万~400万吨。可以预计，林纸一体化工程建设在未来相当一段时期，还是会有一定的发展空间。我们一定要坚持科学、理性的规划建设，应认真考虑和充分利用国内、国际适合的环境，才能有效地、持续稳定地发展。

2. 林纸一体化给我国造纸企业带来的影响

短期看来，我国的林纸一体化发展虽已形成共识，但仍属于起步阶段。从2010年开始，由于欧债危机，国际经济严重下滑，对我国实体经济带来冲击，造纸行业也受到了较大影响。目前，我国造纸行业总体情况是供大于求，企业的经济效益不理想，因此企业对投资更加谨慎。另外，林纸一体化工程工期一般较长，短期内不可能为企业提供太多的自产木浆，在国家现已批准实施的林纸一体化工程项目中，较大的商品纸浆厂项目并不太多，造纸用原浆也不一定能完全得到满足。

目前社会环境对制浆造纸工业的认识还有许多工作要做，特别是林纸一体化工程的建设。因为林纸一体化工程建设的主要目标是企业积极营造速生造纸原料林进行纸浆的生产。虽然现代制浆技术和工艺已经完全可以满足我国严格的排污标准，但社会的认知度还有差距。表现在相关国家和地方政府机构及社会对利用废纸等原料建设造纸工程是支持的，但对建设林纸一体化工程的看法基本是负面的。

从短期来看，耗时耗力的植林期是林纸一体化最大的瓶颈，近期内无法提升多数企业业绩，同时工程投入资金需求大，短期内将降低企业的资产收益率。从长远来看，造纸原料结构的不合理及供应不足的现状已经严重制约了我国造纸工业的健康发展。推进林纸一体化工程建设、逐步缓解原材料瓶颈，将提升整个造纸行业的可持续发展能力，保障我国造纸产业的安全。林纸一体化正成为中国造纸企业发展的基本模式。

广西中密度纤维板行业现状研究

邓继庆　李富华　韦　宁

广西地处南亚热带，气候温和，雨量丰富，土壤肥沃，热量充沛，为林木速生快长提供了得天独厚的自然条件。自新中国成立以来，党和政府十分重视林业的发展，经过20世纪五、六十年代的飞机播种造林，八、九十年代的“十五年基本绿化广西”，进入21世纪后又大力发展以桉树为主的速生丰产林，使广西林业实现了跨越式的发展，有林地面积、森林蓄积、森林覆盖率、木材采伐限额由1995年的816万公顷、3.1亿立方米、39.26%、500万立方米增加到2014年的1593万公顷、6.8亿立方米、62%、3686万立方米，分别增长95.22%、22.74%、1倍和6倍。

丰富的木材资源为广西中密度纤维板提供了原料，进入新世纪以来，得到迅猛的发展。据2013年末统计资料显示，全区中纤板生产企业42家，78条生产线，生产能力达800多万立方米，2013年末实际产量达912万立方米，连续4年产量居全国第一。

一、广西中密度纤维板产业发展现状

随着2012年以来房地产投资增速下滑，市场需求开始放缓。据国家统计局数据显示，2013年全国房地产行业投资增速为19.79%，连续两年低于20%。2014年前三季度，全国房地产投资增速进一步下滑至12.5%，商品房销售面积同比下降8.6%。受此拖累，家具消费增速也持续放缓。前三季度，全国家具累计零售额为1559亿元，同比增长14.5%，增速创8年新低。其中，广东地区家具产量为12439万件，虽同比增长3.9%，但仍低于2010年同期水平。在产能攀升和需求萎缩双重因素影响下，2014年广西纤维板行业面临较大的销售压力。

广西中密度纤维板产业主要呈现出如下几个特点：

（一）超常发展，产能过剩

中密度纤维板是充分利用森林资源，提高木材综合利用率，增加木材产品市场供应，缓解我国因缺林少材、市场供需矛盾，增加农民收入，增加社会就业的一项新兴产业。

随着国民经济高速发展，人民生活水平提高，林产品市场需求旺盛，给中密度纤维板发展带来了良好的机遇，跨入新世纪，广西每年以200万亩速度大力发展速丰桉，在营造速生丰产林时期，普遍实行全垦、整地，生产出大量的次小薪材，过去都一把火烧掉，中密度纤维板企业发展起来后，就变废为宝，每吨可获收益200多元，为农民增加了一笔收入，用来投入购买种苗、肥料和林区道路的修建。另一个方面，自1997年国家对森林实行分类经营保护天然林战略的实施，致使木材和木制品市场供求关系矛盾更突显，这样又给家具制造业的蓬勃发展带来了机遇，也给纤维板产业的发展带来了更好时机。中纤板市场兴旺，价格飙升，利润丰厚，更刺激了中纤板行业的发展。吸引了浙江、福建、广东等省商家进入广西投资，加快了中密度纤维板的快速发展，由20世纪末的三元、高峰、三威三家产能共30多万立方米，2010年增加到20多家，产能达600多万立方米(图1)。

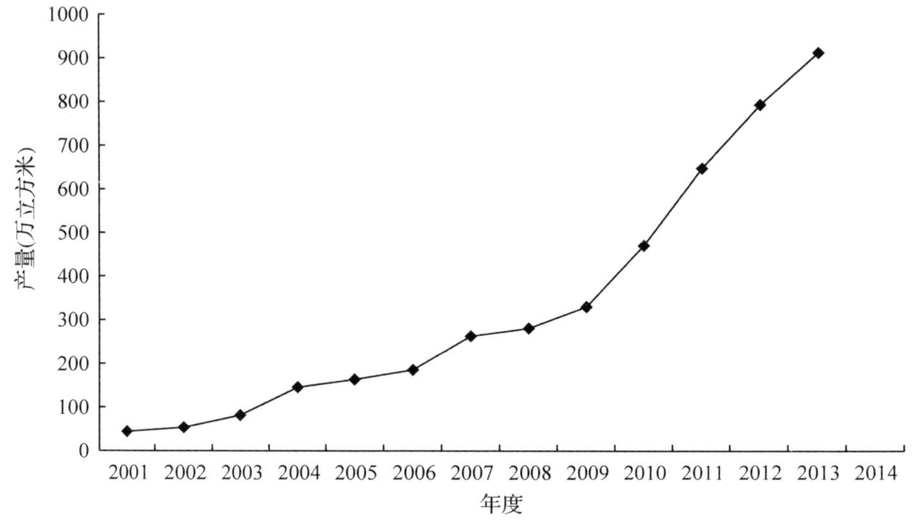

图1 2001~2013年广西中密度纤维板产量

中密度纤维板充分利用了伐区剩余物、加工剩余物、次小薪材成为广西林业的一项新兴产业，前些年每立方米普通中纤板销售价达2500多元。利益的驱动更激发了商家投资的积极性。于是，2010~2013年又有7家新上了12条共166万立方米/年产能的项目，陆续建成投产。2013年总产量达912万立方米，连续4年居全国第一。

(二)竞争激烈，效益下滑

经过近20年快速发展，广西中密度纤维板生产线达78条，其中连续平压线5条，滚压线4条。超过50万立方米产能的公司有广西三威林产有限公司、广西华峰人造板有限公司、广西丰林木业集团股份有限公司、广西东正投资集团有限公司、广西新凯骅投资集团有限公司，年产10万立方米以上有14家，比较集中产区是与广东接壤的梧州与贺州两市，在该两市120公里的高速公路沿途，兴建设了10座16条生产线，年生产能力达175万立方米的中密度纤维板厂。近年又在大桂山建设了一座年生产能力达30万立方米的刨花板生产线。

梧州、贺州两市虽是广西森林资源丰富的林业大市，但由于毗邻广东的中密度纤维板发展较早，基础较好，因此中纤板原料供应日趋紧张。2005年前仅有广西三威林产工业公司和昭平县嘉禾、贺州嘉和三家，产能不足50万立方米，当时杂木薪材每吨200多元，2006年后，随着新建10多条生产线陆续投产，到了2010年，每吨松杂木原料价达380~400元，2014年已上升到450元。已投资建成投产的企业，为了生产与发展，而展开了原料抢购，接着抬价收购，一个原料抢购战、价格战开始了。

由于原料供应趋紧，势必带来价格上扬，在2010年前每吨松杂木原料价为180~200元，而这10多条生产线陆续投产后，已上升到350~400元，纯马尾松枝桠材达450~480元。原料竞争带来了价格上扬，作为占中密度纤维板30%左右成本的原料，势必带来了显而易见的影响。再加上近几年来汽油、柴油价格攀升，物流成本、胶黏剂成本的提高，企业利润空间越来越窄，纤维板行业陷入了困境。

由于监管失控，投资者风险意识淡薄，带来了行业无序发展，产量迅猛增加，再加上国家对房地产调控，下游产品出口受阻等等诸多原因，中密度纤维板市场滞销，2014年每立方米价格已由2005年的2200~2500元下降到1500~1700元。据去年末32家企业统计，亏损企业7家，30%企业已出现亏损。

（三）转型升级，迫在眉睫

经过10多年的快速发展，广西中密度纤维板产量居全国第一位，技术装备有了很大提高，连续平压大幅面、超薄型、镂铣板、轻质板、阻燃、防潮、防霉等产品已陆续投产，E0、E1级产品也已陆续投放市场，但是仅仅是技术力量雄厚，科研实力强，管理到位的几家大企业，其余都是产品雷同，规格一样，这类企业仍处在拼产量，薄利多销，消耗大量资源，企业经济效益一年不如一年。

在大环境不利，行业产能过剩，产品雷同的态势下，中纤板行业路在何方？无疑是加快转型升级，调整结构，降低消耗，加强管理，彻底改变过去那种以增加产量来取得经济效益的落后的传统思维，适应国民经济发展的新常态。

二、广西中密度纤维板产业发展的内外部环境

（一）原材料市场的竞争

近年来随着纸制品消费量的不断增加，而且由于造纸行业利润较高，引起了各地政府的极大兴趣。广西自1992年以来陆续引进了日本王子公司（Oji Paper）、香港嘉汉公司（Sino Forest）、印度尼西亚金光集团（APP）、芬兰斯道拉恩索公司（Stora Enso）、香港理文（Lee & Man Paper）等国内外大型造纸企业。其中仅APP钦州金桂林浆纸业一体化项目的一期工程即可年产木浆60万吨、纸和纸板60万吨，今后钦州还将逐步建成年产310万吨纸的世界最大的造纸工业城。StoraEnso林浆纸在北海项目的一期工程可年产木浆90万吨、纸和纸板90万吨。国内外大型造纸企业纷纷进驻广西，势必对广西中密度纤维板生产企业的原料收购产生很大的压力。另外，造纸行业在广西周边也发展迅猛，日本造纸公司等也纷纷抢滩广东、江西、福建和海南等省。这必将加剧造纸业与中密度纤维板行业在原料上的竞争。随着广西及其周边省份造纸企业的陆续投产，

不仅木材原料供应将出现短缺，而且价格也会水涨船高，造纸行业的急速扩张必将引起相关行业在原料上的竞争。木材原料短缺将是制约广西中密度纤维板产业发展的重要因素。

（二）消费市场的压力

刨花板、胶合板的发展一方面会挤占中密度纤维板的部分木材原料，另一方面，由于三种板材都适合用作建筑装修、家具和地板，因此刨花板、胶合板的发展也将会冲击中密度纤维板的部分市场。近年来，由于广西的速生桉树大量用于胶合板生产已被实践证明稳定可靠，所以不仅“两广”地区胶合板大量使用桉树，甚至很多北方省份的胶合板企业也对桉木用于胶合板生产产生了极大的兴趣。广西生产的桉木旋切单板，除满足区内人造板生产企业需求外，还大量销往山东、河北、江苏、浙江等人造板生产大省，这将对广西中密度纤维板的原料收购产生不利的影响。过去刨花板因为质量问题不被人们接受，在市场上的占有率不高。但是，随着国外优质刨花板的大量进入，我国刨花板质量的不断提高以及欧美一些国家对以刨花板为原料制作的家具需求量的不断增加，一些家具生产企业又重新选择刨花板为原料。随着刨花板产业逐渐走向成熟，刨花板必将挤压中密度纤维板的部分市场。由于下游需求萎缩，今年以来家具企业利润增速下滑明显。面对巨大的生存和竞争压力，企业纷纷采用更便宜的刨花板代替纤维板。统计数据显示，2014 年前三季度，全国中纤板产量 4848 万立方米，同比增长 6. 47%；而刨花板产量为 1217. 5 万立方米，同比增长 13%，增速远远高于人造板和纤维板。中密度纤维板的市场逐渐被刨花板所取代。

（三）环保的要求

广西大型纤维板生产企业的产品质量普遍较好，但也有一些中小型中密度纤维板厂存在着诸如吸水厚度膨胀率高、静曲强度低、游离甲醛释放量超标等质量问题。一些中小型中密度纤维板生产企业由于投资相对较少，设备精度不高，生产线自动化程度低，技术力量薄弱，管理经验不足，质量意识淡薄，生产出来的产品质量不太稳定，与大型中密度纤维板生产企业的差距明显，生产的板材有的还存在甲醛超标的情况。但有些厂家甲醛超标的板材却迎合了一些小型家具厂的需求，造成了用低价抢占市场的不正当行为，扰乱了市场，影响了中密度纤维板的良性发展。另外，近年来由于原料收集困难，很多中密度纤维板生产企业降低了原料的质量要求，在产品生产过程中加入树皮等杂质的比例越来越大，导致了产品质量严重下降。目前，即便是大型的中密度纤维板企业其生产的高端产品也很少，尤其在游离甲醛释放量方面基本上只能控制在 E1 级水平，能达到 E0 级别的产品很少。广西的中密度纤维板产品质量与发达国家相比尚有较大差距，进一步提高产品质量和减少环境污染，将是广西中密度纤维板生产企业今后一个时期的主攻方向。

三、广西中密度纤维板产业发展策略

(一)提高产品附加值,防止低水平重复建设

要彻底纠正以产量换效益的错误思想，把依靠资源消耗增加效益转到产品创新上来。多年来，我国“一哄而起、一哄而上”的现象十分突出，一些地方政府对林业发展认识不足，把一项资源依赖型产业，当作一般工业，没听取业务主管部门意见，不按照国家有关规定，对项目资源、布局的可行性进行调查了解，采取“先上车后买票”的办法，盲目上马，低水平的重复建设，造成了120公里高速沿线办起了10家中纤板厂，平均12公里就有一家，按照合理的原料运输100公里距离相差甚远，造成人为的同行无序竞争，这势必带来“两败俱伤”，不利于行业的发展。

(二)加强质量管理,提高产品质量

产品质量是体现现代企业竞争能力的重要因素。在激烈的市场竞争中，广西中密度纤维板生产企业应该以质量开拓市场和占稳市场，这样才能保证产业的健康发展，保证企业经济效益的提高。广西的中密度纤维板生产企业需要一改过去重规模轻质量的做法，由过去单靠提高产量要效益改为以质量增效益。为此企业必须迅速提高产品质量，尤其是要降低甲醛释放量，严格执行国家标准，建立和完善中密度纤维板生产企业的质量保证体系。用ISO 9001质量管理体系认证、JAS认证和CARB认证等要求来督促企业提升产品质量。

(三)丰富产品结构、适应市场需求

加大产品结构调整，克服同类化，实现产品差异化、功能化。一个行业一种产品的形成与发展，都经过发展—成熟—衰亡这个过程。中纤板行业经过近20年发展，常规品种不论设备、工艺、应用都已进入了成熟期，特别是国家经济的发展，人民生活水平的提高，环保意识的增强，对直接涉及人民物质生活的木制品也提出了新的要求，环保、无醛、生态、安全已形成当今消费的潮流，木制品作为一个人民生活息息相关的产品更显得敏感。中纤板作为一个市场产品，必须根据人民消费意识的变化而生产市场需求的产品，让市场选择。因此环保、无醛、健康是发展方向，而纤维板作为家具、装修的主要原料，所要求的尺寸、厚薄、轻重、颜色等花色品种十分繁复，作为原料供应商，所生产的原料，适合于各种领域商品制作的要求，做到应有尽有，适应市场需求的差异化。

(四)加强产品研发能力,提高企业的市场竞争力

由于产品规格少、品种单一，造成了产品与市场的多样化需求不相适应，部分中密度纤维板市场被刨花板和胶合板所取代。为适应新的市场需求，需要加大产品研发力度，不断地吸收国内外的新技术和先进的生产工艺，积极开发各种适销对路、高效

益的新品种（如在木纤维中加入适量其它非木质纤维压制成新型板材），加快装备现代化建设的步伐。对落后的技术、装备和生产线应予以淘汰和更新。鼓励大中型企业成立技术研发机构，充分发挥各高校、科研院所和行业协会的作用，加强人才培训，提高技术创新和产品研发的能力，增强企业在市场上的竞争力。

（五）创新售后服务，加强营销队伍建设

中密度纤维板发展初期，产量少，市场畅销，曾经是"有女不愁嫁"的时代。如今到了产品成熟期，并且产能过剩，处于买方市场，密切用户关系，倾听用户意见，设身处地与用户结成同盟，建立友好、密切、和谐的关系，保证产品均衡、平稳供应，利于需方生产。

（六）淘汰落后产能，优化资源配置

在广西，中纤板产业虽然是一项新兴产业，但是经过近 20 年运转，一些企业设备已陈旧，装备老化，高消耗、高耗能现象严重，产品质量难以保证，往往低劣产品扰乱市场，浪费资源。因此，行业主管部门应从保护森林这一前提出发，出台清理整顿的法规，淘汰规模小、产品质量差、结构不合理的企业，优化资源配置，支持技术水平、管理水平较高的龙头示范企业做大做强。

金花茶产业发展研究报告

杨燕南　李拥琴　刘志新　张炜杰

金花茶因其稀有，独特和营养价值高，越来越受到业界重视和消费者追捧，民间栽培和产品加工近些年迅猛发展，也存在很多经营和管理不规范的问题。为此，我们对金花茶产业做了调查，希望对行业产业发展有推动作用。

一、金花茶的基本情况

金花茶(*Camellia nitidissima*)，属于山茶科、山茶属，与茶、山茶、南山茶、油茶、茶梅等为孪生姐妹。金花茶的花金黄色，耀眼夺目，仿佛涂着一层蜡，晶莹而油润，似有半透明之感。金花茶的花单生于叶腋，花开时，有杯状的、壶状的或碗状的，娇艳多姿，秀丽雅致。最早发现金花茶的时间是1933年7月29日，最先发现金花茶的人是我国植物学家左景烈，最先给这种植物定为山茶属的是我国植物学家戚经文，最先发现金花茶的地点是广西防城县大录乡阿池隘。金花茶是世界上稀有的古老植物，起源于上白垩纪至新生代第三纪，与银杉、桫椤、珙桐等珍贵"植物活化石"齐名，是我国国家一级保护植物之一，属《濒危野生动植物种国际贸易公约》附录Ⅱ中的植物种，国外称之为神奇的"东方魔茶"，被誉为"植物界大熊猫"、"茶族皇后"。

金花茶分布极其狭窄，山茶科山茶属金花茶组植物主要产于我国和越南。世界上已发表定名的金花茶有33个种7个变种，其中五室金花茶、黄花茶产于越南，簇蕊金花茶、离蕊金花茶和四川金花茶分别产于云南、贵州和四川，其余均产于广西南部、西南部的14个县(市)，90%的野生金花茶仅分布于中国广西防城港市十万大山的兰山支脉一带，生长于海拔700米以下，以海拔200~500米之间的范围较常见，垂直分布的下限为海拔20米左右，上限可达海拔890米，防城港市防城区被誉为"中国金花茶之乡"。

金花茶组植物分布区地处热带季风气候区，气候特点表现为太阳辐射较强，日照充足，气温高，雨量多，湿度大。雨季多集中于夏季，年平均气温20.6~22.4℃，最低月平均气温11.8~14.5℃，最高月平均气温27.1~28.5℃，极端最低气温-0.1℃，极端最高气温35.3~38.9℃，年积温7029.4~8054.3℃，年降水量1222.3~2904.2毫米，相对湿度78%~82%。

(1)金花茶的营养价值和保健功效　据中国疾病预防控制中心营养与食品安全所、广西壮族自治区疾病预防控制中心、广西壮族自治区卫生监督检验中心、北京疾病预防控制中心中心营养与食品安全所、广西壮族自治区分析测试研究中心、广西中医学院、广西农学院实验中心等权威机构检验表明：金花茶属无毒级、含有400多种营养物质，无毒副作用。富含茶多糖、茶多酚、总皂甙、总黄酮、茶色素、咖啡因、蛋白质、维生素B1、B2、维生素C、维生素E、叶酸、脂肪酸、β-胡萝卜素等多种天然营养成分；金花茶含有茶氨酸、苏氨酸等几十种氨基酸，以及富含多种对人体具有重要保健作用的天然有机锗(Ge)、硒(Se)、钼(Mo)、锌(Zn)、钒(V)等微量元素，和钾(K)、钙(Ca)、镁(Mg)等大量元素。

(2)金花茶具有明显的降血糖和尿糖作用　能有效地改善糖尿病"三高"症状，金花茶在有效降低血糖、血压的同时，可有效降低血脂，改善因高血压而引起的各种不适应症状，降低血清中胆固醇和B-脂蛋白，促进胰岛素分泌、增强免疫力、调节血流量，防止动脉粥样硬化，抗菌消炎、清热解毒、通便利尿去湿，增进肝脏代谢、防癌抑制肿瘤生长等。同时，对糖尿病并发症有独特神奇的功效，起协同平衡调节作用。

(3)金花茶的观赏价值　金花茶的发现填补了茶科家族没有金黄色花朵的空白。其蜡质的绿叶晶莹光洁，坚挺亮滑，一尘不染；花蕾浑圆，流金溢彩；花瓣重叠，鲜丽俏艳，点缀于玉叶琼枝间，风姿绰约，金瓣玉蕊，美艳怡人，赏心悦目，其观赏价值无与伦比。

(4)金花茶的科研价值　金花茶具有特殊的色泽遗传基因，其繁衍很难被复制。采用高新技术解决快速繁殖金花茶多种优良种苗，攻克其成活甚低的疑难问题；突破金花茶生长慢产量低的关键技术，大幅度提高规模化种植金花茶的产量；精深开发金花茶新一代世界一流的医药保健产品，造福人类的健康，都极具重要的科研价值。

二、我国金花茶产业生产能力和产量情况

我国目前有两个国家级金花茶保护区，分别是防城金花茶国家级自然保护区，面积13.8万亩；十万大山金花茶国家级自然保护区，面积87.3万亩，全市15个乡镇近百个村分布有野生金花茶，主要在那梭、扶隆、大菉、华石、那良、马路等6个乡镇。

(一)金花茶人工种植情况

野生金花茶是国家一级保护植物，不允许开采利用。20世纪90年代后期，合浦佳永金花茶公司的董事长傅镜远先生在深山发现野生金花茶，开始引种种植，经过二三十年的育种和栽培，带动了大批人参与到金花茶的人工种植和研究中，随着育苗栽培技术的提高，成活率越来越高，相关人才也逐渐增多，傅镜远董事长推广农民合作社采用"双珍模式"，种植印度紫檀、黄花梨、金丝楠木等珍稀树种。同时，利用金花茶喜荫的特性，在林下种植金花茶。近几年，防城港市林业局等部门大力扶持企业+基地+农户的形式，推广农户大面积种植金花茶。金花茶一般8~10年开始进入采摘期。目前，大部分种植的林地，尤其是农户种植的金花茶还处于幼苗期。在广西，有较大

规模的金花茶种植带动型企业 7 家，基地 29 个，2.65 万亩，带动农户 9000 多户，种植 5 万多亩，全国金花茶种植面积约 6.73 万亩，2014 年产 475.2 吨花和叶，产值近 5 亿元，种植农户年均增收 5000 多元(表 1~2)。

表 1 部分金花茶开发公司种植金花茶情况统计

企业名称	种植基地数量	种植基地面积（亩）	种植株数（万株）	叶产量（千克）	花产量（千克）	基地分布地点	备注（带动农户种植）
桂人堂金花茶	6(5 个含育苗)	5500	120（50 万株苗/年）	130000	5000	防城区公司总部、那梭镇炮台村、那钦 2 个、东兴江平镇交东村、上思县叫安乡苍萎农场	该公司近年来带动 2150 户农户人工种植金花茶 15000 亩，数量约 180 万株，均是小苗种植，1~10 年
国茗金花茶	2	1230	62（含 50 万株苗）	20000	3000	防城区华石镇、那梭镇、马路镇	以“公司 + 农户”模式与 340 户农户建立联营，种植金花茶 4000 亩
大菉原生金花茶	3	1350	15	2000	2000	防城区扶隆乡那湾村、点灯村、那免村	公司租地种植基地和与农户合作种植基地
中港高科	6	3300	80	未到采摘期	未到采摘期	防城区大菉镇、华石镇、那良镇	该公司与大菉、华石、那良等乡镇的村民协议，指导村民种植金花茶 1600 亩，约 23 万株
上思县森林金花茶种植公司	1	100	6	2000		上思县那琴乡	
南宁鑫宇金花茶	3	6000	180			东兴江平镇、防城区那良镇	以大棚方式集中种植为主
合浦佳永金花茶	8	9600	166	20000	30000	合浦县长乐镇、石康镇、廉州镇，上林县大丰镇、西燕镇，博白县永佳农民合作社，贵港市永佳合作社，玉林永佳合作社	以公司 + 基地 + 农户的方式，采用印度紫檀、黄花梨、金丝楠木林下种植金花茶的“双珍”模式带动农户种植金花茶

注：表 1 为 2014 年统计数据。

表 2 部分企业主要金花茶品种种植基本情况统计

金花茶名	所属公司	面积(亩)	株数(株)	树龄分布	备注(种苗或种植)
防城金花茶、普通金花茶	合浦佳永	9600	166 万	1~40 年	种苗和种植
防城金花茶	桂人堂	4600	90 万	5~20 年	种苗和种植
	大菉原生	1350	15 万	1~10 年	种苗和种植
	国茗	1000	50 万	5~15 年	种植
	中港高科	1230	62 万	1~27 年	种苗和种植
显脉金花茶	桂人堂	940	30 万	1~5 年	种苗和种植
	国茗	100	6 万	5~16 年	种植
	东兴鑫宇	1920	58 万	10 年	种苗和种植

（续）

金花茶名	所属公司	面积(亩)	株数(株)	树龄分布	备注(种苗或种植)
东兴金花茶	桂人堂	5	5000	1~4年	种苗和种植
	国茗	100	6万	5~20年	种植
	东兴鑫宇	2420	72万	1~12年	种苗和种植
凹脉金花茶	东兴鑫宇	1571	45万	1~11年	引进和种苗
	富源金花茶种植基地	9	1000	1~10年	境外引进
	东兴意景旅游开发有限公司	50	1万	3~5年	境外引进

(二)金花茶企业的加工能力和产量情况

据不完全统计，到2014年底，我国大概有65家左右金花茶种植和加工类企业，绝大多数集中在广西，除了10家左右是已经在正常种植和加工金花茶外，大部分的企业是去年工商审批制度改革先照后证以后新注册的。其中广西壮族自治区龙头企业有：广西合浦佳永金花茶开发有限责任公司、广西桂人堂金花茶有限责任公司、广西国茗金花茶科技有限公司、广西中港高科国宝金花茶产业有限公司、广西天源农业开发有限公司等5家。此外，还有广西鑫宇金花茶实业有限公司、广西大菉原生金花茶开发有限公司、广西防城港上思县森林金花茶种植有限公司等企业发展较好。初步了解，目前有花和叶茶产品的企业在10家左右，能批量生产的更少。广西桂人堂金花茶有限公司开发了花朵茶系列(8种)、茶叶系列(7种)、砖茶系列(9种)、圆茶系列(8种)、袋泡茶系列(3种)、红茶系列(2种)、组合系列(7种)、饮料系列(4种)、其他系列(金花蜜等3种)以及金花伴侣茶具套装等9个系列52种原生态和萃取类金花茶产品，注册了15个商标，申请25项专利，年加工能力2000吨。2014年的产量是550吨，加工用金花茶叶子210吨，金花茶花朵7.8吨。广西合浦佳永金花茶开发有限公司1996开始从事金花茶科研、种植、加工、贸易，属于最早从事金花茶种植、开发的企业之一，开发了金花茶花朵茶、浓缩液、金丝茶、花蕊茶、袋泡茶、金针茶、芽苞茶、金瓣茶、盆景等系列产品，年加工金花茶茶叶600吨，2014年加工金花茶叶类茶20吨，花朵茶30吨，培育销售150万株金花茶苗木。广西中港高科国宝金花茶产业有限公司、广西天源农业开发有限公司、广西鑫宇金花茶实业有限公司、广西防城港上思县森林金花茶种植有限公司等以种植为主，还没有多少加工类产品上市。各企业具体生产情况见表3。

表3 部分企业产品及产量情况

公司名称	产品	商标(个)	专利(项)	年加工能力(吨)	年产量(吨)	年产值(元)	备注
广西桂人堂金花茶	花朵茶、叶类茶、饮料类、袋泡茶、组合系列等9个系列52种产品	15	25	2000	550	1.5亿	年产金花茶苗木50万株
广西合浦佳永金花茶	花朵茶、花蕊茶、叶类茶、浓缩液、盆景等	1	2	600	50	6000万	年产金花茶苗木100~1150万株

（续）

公司名称	产品	商标	专利	年加工能力（吨）	年产量（吨）	年产值（元）	备注
广西国茗金花茶	花蕾茶、花茶、芽茶、珠茶、饼仔茶、袋泡茶、组合茶等4个系列12个品种	3	13	500	30	3000万	年产金花茶苗木50万株
广西防城大菉金花茶	大菉金花、金花溪黄茶、金花松针茶、金花叶子茶等	1		100	10	600	年产苗木20万株

三、中国金花茶产业特征和业态变化

（1）*企业规模小，产品单一* 目前金花茶的企业规模都比较小，广西桂人堂在金花茶企业界算是比较早从事科研和精深加工的企业，注册商标15个，申请专利25项，9个系列52种产品，还有一些化妆品和保健、食品类的产品研发出来，正在报批和申请相关许可。企业在基地建设上占用将近3个亿的资金，加工投资相对较少，加工销售年度规模也只有1个亿左右。其他金花茶企业的规模则更小，尤其是加工方面，产品基本上以原生态茶品为主，参照普通茶叶的加工工艺和标准来开发生产金花茶产品，没有能够突显出金花茶的食、药两用性特征，与普通茶叶的功能定位没有鲜明的区分，还没有形成有其特色的多样化、规模化的产品系列。

（2）*金花茶产品市场知名度较低，市场份额不大* 由于金花茶的分布范围过于狭窄，虽然经过十几年的宣传，在国内外有了一定的知名度，但是除了相对集中的广西，其他省和城市的人们对金花茶的功效和产品认知度还是较低。加上金花茶加工参照茶叶类标准，容易让人们把它仅仅当成茶叶的一种，对其功效不甚了解，对金花茶特有功能的宣传有误导，容易被忽略。广西壮族自治区外的金花茶销售份额占比不到10%，市场空间巨大。

（3）*金花茶种植分布零散，原材料供应短缺* 目前仅桂人堂公司生产线的年加工能力就达2000吨，原材料供应远远不能满足一家企业的生产需要，更不用说还有合浦佳永金花茶、国茗金花茶等几家规模较大的加工类企业，新注册的金花茶种植和加工类企业多达65家。所以金花茶原材料短缺，是限制我国金花茶产业发展的最大问题。

（4）*管理混乱，缺乏行业自律* 金花茶行业几乎没有准入门槛，无序竞争严重。金花茶的种植、产品开发及市场监管目前没有相关的行业规则和国家标准，只有广西《金花茶生产技术规程》和《地理标志产品防城金花茶》两项地方标准。在种植、产品开发、市场销售等的监管和执法上缺乏相应依据，只能参照普通茶叶生产及产品标准，监管缺位。

（5）*金花茶研发严重滞后，无法引领产业的发展* 我国目前缺乏专门对金花茶自身价值及种植、产品开发等的深入研究，金花茶的药用、保健等效用缺乏研究成果的支撑，产品功效说服力不强，要研发医药、保健类新产品，成批量生产，创知名品牌受到很大的限制，无法引领行业形成产业集群。

四、中国金花茶行业发展趋势和建议

(1)加强对金花茶产业发展的规划和引导　一是政府相关部门要尽快出台金花茶产业的发展规划。按照能满足市场需求，适当超前的原则，继续大力支持公司 + 基地 + 农户的模式，鼓励和扶持适合种植金花茶的林区扩大种植面积。据防城港市林业部门提供数据：保守估计防城港市可种植金花茶面积达 40 多万亩(利用次生林下和玉桂八角林下种植，或者采用“双珍模式”)，近期要满足生产和市场需求，力争在 3～5 年内使防城港市种植金花茶面积增加至 15 万亩，1200 万株，产量达 1 万吨以上。此举不但增加农民收入，同时确保了金花茶生产加工原材料充裕。随着栽培技术的提高，在我国其他地方也可以采用温室等适合的方式种植金花茶，扩大金花茶的种植面积，为加工业提供原材料。二是对金花茶生产加工企业的规模和生产工艺提出规划要求，按照供需关系有序引导和规划产业发展环节中各要素的匹配。三是对市场营销进行科学规划和监管，引导行业公平竞争、健康发展。四是引导拓展行业覆盖领域。2015 年 3 月广西桂人堂“广西防城港金花茶创意产品拓展提升项目”入选文化部“2015 年度丝绸之路文化产业重点项目”，标志着开始引导行业往文化产业拓展。因此，要引导金花茶行业由目前以林业、普通食品加工业为主的行业领域，拓展为以保护和开发林业资源为主，延伸至工业加工(含普通食品、保健品、工艺品等产品)、制药、化妆、旅游、文化等领域。

(2)强化产业结构调整，提高产品附加值　引导行业企业加强与研发机构的合作，加大研发投入，形成涵盖医药、保健、食品、茶、化妆品等领域的高、中、低端产品的系列化、规模化的产业集群。我们都知道金花茶含有 400 多种对人体有益的元素，但是具体有什么功效，怎么突显它不同于其他茶类的食药两用特性，有待研究。可喜的是，2014 年，广西桂人堂联合中国药科大学，南京理工大学承担国家 863 科技项目——金花茶功能因子的研究，标志着金花茶产品即将进入医用食品行业，我们期待着金花茶这个植物界的“大熊猫”能在产品开发和市场拓展上体现出应有的价值。

建议以广西桂人堂现有的广西壮乡金花茶科学研究所、金花茶加工工程技术研究中心、自治区级企业技术中心、自治区级研发中心等研科平台为基础，组建(国家级)金花茶工程研究院，进行行业科研攻关，解决行业发展的技术瓶颈问题。

(3)加大宣传，提高金花茶的知名度　金花茶产业协会要精心策划，高品位、高规格主办好每年一度的“防城港市金花茶节”，邀请国内金花茶业界知名专家和院校学者，举办有关金花茶的各类研讨会，把防城这个“中国金花茶之乡”真正变成金花茶行业发展的权威发言地。另外，政府应鼓励和补贴金花茶开发企业作广告宣传，不断扩大金花茶产品的影响和市场占有率。

(4)加强市场监管，规范行业发展　一是尽快成立中国林业产业协会金花茶分会，牵头建立金花茶产业的准入标准、行业标准、产品标准等国家标准，让金花茶行业的发展做到有章可循，有法可依。二是加大对种植环节农药、化肥使用的监管，严禁使用违禁农药，从源头治理，确保食品安全。三是加大对三无产品的查处和打击力度，推行条码信息溯源管理，做放心产品。四是创新微商、电商和传统渠道融合的市场营销和监管方式。

(5)建立金花茶行业的融资和交易平台，解决企业发展难题 帮助金花茶企业落实林权证，出台林权和苗木价值评估标准、专利和品牌评估标准等，为融资和产权交易提供依据，解决金花茶产业发展融资和交易标准依据问题，扫清企业发展障碍。

金花茶因其稀有珍贵和含有400多种对人体有益的营养元素，越来越受到大家的关注和企业界的认可，致力于投资金花茶的企业越来越多，金花茶产业发展的前景越来越好。同时，也需要行政管理部门和行业协会加强对金花茶产业发展的规划和规范管理，制定金花茶产业发展的相关国家标准，引导金花茶产业健康发展。

第四部分 市场篇

林业产业具有两个市场，即需求日益强劲的内销市场和广阔的国外市场。我国林业产业发展至今，内销市场的开拓亟待突破，同时国外采购和销售市场也存在着这样那样的贸易壁垒需要解决。本部分报告针对木制家具的美国市场分析、国际林产品市场贸易形势、木材及制品进出口形势和我国人造板企业在国际林产品贸易形势下的转型和思考等多个问题进行了研究。

中国木质家具国际市场势力研究

——基于美国市场的实证

程宝栋　宋维明　秦光远　宋相洁

一、引言

20世纪80年代以来，随着对内改革的不断深入，对外开放的不断加深，凭借廉价劳动力的比较优势，中国木质家具产业取得了快速发展，成为推动林业产业发展的主体力量。截至2012年底，中国拥有规模以上家具制造企业4559家，工业总产值达3545.86亿元，木质家具出口总额为183.3亿美元，进口总额为5.96亿美元，贸易顺差达177.34亿美元。从木质家具出口的地理流向考察，长期以来，中国木质家具出口主要集中在美国、欧盟、日本等发达国家和地区。过于集中的出口市场结构，给中国木质家具出口带来较强的被动性。这主要表现在两个方面：一方面，中国木质家具频频遭遇出口目标市场国所实施的反倾销、CARB认证、CE认证、332调查、337调查、雷斯法案等传统和新兴贸易壁垒；另一方面，一旦出口目标市场国经济出现波动，比如2007年全球金融危机爆发所引致的发达国家经济衰退等，中国木质家具出口就会马上出现较大幅度的下降。鉴于此，国内专家学者提出了两种应对策略，第一是中国木质家具应尽快实现出口市场多元化（由发达国家向中东、东盟、南非、非洲等新兴市场进行转移）；第二是尽快实现家具出口转内销，以降低家具对出口的依赖性。然而，研究与实践表明，这两种思路并不可行。一方面，与新兴市场相比，中国木质家具出口已经形成了对于发达国家较强的出口依赖性（程宝栋，2012），出口市场多元化短期内也很难实现；另一方面，由于不同的市场特点，出口转内销也存在着较高的转换成本。照此推断，未来中国木质家具出口仍将不得不依赖发达国家和地区。伴随国际家具产业竞争的日趋激烈，在高收入的发达市场，中国木质家具如何提高市场位置，增加出口收益，形成出口增长对产业发展的带动效应，推动中国木质家具产业实现高层次的价值链循环，主要取决于国际市场势力问题。针对这一问题，本文选择中国木质家具最主要的出口市场——美国市场，分析中国木质家具在美国市场上的市场势力状态。

二、研究回顾

市场势力是单个或一组联合厂商对商品价格进行控制和影响能力的大小。市场势力强的厂商对价格具有较强的控制能力，当价格提升到完全竞争水平之上时，不会引起销售额的大量减少(Landers&Posner，1981)。在市场势力的来源层面，产业组织理论对其有深刻的见解，认为在完全竞争市场中不存在市场势力，市场势力是由不完全竞争市场的结构所导致的。其来源是由不完全竞争市场中产业集中度、规模经济、产品差异化和进退壁垒构成。其中，产业集中度和产品差异化影响企业的定价能力，规模经济和产品差异化影响外部进入门槛的高低和范围(樊朝杰，2010)。

在国外学者对市场势力的研究方面，Baker&Bresnahan(1998)提出了剩余需求曲线模型，认为可以通过估算市场需求和竞争对手供给的两个替代因素来推算单个厂商的市场势力。随着全球经济和国际贸易的发展，Goldberg&Knetter(1999)对剩余需求曲线模型进行了改进和发展，并把使用范围由单个厂商扩展到特定产业的国际市场竞争。并通过对1975~1993年间德国啤酒产业和1973~1987年间美国挂面板纸的实证研究，得出市场势力与剩余需求弹性成正比的结论。Nardis&Pensa(2004)利用改进后的剩余需求曲线模型，认为意大利传统产业在相关市场上具有较强的市场势力。

国内对市场势力的研究方面还很不成熟，研究方向比较零散，仍处于借鉴国外关于市场势力的相关经验对本国的相关产业进行实证分析并估算其市场势力的阶段。罗剑宏、赵巧(2008)选择 Gold berg&Knetter(1999)模型对我国摩托车的国际市场势力进行了分析，并分别选取了具有代表性的发达国家和发展中国家作为目标市场和竞争国进行探究，得出了我国摩托车产业在目标市场上尚未形成国际市场势力的结论。颜海明(2010)以彩电为例对我国家电行业在主要出口国的市场势力进行了测度与分析，研究发现我国家电产业在国际市场上还没有形成市场势力。张小蒂、危华(2008)以男式棉质衬衫为例，对我国服装产业在日本市场的市场势力进行了实证研究，认为我国服装出口产品附加值较低，不足以形成较强的市场势力。

综观国内外国际市场势力的相关文献，可以发现，在市场势力方面，国外已经有较为充实的理论研究与方法构建；国内主要集中在行业应用型研究，但尚未涉及家具领域。因此，本文拟采用 Goldberg&Knetter 的剩余需求曲线模型，选择中国最大的木质家具出口市场——美国作为目标市场，实证分析中国木质家具在美国市场上的市场势力。

三、中国木质家具对美国出口现状分析

如图1所示，2000~2012年，中国木质家具出口呈现出持续上升趋势，年均增速为22.97%。在此期间，美国一直是中国最大的木质家具出口市场。2000年，中国出口至美国的木质家具额仅为8.07亿美元，2012年达62.54亿美元，增长将近7倍。该时期中国对美国木质家具出口额的年均增长率约为20%，在2008年和2009年由于全球

金融危机、需求萎靡出现明显下降，2011年出现小幅下降，其余年份均保持增长态势。另一方面，2000~2012年美国在中国木质家具出口市场中所占的份额虽然整体呈下降趋势，但仍然保持在30%以上，特别是2002~2004年，美国在中国木质家具出口市场中所占的份额均超过50%，2012年也达到了34.12%。与同样是中国木质家具主要出口市场的日本、香港和英国相比，美国在中国出口市场中占据绝对领先的地位。

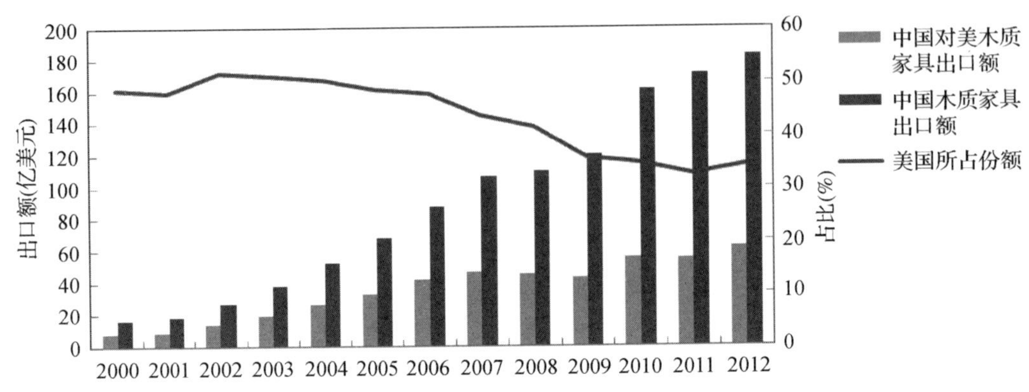

图1 2000~2012中国木质家具对美国出口情况

（数据来源：根据联合国商品贸易统计数据库基础数据计算）

四、中国木质家具国际市场势力的实证分析

Goldberg&Knetter模型假设来自同一个国家的同类产品对在国际市场上的消费者来说，是同质的，可以完全替代，来自不同国家的产品则是不可以完全替代的。依据此模型，可以把一个国家出口同类产品的所有厂商看做一个整体，以国家为单位在出口目标市场上展开竞争。

(一)研究对象的选择

木质家具种类较多，不同类产品之间的差异性也较大，即使同类产品，相互之间也不能够完全替代。由于模型对检验对象的同质性要求较高，经过比较，本文选择木质厨房家具(HS 940340)作为研究对象。木质厨房家具是我国木质家具出口中重要组成部分，产量和出口量都较为稳定，居世界前列。同时，此类产品的范围界定清晰，技术差异性小且具有较强的代表性。

2000~2012年间，美国一直是中国最大的木质家具出口国，平均达到40%以上，中国木质家具出口对美国市场存在较强的依赖性。2012年，中国、越南和加拿大是美国进口木质家具排名前三的国家。因此，本文选取美国作为目标市场，越南和加拿大作为竞争对象国，并选取2000~2012年的相关数据测度分析中国木质家具在美国市场的市场势力。

(二)模型及相关数据来源

采用Goldberg&Knetter剩余需求弹性模型作为回归方程。方程主要包括本国出口产品的价格、目标市场国的需求和竞争对手成本 3 个基本因素。方程可以写成对数形式，如下：

$$\mathrm{Ln}P_{mt}^{ex}=\lambda_m+\eta_m\mathrm{Ln}Q_{mt}^{ex}+\alpha_m\mathrm{Ln}Z_{mt}+\beta_m\mathrm{Ln}W_{mt}^{N}+\varepsilon_{mt}$$

其中，公式中 m 代表目标市场，t 代表时期，λ_m 为常数项；P_{mt}^{ex} 和 Q_{mt}^{ex} 分别表示本国在市场 m 中的出口单价和出口数量；Z_{mt} 表示目标市场的需求向量，包括目标市场的 GDP 和 CPI；W_{mt}^{N} 表示竞争对手的成本向量，由竞争对象国的固定成本和变动成本即目标市场之间的汇率构成，其中 N 代表竞争对手的个数。主要观察的剩余需求弹性系数，即 η_m 若其小于零，则其绝对值可以衡量市场势力的大小，绝对值越大，说明产业的市场势力越大。

样本区间为 2000~2012 年，有关我国木质厨房家具 HS(1992)940340 向目标市场出口金额和数量来自于联合国贸易数据库，其中单价为总出口额除以出口数量得到；目标市场需求向量 Z 包括 GDP(real domestic product, constant LCU)和消费者价格指数 CPI(consumer price index, 2005 年 = 100)，数据均来源于世界银行数据库(World Bank)；竞争对象国的固定产品成本用世界银行数据库提供的 WPI(whole sales price index, 2005 年 = 100)来表示，其中越南的产品成本数据采用各国宏观经济指标宝典(BvD-EIU Countrydata)提供的 PPI(producer price index, 2005 年 = 100)来表示，竞争对象国对目标市场国汇率数据来自于世界银行数据库。

(三)回归结果和数据分析

本文采用 SPSS18.0 对得到的相关数据进行预处理和回归，在采取最小二乘法进行回归的过程中，发现有些变量存在多重共线性导致回归结果不显著，基于自由度的考虑剔除了部分变量，并采用了逐步回归法进行了相关计算，回归结果见表 1。

表 1 回归结果报告

模型	非标准化系数		标准系数	t	Sig.
	B	标准误差			
(常量)	-104.198	16.681		-6.247	0.000
LnCPI	5.968	0.548	3.218	10.888	0.000
LnC-WPI	-4.007	0.671	-1.239	-5.969	0.001
LnQ	-0.419	0.080	-.964	-5.240	0.001
LnGDP	3.464	0.516	0.631	6.485	0.000
LnVN-E	0.462	0.195	0.306	2.366	0.050

说明：C-WPI 代表加拿大的固定生产成本，Q 代表出口量，VN-E 代表越南的汇率，Q 代表我国对目标市场美国的出口量，CPI 代表消费者价格指数。

通过回归结果，可以发现我国木质厨房家具在美国市场上市场势力为 0.419，其中进入方程的各 sig 值均小于等于 0.05，表明在 5% 水平下显著。回归方程为：

$$\mathrm{LnP}=-104.198-0.419\mathrm{Ln}Q+3.346\mathrm{Ln}GDP+5.968\mathrm{Ln}CPI-4.007\mathrm{Ln}CWPI+0.462\mathrm{Ln}VNE$$

我国是美国最大的木质家具进口国，中国凭借物美价廉的优势，在美国市场上具有较高的市场占有率，但实际测算表明，我国木质家具出口市场势力仅为0.419，市场势力较弱，对价格的控制能力较小。

(1)在回归结果中，目标市场(美国)的需求变量Ln*GDP*和Ln*CPI*的系数显著大于零，与出口单价*P*呈正相关关系。这说明目标市场的需求量越大，出口单价也就越高。美国是世界上第一大木质家具进口国，其国民经济高度发达，对木质家具的需求量较大。2012年，其木质家具进口额占世界木质家具总进口额的29%，因此美国对木质家具的需求拉动了我国的木质厨房家具价格的上升。Ln*CPI*的系数大于零，说明美国国内物价水平和我国木质厨房家具出口单价成正比。这可能是由于美国国内物价水平上升增加了国内厂商的成本，消费者会减少国内木质厨房家具需求而增加我国木质厨房家具的需求，由需求推动我国木质家具价格的增加。

(2)竞争对手越南的成本变量Ln*VNE*的系数大于零，说明与我国木质厨房家具出口呈正相关关系，我国与越南的木质厨房家具在美国市场上存在一定的供给替代关系。越南对美国的汇率越高，我国产品出口单价越高。这是因为我国与越南都是劳动力成本较低的发展中国家，近几年越南凭借其更为廉价的劳动力在木质家具市场上成为我国最有力的竞争对手，当越南的货币升值时，以越南盾标价的越南木质家具价格就会上升，有一部分需求就会被我国的木质家具产品所代替。加拿大的成本变量Ln*CWPI*的系数小于零，说明加拿大的产品固定成本对我国木质厨房家具出口具有负相关关系。可能的解释是，固定成本上升的原因不仅是受劳动力生产价格影响，还有技术、设计、原料等多种因素造成的。根据现实分析，加拿大木质家具生产成本上升的原因很大一部分来源于技术和设计因素投入的提高，使产品附加值较高，而以廉价出口价格为优势的中国在技术和设计方面是无法与之竞争的，在这种情况下我国会降低自己的出口价格来提高自己的市场份额，弥补自己技术因素方面的不足。

五、制约中国木质家具国际市场势力的原因分析

尽管我国木质家具在美国市场份额中占据半壁江山，但实证结果表明，我国木质家具在美国市场中的市场势力却差强人意。这主要可能由三方面原因所致。

第一，中国木质家具主要以低成本竞争为主。长期以来，中国木质家具主要依靠劳动力成本的优势，价格加成能力低，产品附加值很少，基本都是初级产品。随着中国劳动力成本的不断提高以及木材、钢材、铝材等原材料价格的上升，与越南等新兴发展中国家相比，中国木质家具低成本优势不断弱化，在主要出口市场上面临着产品替代的风险。

第二，中国木质家具产业技术水平低、缺乏自主品牌。到目前为止，技术与设计仍然是中国木质家具产业发展的短板。在竞争过程中，木质家具企业相互模仿、相互抄袭，自我创新意识不强，品能培育能力弱。表现在出口方面，中国木质家具出口主要以贴牌生产(OEM)方式为主，控制市场能力弱，从而导致市场势力不高。

第三，中国木质家具产业规模化经营尚未形成。由于中国木质家具劳动密集型的特点，进入和退出行业的壁垒较小，这也导致中国存在着大量低端的家具生产企业。

木质家具企业的生产大多仍沿用大而全、小而全的传统生产方式，家具生产的各个环节都在一个厂里完成，产品种类多，这样就导致劳动规模大，运作效率低，产品的更新跟不上市场的需求。

六、提高中国木质家具国际市场势力的对策建议

基于此，要提高中国木质家具的国际市场势力，可以从以下几个方面加以考虑。

第一，提高产业技术水平，实现价值竞争。国际家具市场发展趋势表明，国外品牌家具产品正在朝功能化、低碳化、时尚化的方向发展。随着国内要素条件的改变，国际市场竞争的加剧，传统的价格竞争方式已变得难以为继。中国木质家具企业应通过加大技术与设计投入，不断提高产品附加值，积极培育产品品牌，实现价值竞争。值得考虑的是，中国木质家具企业可以结合中国历史文化等方面的特点，创造出蕴含中国文化底蕴的产品和自己的特色品牌。

第二，推动产业规模化经营的形成。产业规模化经营可以推动企业实现专业化生产，加快先进设备和先进技术的开发、引进与应用，提高生产的工业化水平和劳动生产率，促进家具生产方式的转变，改变以往大而全、小而全的传统模式，向小而精的方向转变，提升整个产业结构。当然，产业规模化经营的前提是要建立具有规模经济的产业集群。通过产业集群，加速信息交流，培养创新思维，实现专业化生产与协同合作。

第三，推动产业跨国经营的升级。实践表明，高层次的跨国经营可以有效地融入国外市场，推动当地市场势力。当前，中国木质家具产业主要是以出口的方式进入国际市场。出口进入方式虽然存在成本低、风险小等优点，但也容易招致国际贸易壁垒（如反倾销、雷斯法案等）、容易受到国内要素条件变化等影响。因此，由出口向对外直接投资的转变，成为中国木质家具产业国际市场势力扩张以及跨国经营升级的必由之路。

中国林产品贸易形势与人造板产业发展趋势分析

陈绍志

近些年，全球林产品贸易总量和贸易总额经过恢复性增长后有所回落，出现了新的增长性趋势(图1)，欧美发达国家在高端产品领域继续占据着制高点，欧洲和北美洲仍是林产品贸易的主体，但其份额占比逐渐收窄。亚洲成为林产品贸易发展的重要区域，木材贸易额已超过北美，位居世界第二位。中国已是全球第一大木材进口国、人造板出口国和林产品贸易国，而越南、马来西亚和印度尼西亚等正在成为中国在林产品生产领域的主要竞争者。俄罗斯、南美、非洲、太平洋岛国等传统木材资源出口国(地区)，正利用其森林资源优势，逐步减少原木出口，加快产业结构调整，发展自己的木材加工工业。单纯的资源型林产品贸易正在受到抑制，高附加值加工产品，特别是精深加工产品贸易迅速扩大。

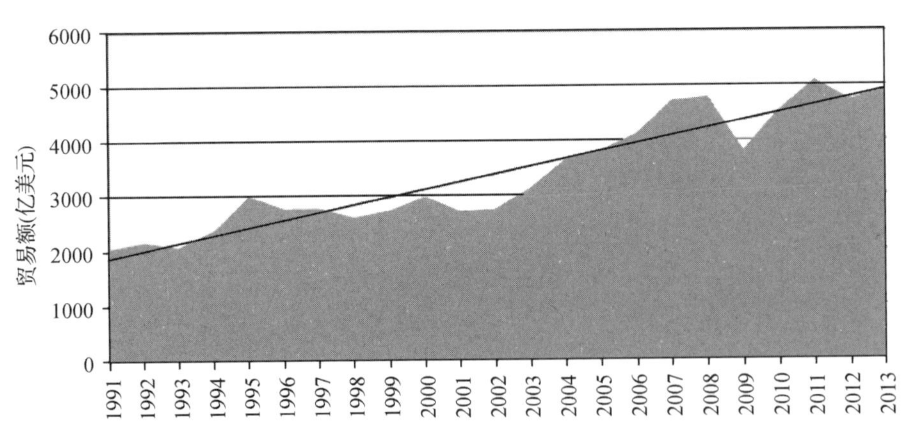

图1　1991~2013年全球林产品贸易总额

（来源：FOA统计数据）

市场主要呈现两大趋势。首先，林业国际化进程加快，合作和摩擦共存，贸易保护加剧。各国在贸易与合作相互依存和深度融合的同时，诸如劳动保障、双反、进口关税等传统贸易保护措施以及政府采购、自动配额等新型贸易保护措施有增无减，主要经济体还竞相组织排它性区域自由贸易协定(如TPP——泛太平洋经济伙伴关系协定，TTIP——跨大西洋贸易与投资伙伴协议等），并力争主导权成为贸易保护的新手段。其次，绿色环保运动推动负责任林产品贸易的发展，但也存在贸易保护主义隐忧。国际社会关注环境保护，各国也相继出台了一些政策措施，努力打击非法采伐和相关贸易，但这些措施如被过度运用，可能带来新的贸易保护主义，势必会给林产品贸易增加成本负担，影响贸易的便利化。

一、2014 年中国林产品贸易特点与趋势

2014 年前 3 季度全国林产品进出口贸易总额为 1039. 3 亿美元，创历史新高，同比增长 13. 83%。其中进口额为 517. 8 亿美元，增长 9. 2%；出口额 521. 4 亿美元，增长 13. 4%（图 2）

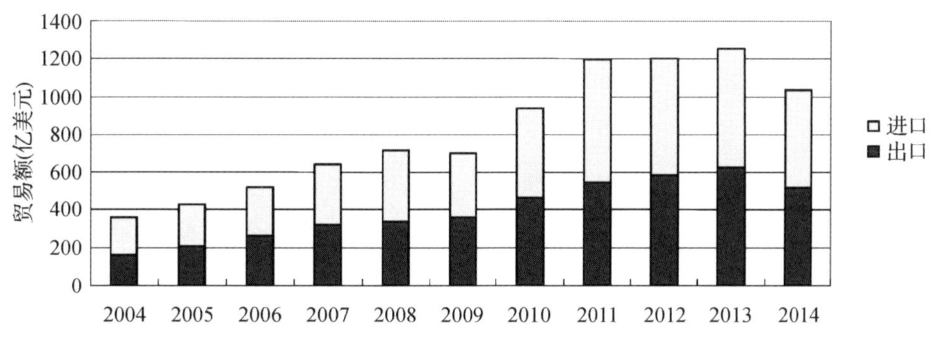

图 2 2004~2014 年前三季度中国林产品贸易额

从进口来看，原木和锯材进口大幅增长，新西兰仍为我国最大原木供应国。进口额增长主要是由于原木、锯材等的增长带动。全国商品房销售面积虽然低迷，但在出口的拉动下，使 2014 年前 3 季度原木、锯材等进口都大幅度增长，分别增长 36. 5% 和 22. 7%。在人造板中，胶合板进口增加 36. 9%，而对优质刨花板和纤维板的进口分别增长 23. 1% 和 13. 2%。纸制品减少 0. 64%（图 3~4）。2014 年前 3 季度，全国累计进口各类木质林产品 347. 99 亿美元，约占全部林产品进口总额的 67. 2%，同比增长 14. 09%。

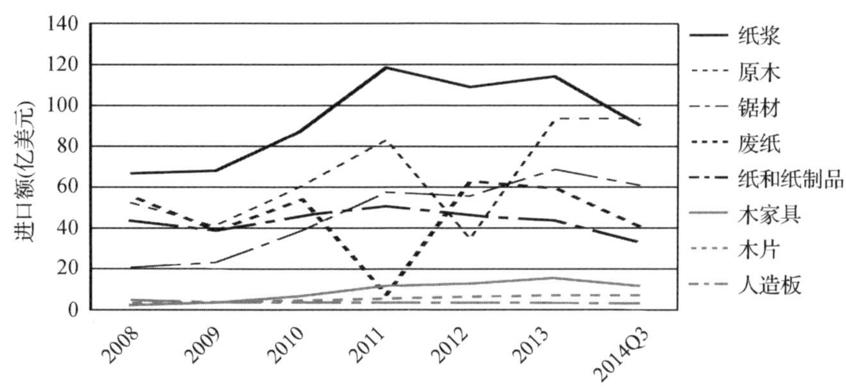

图 3 2008~2014 年前三季度中国主要木质林产品进口情况

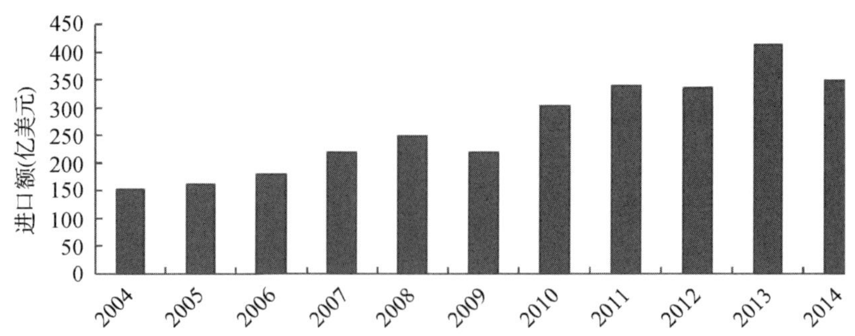

图4 2004~2014年前三季度中国木质林产品进口总额

木质林产品进口仍以原木、锯材、纸浆、废纸以及纸、纸板和纸制品等原料性商品为主，这五大类商品的进口额合计达318.13亿美元，约占木质林产品进口总额的91.42%和全部林产品进口额的61.44%(图5)。

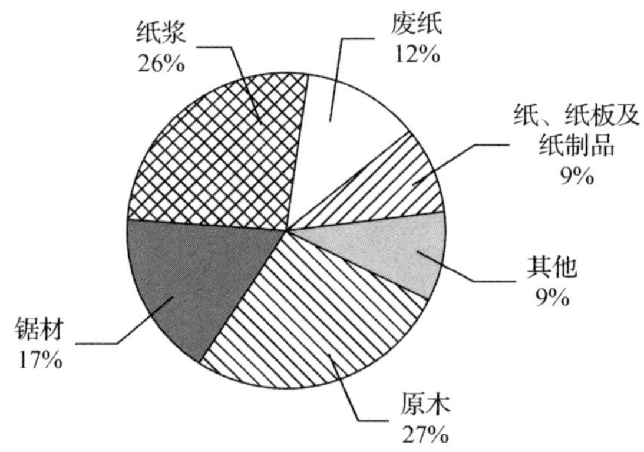

图5 2014年前三季度中国进口主要木质林产品比重

2014前3季度原木进口量3942.68万立方米，同比增长18.55%。从原木进口国来看，美国(22%)、巴布亚新几内亚(23%)、澳大利亚(50%)、乌克兰(36%)、老挝(300%)等国的原木进口量大幅增加，来自俄罗斯(10%)、新西兰(9%)、加拿大(7%)的原木进口量同比微增，但新西兰仍为我国最大原木供应国(图6~7)。

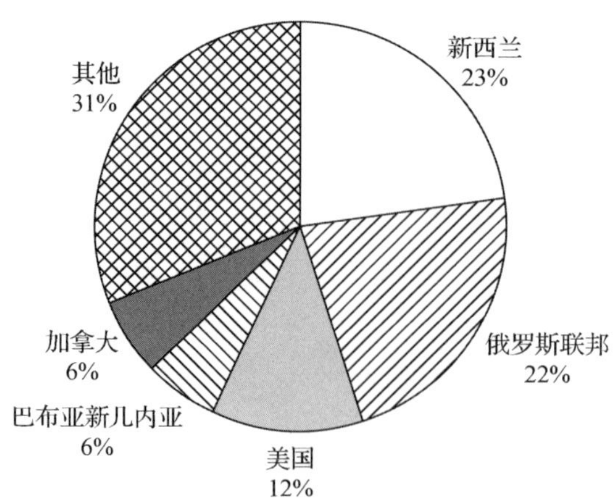

图6 2014前3季度中国主要原木进口国进口占比

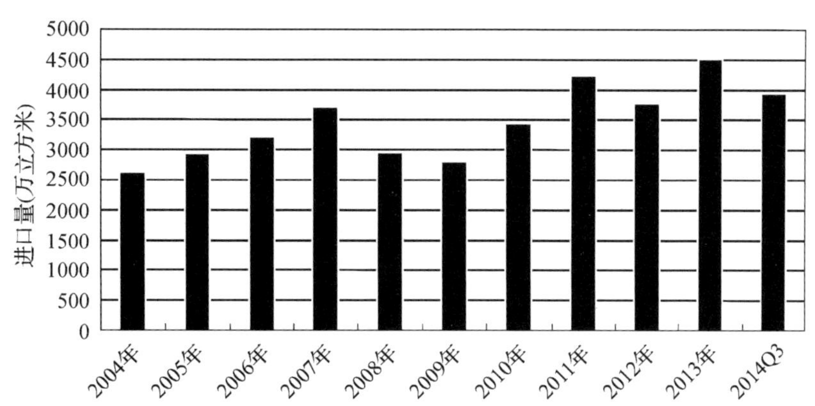

图 7　2004~2014 年前三季度中国原木进口量

锯材进口量也保持高增长的态势，2014 前 3 季度增长了 9.36%，达到 1920.93 万立方米。进口锯材依然主要来自俄罗斯和北美等国家(地区)，其中俄罗斯锯材进口比上年同期增长 13.00%，美国锯材进口比上年同期增长 15.96%，泰国锯材进口比上年同期增长 10.75%，智利锯材进口比上年同期增加 4.96%(图 8)。

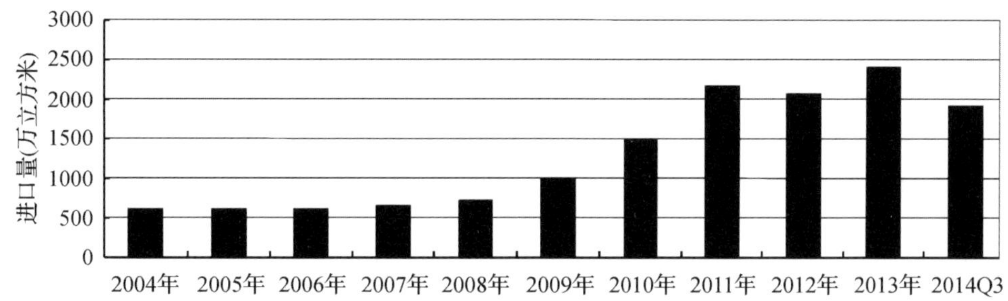

图 8　2004~2014 年前三季度中国锯材进口量

2014 前 3 季度，各类非木质林产品进口总额为 169.85 亿美元，同比增加 56.14%。约占全部林产品进口总额的 32.8%(图 9)。

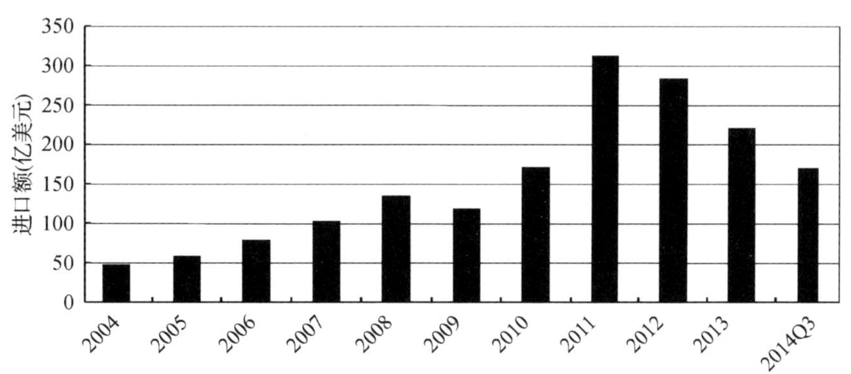

图 9　2004~2014 年前三季度中国非木质林产品进口额

非木质林产品进口仍以天然橡胶和棕榈油为大宗，其进口量分别同比减少 13.73% 和 6.45%，干鲜水果和坚果的进口攀升较大，同比增加 14.74%，占 20% 的比重。其他商品进口量普遍较小(图 10)。

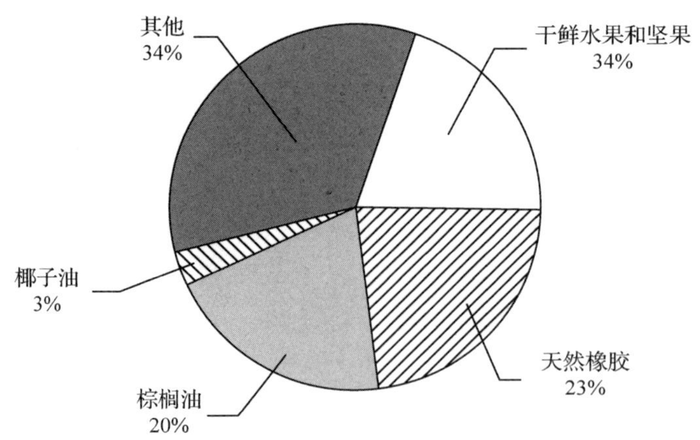

图 10　2014 年前三季度中国进口主要非木质林产品比重

林产品出口大幅增长，高于全国平均水平。胶合板出口大幅增长：2014 年前 3 季度出口完成 871. 98 万立方米，比上年同期增长 12. 52%（进口增加 36. 9%）；纤维板出口表现平平：2014 前 3 季度中纤板国际市场需求表现平淡，2014 年前 3 季度我国共完成中纤板出口 190. 52 万立方米，增长 4. 49%（进口增加 13. 2%）；刨花板出口增长：2014 年前 3 季度，出口量完成 17. 77 万吨，比上年同期增长 42. 76%（进口增加 23. 1%）；木质家具出口表现优异：英国、荷兰、韩国和法国需求增长，木质家具出口增势强劲，对美国、德国、日本出口量分别居第 1、第 3、第 4 位，同比呈减少态势，尤其是对日本出口数量同比减少 17. 75%。2014 年前 3 季度我国木质家具出口数量完成 22976. 87 万件，比上年同期增加 10. 67%，出口额完成 160. 28 亿美元，比上年同期增长 15. 99%，表现优异。

木质林产品出口仍以木家具、纸、纸板和纸制品、胶合板、木制品、纤维板等传统优势商品为主，这 5 大类商品的出口额合计达 360. 09 亿美元，约占木质林产品出口总额的 93. 76% 和全部林产品出口额的 69. 06%（图 11）。

美国、日本需求平稳增长，东盟、欧盟市场需求呈现高增长态势。新兴市场需求企稳，出口向好迹象显著。2014 前 3 季度中国对新兴国家市场出口除南非负增长以外，

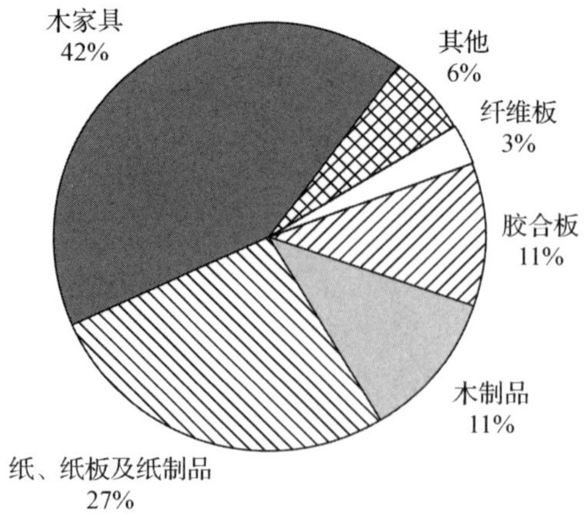

图 11　2014 年前三季度中国出口主要木质林产品比重

其他国家均呈正增长态势，尤其是对印度和墨西哥出口增幅分别提高 23.41% 和 22.60%（表 1）。

表 1 全球林产品贸易市场进出口情况

国家（地区）	进口（亿美元）	同比（%）	出口（亿美元）	同比（%）	进出口（亿美元）	同比（%）
美国	65.84	7.17	107.64	7.01	173.48	7.07
欧盟	66.03	3.03	76.92	11.36	142.94	7.35
日本	12.12	-8.99	45.62	2.91	57.74	0.16
东盟	176.07	7.62	79.18	22.06	255.25	11.72
印度	8.73	-33.14	82.81	23.41	91.54	14.20
南非	52.96	111.94	39.64	-3.65	92.60	40.02
墨西哥	11.18	39.09	40.62	22.60	51.80	25.82
俄罗斯联邦	305.84	13.73	110.64	14.21	416.48	13.86
巴西	177.86	20.37	30.76	12.12	208.62	19.08

现今林产品贸易新常态的主要特征为：模仿型排浪式消费阶段基本结束，个性化多样化消费渐成主流；新技术、新产品、新业态、新商业模式的投资机会大量涌现；我国低成本的比较优势发生了转化，高水平的引进来、大规模走出去正在同步发生；市场竞争逐步转向质量型、差异化为主的竞争；环境承载已达到或接近上限，必须推动形成绿色低碳循环发展新方式。

二、中国人造板产业发展趋势分析

（一）人造板行业发展现状与态势

中国人造板产量居世界首位。据 FAO 林业贸易数据库资料分析结果显示：中国人造板产量从 2007 年开始在世界总产量中的占比超过 1/4，并稳居世界第一，2013 年占比高达 40.88%，继续领跑全球（图 12）。

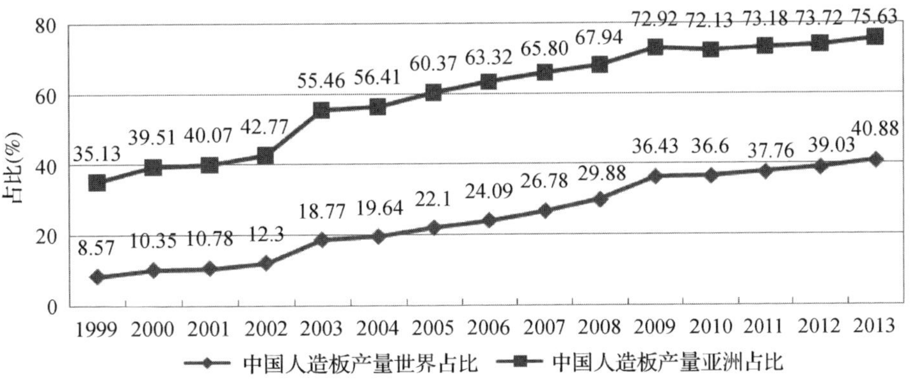

图 12 中国人造板产量市场占比

首先，中国人造板年产量持续增长，增速减缓。依据国家统计数据显示：全国人造板产量 2000 年 0.20 亿立方米，2013 年 2.72 亿立方米，13 年间增长 12.6 倍。随着我国宏观经济发展速度的减缓，人造板生产也逐步刹车进入了怠速发展阶段，从 21 世纪第 1 个 10 年平均 20% 以上的高速发展逐渐降到 10% 以下。2012～2013 年，全国人造板产量由 2.12 亿立方米提高到 2.72 亿立方米，增速较 2010～2011 年明显放缓。规模以上人造板企业产品销售收入同比增长 15% 左右，与近年来年均 20%～30% 的增长率相比增幅明显降低，效益明显下降。高端优质纤维板、刨花板产品进口呈大幅度增长态势。如此大的市场占有率并没有形成行业优势，更没得到应有回报，不仅不具话语权，而且随时面临各种风险(图 13)。

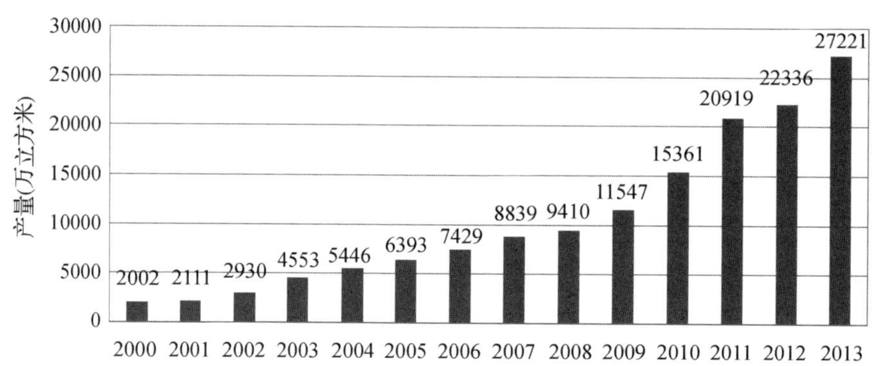

图 13　2000～2013 年中国人造板产量增长趋势

其次，中国人造板产地集中度较高，但企业规模小。各地产量数据显示，2013 年全国人造板行业产量 27220.58 万立方米，产量居前 4 位的省份为山东省(6590.5 万立方米)、江苏省(4440.7 万立方米)、河南省(2745 万立方米)、广西(2722 立方米)，分别占人造板行业全国总产量比重为 24.21%、16.31%、10.08%、10%。4 个省份合计占到全国总量的 60.60%(图 14)。中国人造板生产企业经营规模小。全国家庭作坊式工厂遍地开花，缺乏具有超强竞争力的产业和商业巨头，无力引进先进技术设备，无法开展有效的市场营销，无法实现企业内部与外部的双重规模经济。全国各省份都有胶合板企业，总数合计上万家，但大多数是中小型民营企业，且 90% 的企业年产量在 1 万立方米以下，仅少数达到年产 2 万立方米以上。

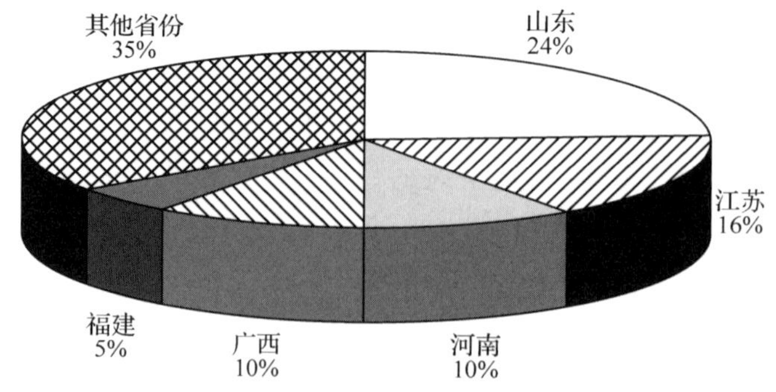

图 14　2013 年中国人造板行业产量集中度情况

（数据来源：国家统计数据）

再次，中国人造板制造业发展平稳，但整体效益下滑。近5年来，人造板行业总资产稳定增长，企业数量基本持平，行业销售毛利率和净利润率稳定小幅增长。尽管行业亏损面略有减少，但由于受国内房地产调控和国际市场下滑的负面影响，收入增长率出现大幅下降；虽然利润总额有所增加，但是销售利润率低于7%，行业营利能力仍处于较低水平。一方面，受国际市场萎缩和国内房地产调控影响，人造板下游产业均放慢发展速度，造成了部分人造板市场短期销售不畅的局面。另一方面，木材原料短缺，原辅材料价格上涨，物流、人工和资金等生产成本增加，造成大多数企业效益降低，个别企业被迫停产。总体来说，当前人造板行业生产规模发展减缓，资源瓶颈仍然存在，产品结构亟待调整，技术创新有待加强，预计未来2~3年内行业将保持平衡发展态势。据统计，截至2013年6月，规模以上人造板企业共4655家，平均资产规模5487万元，同比增长9.7%；平均收入规模6543万元，同比增长9.8%；资产负债率45.5%，同比下降2.5%；行业亏损面6.1%，同比下降17.2%。2013年1~9月销售收入近5000亿元，利润总额298亿元(图15)，平均每月利润33.13亿元、同比下降2.21%，企业效益有所下滑。

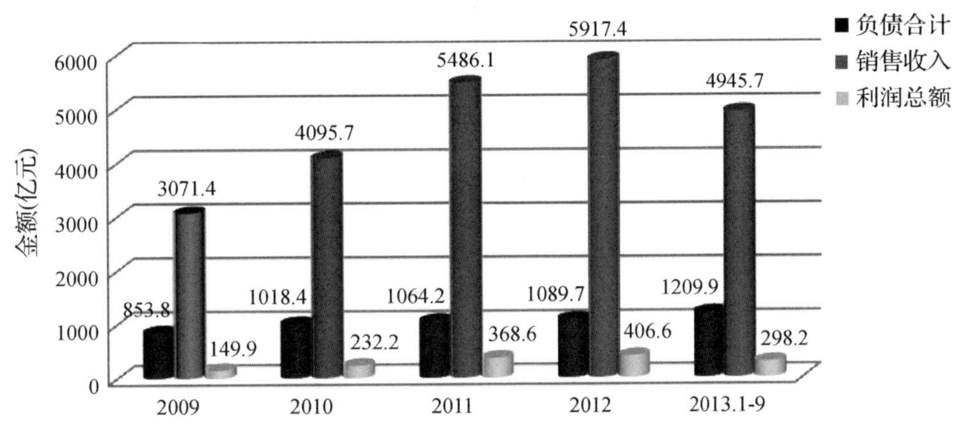

图15 近5年中国规模以上人造板企业经济状况

企业重组进程加快。随着我国资本市场IPO的开闸和新三板政策的调整，多数进入人造板领域的私募股权投资急于寻找退出途径，加上市场低迷，行业经济不景气，使得2013年成为人造板行业资产重组、企业并购最活跃的一年，业内多家企业易主、卖壳和被兼并。例如：吉林森工集团通过收购中盐银港人造板公司88.12%的股份，实现了对中盐银港的控股；广西丰林木业集团股份有限公司收购亚洲创建(惠州)木业有限公司75%股权，获得实际控股权。2013年12月6日，林木类期货胶合板和纤维板在大连商品交易所上市交易，填补了国内林产品期货品种空白，开创了期货市场服务林木产业的新领域，对人造板行业意义重大。两板期货对于有效减少市场无序竞争、降低企业资金风险、稳定产品价格、创造合理利润架起了新平台，也为企业重组、产业升级、市场拓展提供了新机遇。

最后，推动技术创新装备升级。随着国产人造板连续压机生产线的问世和《产业结构调整指导目录》的颁布，人造板行业全面进入技术进步装备升级阶段。以纤维板行业为例，截至2012年底，全国关闭、拆除或停产纤维板生产线累计达到162条，淘汰落后产能500万立方米/年。2013年初，全国新建纤维板生产线55条，设计生产能力达到687万立方米/年，其中连续平压生产线34条，合计生产能力为527万立方米/年，占在建纤维板生产能力的77%。

2013年美国《复合木制品甲醛标准法案》升级版CARB认证Ⅱ出台，对木制品基材人造板提出了更高的环保要求，尽管对我国木制品出口造成极大影响，但也促进了国内低醛和无醛人造板胶黏剂的发展。不少企业使用大豆制成的生态黏合剂、异氰酸酯(MDI)胶黏剂和三聚氰胺改性胶黏剂生产人造板，与产业链末端品牌企业联合推出无醛、低醛木制品，提高了产品质量和市场运作效果。

(二)外贸特征

(1)中国人造板国际贸易世界占比不断升高　根据FAO数据库资料显示，1991—2013年中国人造板进出口贸易量在亚洲和世界中的占比持续升高，2013年分别达到32.57%和11.86%，比2000年的24.00%和5.95%、1991年的18.52%和7.38%分别提高8.57百分点和5.91百分点、14.05百分点和4.48百分点(图16~18)。

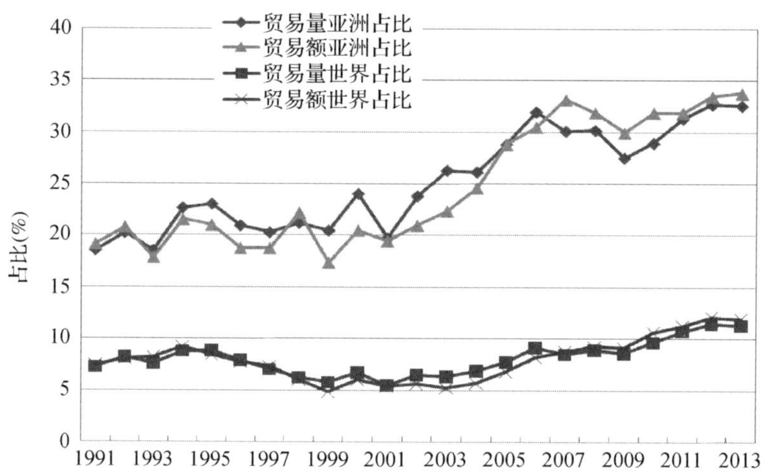

图16　1991~2013年中国主要人造板贸易量和贸易额的亚洲及世界占比变化趋势

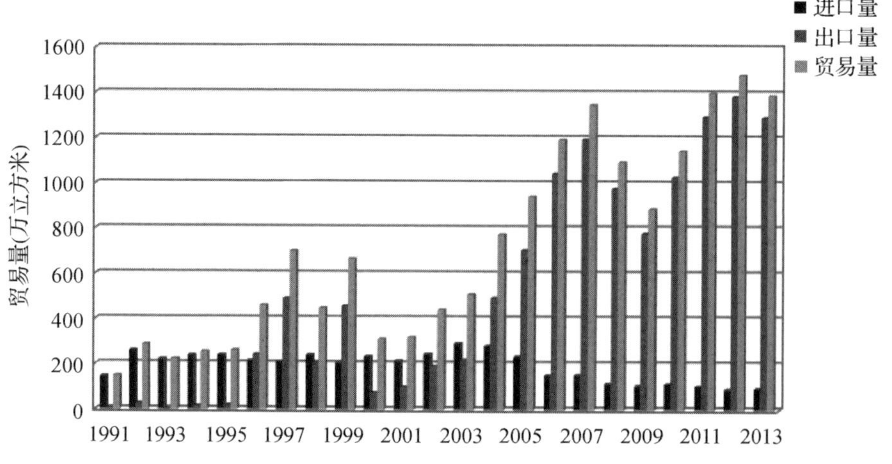

图17　1991~2013年中国人造板进出口贸易量动态

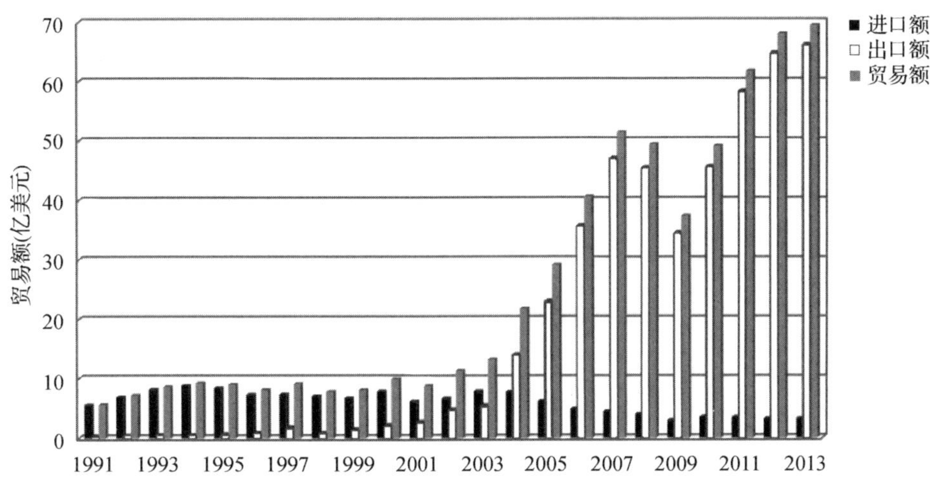

图 18 1991~2013 年中国人造板进出口贸易额变化趋势

(2)中国人造板进出口呈现剪刀差 中国海关统计数据显示，1991~2013 年全国人造板进、出口贸易量和贸易额的比例失衡继续扩大(图 19~20)。

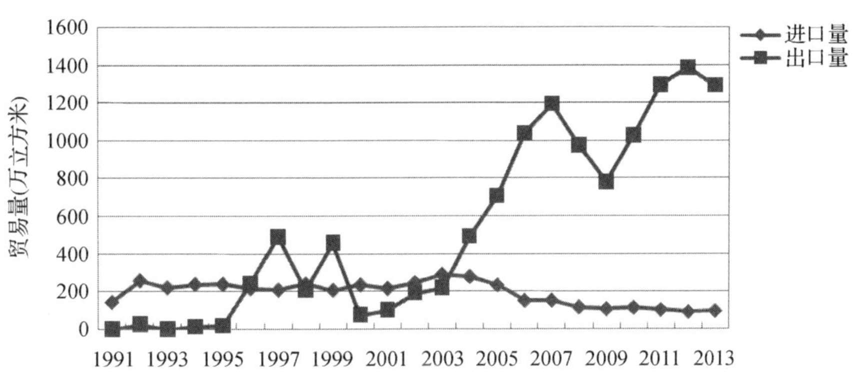

图 19 1991~2013 年中国人造板进出口量

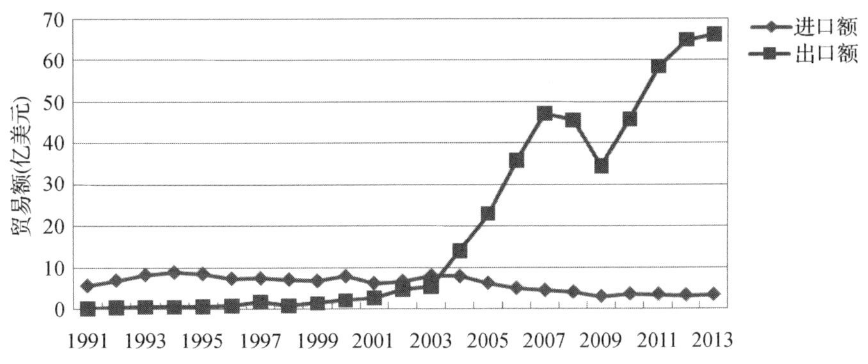

图 20 1991~2013 年中国人造板进出口额

(3)人造板三板进出口贸易表现不同步(图 21~22)。

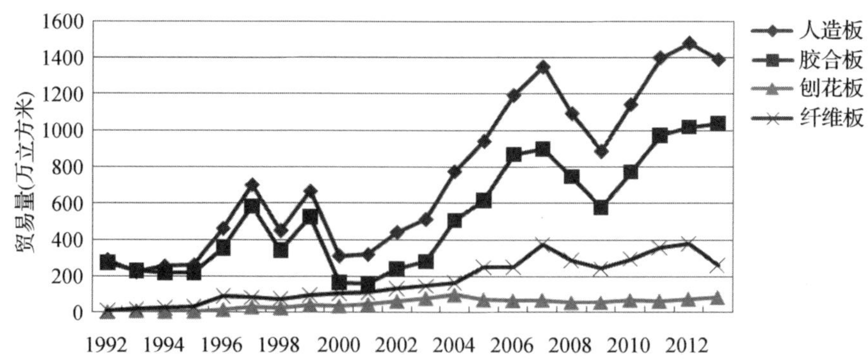

图 21 1992~2013 年中国人造板(三板)贸易量趋势

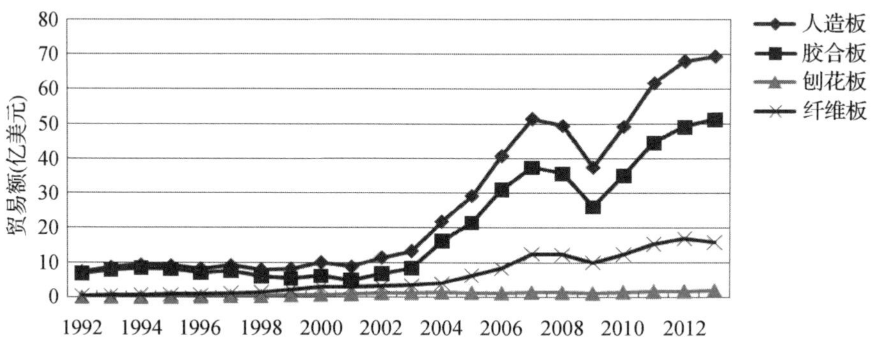

图 22 1992~2013 年中国人造板(三板)贸易额趋势

(4)不同人造板的出口分布较为集中　从 2013 年中国胶合板与中纤板出口量的主要地区和国家分布来看，美国均是第一大客户，但比重有所不同(图 23~24)。

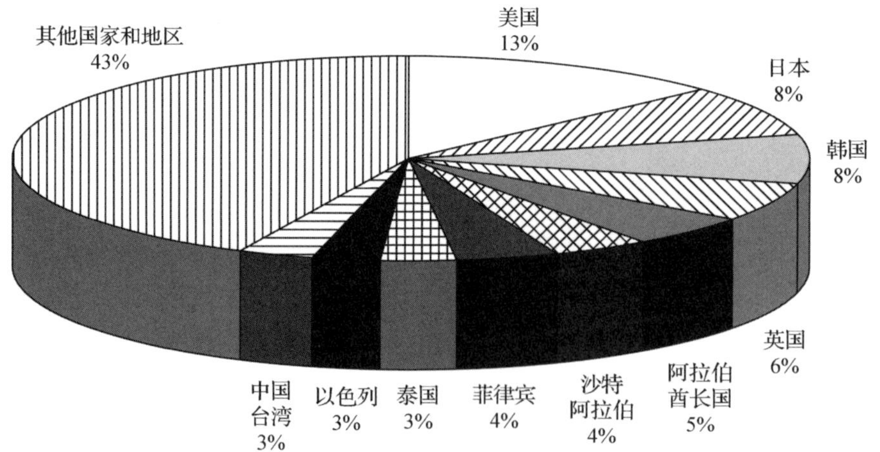

图 23 2013 年中国胶合板出口的主要国家和地区分布

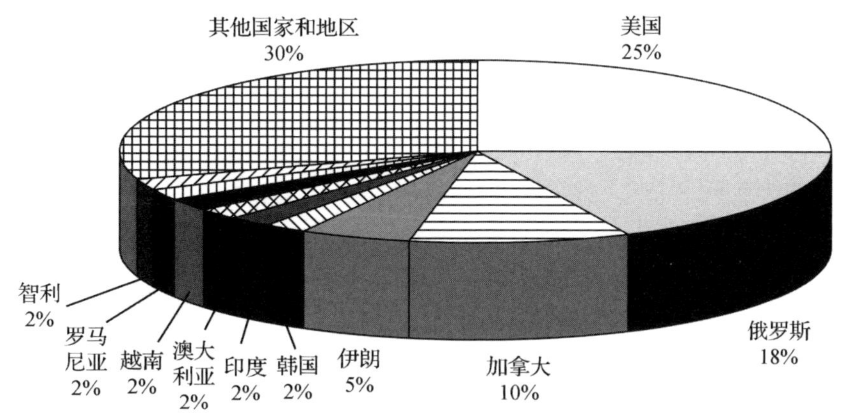

图 24 2013 年中国中纤板(MDF)出口的主要国家和地区分布

(5)*人造板外贸市场出现萎缩趋势* 我国胶合板出口 2013 年频遭双反，印度尼西亚和俄罗斯的胶合板大量进入国际市场，使中国胶合板失去市场优势。2013 年胶合板出口美国 134.68 万立方米、同比下降 17.78%，出口总量 1026.14 万立方米、同比只增长 2.3%；中密度纤维板出口 174.65 万吨、同比下降了 6.36%。于 2013 年 3 月 3 日生效的欧盟《原产国标签法》要求，出口到欧盟市场的木制品必须获得 FSC 身份证，证明生产企业采购的木材产自合法开发的森林；这对我国运营规范、产品顺利通过 FSC 认证的大型企业影响不大，但对多数中小制品出口企业冲击明显。2012 年 12 月和 2013 年 3 月美国对华进口的硬木和装饰用胶合板分别作出反补贴和反倾销调查初裁，涉及江苏省徐州、宿迁、连云港等地 108 家企业，涉案金额 3.3 亿美元；如果加入从上海、山东等口岸的出运量，涉案出口额更大。胶合板是苏北地区传统出口产品，附加值不高，实际利润率较低，主要靠成本优势，大多就地取用速生杨树加工；如果双反成立，将导致涉案企业被逼退出美国市场，给该地区人造板行业带来巨大经济损失，进而影响当地大批林农的切身利益。

三、中国人造板产业制约因素分析

原料受限：主要是木材管制。

市场受限：国际上美国、欧盟等发达国家贸易保护主义抬头，征收高额反倾销、反补贴税，对我国人造板及其制品出口将产生一定影响。但是全球经济整体复苏，市场需求有缓慢增加趋势。

环境受限：国内对空气质量提升要求逐渐提高。

标准受限：人造板质量标准提高，新型胶黏剂利用。

技术受限：采用的专利、外观设计缺乏自主创新，装备技术发展滞后等。

用工受限：技术工人和用工匮乏。

成本受限：原材料、劳动力成本提高，红利消失。价格提升幅度见微。

政策受限：增值税即征即退政策，出口退税政策，新技术激励政策。

四、发展趋势的讨论及建议

全国人造板产量2000年0.20亿立方米，2013年2.72亿立方米，13年间增长12.6倍。中国人造板产量从2007年开始在世界总产量中的占比超过1/4，并稳居世界第一，2013年占比高达40.88%，继续领跑全球。速度惊人！规模惊人！近年来，规模以上人造板企业产品销售收入增长率明显降低，销售利润率低于7%。2013年企业亏损面6.1%。效益明显下降！1991~2013年间中国人造板进出口贸易量在亚洲和世界中的占比持续升高，2013年分别达到32.57%和11.86%。贸易规模巨大！人造板中，胶合板进口增加16.4%，而对优质刨花板和纤维板的进口分别增长7.0%和280%。高端产品匮乏！

如此大的市场占有率，并没有形成行业和贸易优势，更没得到应有回报，不仅不具话语权，而且随时面临各种风险，典型的大而不强。虽然中国目前众多行业都存在大而不强，但是应理性看待，未雨绸缪，加快升级转型步伐。

生产经营的可持续性，产品和产业的竞争力是永恒主题。

原料的配置问题：①中国需要进口这么多木材吗？②哪些木材属于刚性需求？③这些木材终端消费者是谁？④中国在承受原材料消耗指责的同时，得到了什么？⑤加工国家的能源消耗、温室气体排放、粉尘污染等环境代价，有没有人买单？⑥企业、政策制定者、消费者应有什么样的策略选择？⑦从装备服务、技术进步方面，还有那些潜力？

中国人造板产业，在规模化发展的同时，应该更加重视发展的质量和竞争力，重视自身的价值和商业模式的运用。要把有限的投资和原料配置到效益最大的领域，通过优胜劣汰，实现企业转型重组，形成有国际竞争力的企业和产业。必须重新审视“两头在外，大进大出”的生产和贸易方式，发展适合国际潮流的、与我国生产力水平相适应的多元化林业产业发展模式。

趋势展望：虽然当前环境和形势复杂，海外经济动荡、产品出口低迷，国内经济放缓、居民消费有限，房地产调控、投资减速，人造板产业发展整体面临严峻挑战，迫使人造板行业加快结构调整和创新发展步伐；但是未来一段时期内，全球经济继续复苏，国内城镇化建设、新农村建设、交通基础设施建设步伐加快，人造板及其下游产品出口和国内市场消费企稳向好；人造板行业需要优化管理、节能降耗、整合资源、提高生产效率和产品质量，履行更多的社会责任和满足消费者对人造板产品适用性、功能性、环保型提出的更高要求，全面把握机遇，沉着应对挑战。

对人造板企业建言：扩全球视野，寻竞争优势；建现代企业，谋长效战略；与科技嫁接，领创新先河；重商誉创造，树品牌意识；做精良产品，建营销网络。

中国胶合板企业转型升级调查

——临沂案例

吴盛富　王莉娟

本调查旨在对临沂胶合板产业布局、发展状况和规模了解的基础上，设计调研表格，实地调研了胶合板企业。在临沂市政府的大力支持下，由临沂商务局提出的临沂胶合板产业转型升级调查，选择规模最大的前500家企业，填报并反馈了488家胶合板企业的调研表，结合临沂市人民政府关于加快推进“10+6”产业计划，构建现代产业体系的实施意见，国家林业局《林业产业政策要点》和《林业产业振兴规划》，对临沂胶合板产业整合重组和转型升级提出建议。

一、临沂胶合板产业发展背景分析

（一）临沂市的基本概况

临沂市是目前国内最大的胶合板生产基地，全市现有胶合板生产企业2000余家，已基本形成了以杨木胶合板为主，包括地板、防火板、浸渍纸贴面胶合板、铝塑板、复合装饰板及关联企业在内的特色产业集群。

临沂市木业已形成了以原材料、旋切、胶合板、制胶、其它人造板、家具、设备制造等较为齐全的产业体系，主导产品为普通胶合板、贴面胶合板和建筑模板，部分企业开始生产地板、家具等产品。2012年，518家规模以上企业完成产值690.7亿元，增长28.9%，年加工原木6900万立方米，年加工成品板材5400万立方米，产量约占全国25%左右，人造板出口量占全国人造板出口总量的40%左右，已成为全国最大的木材加工基地。

（二）中国胶合板产业现状

目前我国胶合板产业正在生产胶合板的企业约4000多家，产能达到万立方米的企业约1800家，全国取得胶合板生产许可证的企业1462家，从事单板旋切的作坊型企业逾万家。按照国家林业局统计，2009年胶合板产量达到4465万立方米，2014年达到

17000多万立方米。

1. 中国胶合板生产区域分布

中国地域辽阔，但胶合板生产区域相对集中，山东、河北、江苏、浙江、广西、广东取得胶合板生产许可证企业1167家，占取证企业总量的79.8%，表1为取得生产许可证企业分布情况。

表1 各省取得胶合板生产许可证数

省份	山东	河北	江苏	广西	浙江	广东	其它
取证企业数(家)	553	117	258	63	75	101	295

注：数据来源于国家质量监督检验检疫总局生产许可证查询网站，截至2010年12月25日。

各胶合板生产大省，又相继形成了大的胶合板产区，按照时间先后打出胶合板集群的有：邢台中国胶合板城、左各庄胶合板生产聚集区、全国最大的临沂胶合板基地、嘉善胶合板生产基地、邳州胶合板生产基地、漳州松木胶合板生产基地、菏泽胶合板生产基地、泗阳—宿迁杨木胶合板产区、南宁周边桉树胶合板生产聚集区，等等。以上胶合板生产基地的规模均在数百家以上，有的乃至上千家胶合板生产企业的规模，但取得生产许可证企业不到其企业总数的30%，其绝大部分企业规模小、设备简陋、管理粗放、总体水平不高，大部分注册的胶合板企业并不生产胶合板，只是生产单板。中国胶合板聚集区曾有的企业(不包括旋切厂)数量见表2。

表2 不同聚集区的胶合板企业数量估计

聚集区	邢台	左各庄	临沂	嘉善	邳州	漳州	菏泽	泗阳—宿迁	南宁
企业数	200	800	2000	200	200	500	200	500	400

注：统计时和该地区发展鼎盛时期或现在的企业数量不完全吻合。

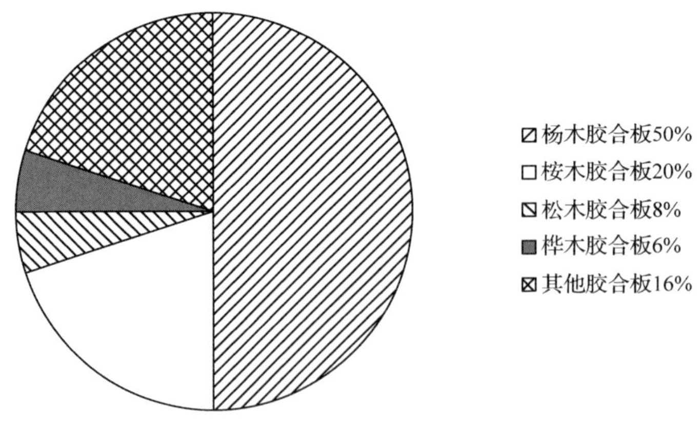

图1 中国胶合板原材料结构比例

2. 胶合板主要原材料

从胶合板原料看，昔日利用国产椴木、桦木、水曲柳生产胶合板的时代随着计划经济的转型已经终结多年；利用进口材生产胶合板曾一度成为淘金行业，从20世纪80~90年代初，吸引了一批投资者涌入并快速致富；但只有人工林杨树、桉木在胶合板行业的利用，带动了中国千家万户农民致富，民营胶合板企业如雨后春笋，星罗棋布。目前，我国杨木胶合板产量占总量的50%，桉木胶合板占20%左右，目前中国胶合板原材料结构比例，如图1所示。

杨木由于质地轻、颜色白、强重比高的特点，深受消费者喜爱。加上中国杨树人工林建设良性发展，杨木蓄积量增长迅速，杨木胶合板加工蓬勃发展。中国杨木胶合板和杨木单板层积材出口急剧扩大，缓解了由于世界木材供应紧张而造成胶合板市场供应不足的程度，为国际和国内家具行业、轻型木结构行业做出巨大贡献。

从上分析可见，以2009年胶合板产量计算，杨木胶合板产量约为2000万立方米，而桉木胶合板产量有所上升，产量约800万立方米。从杨木人工林资源总量来看，如果按照3000万立方米杨木胶合板总量测算，中国杨木资源能够满足中国胶合板可持续发展的需要(但无法按照过亿立方米胶合板量计算)，且华南地区大力发展桉树人工林，桉树已经成为该地区胶合板的主要原材料。

3. 劳动生产率情况

中国胶合板企业属于劳动密集型企业，这也是中国胶合板在国际市场上占据优势的主要原因之一，图3为中国2005~2009年胶合板企业的平均劳动生产率。从图中可见中国胶合板企业的劳动生产率相对较低，但2005~2007年，呈现逐年上升的趋势；2008年，受金融危机影响，部分工厂开工率不足，误工现象严重，造成企业个人劳动生产率降低；2009年，因为先前的金融危机淘汰部分落后产能，企业个人劳动生产率有所提高。

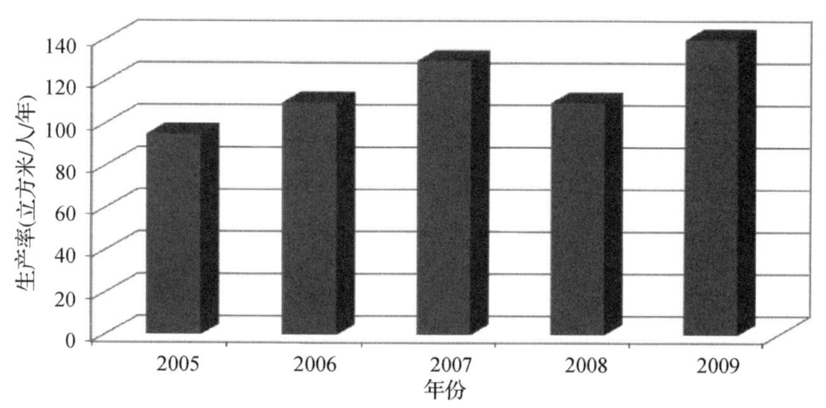

图3　中国胶合板企业平均劳动生产率情况

4. 劳动力成本的变动

人造板生产企业中的胶合板等生产均属于劳动密集型企业，人力成本占有较大的比重，劳动要素成本的上升对企业的成本影响较大。2009年以来，大部分企业都出现了招工难的现象，因胶合板生产对工人的技能水平要求不高，职工薪资待遇也较低，工人的流动性较大。

进入2010年，工人工资一路高歌猛进，企业工人平均工资超过了2300元，到2012年部分企业的工人平均工资达到3000元。在此后几年中，工人平均工资仍然继续提升，这对劳动密集型胶合板产业的影响将越来越大。

中国胶合板的应用研究至今没有开展，也没有胶合板国家应用标准，导致胶合板产品应用面窄，产品性能高的产品也只能当作普通用途利用，也导致胶合板产品功能富余，没有做到量身定制而造成原材料浪费。出口欧美的胶合板产品由于不是结构性产品，在其历次被抽测时结构板合格率几乎均为零。

中国胶合板的应用在不同年代也发生着巨大变化。20世纪80年代中国胶合板应用到家具上占70%左右，建筑业的门窗及内装修等约占15%~20%，车船制造占2%~3%，其他(含包装等)占7%~13%。据当时FAO统计，不同国家胶合板应用情况统计见表3。

表3　20世纪80年代部分国家胶合板消费结构 %

国别	建筑	家具	运输	包装	其他
美国	58	6	3		33
日本	63	25	4		8
联邦德国	61	20	5	4	10
法国	54	15	9	5	26
英国	59	11	9	11	10
加拿大	64	25	4		7
中国	16	74	2	5	3

进入20世纪90年代，中国胶合板的应用又发生了较大变化(以1995年为例)；其中建筑用途提高到29.5%，家具用途减低到49.9%，包装用途占10%，运输用途占4%，其他用途占5.6%。进入21世纪，中国胶合板的应用又发生了很大变化(以2005年为例)；其中建筑用途提高到55%，家具用途减低到11%，包装用途占13%，运输用途占8%，其他用途占14%。最近几年，胶合板用作为多层实木复合地板基材的比例大幅度上升，2013年上半年已经占胶合板产量的20%，成为胶合板第二大用途。

表4　我国胶合板消费结构的变化 %

年份	建筑	家具	包装	运输	装饰装修	地板	橱柜衣柜	其它
1995	30	50	10	4				6
2005	55	11	13	8				14
2013	50	10	5	5	5	20	5	5
2014	45	10	5	4	6	15	15	10

胶合板用途的变化，一是说明胶合板产品的结构发生了很大变化，二是胶合板产品的性能发生了很大变化，三是胶合板的替代品逐步占领了部分原先属于胶合板的市场，迫使胶合板寻找适合自己性能的新的用途，如地板基材和饰面胶合板即是最近几年新开发的用途。胶合板企业及其产品必须适应胶合板产品市场用途的变化，才能顺应胶合板行业的发展。从目前市场看，橱柜行业将逐渐成为胶合板产品的新市场。

胶合板用途的一个最新变化是，浸渍纸贴面胶合板。从2012年开始发展的三聚氰胺浸渍纸贴面开始在胶合板上的应用，近两年增长迅速，特别是改性脲醛树脂胶替代三聚氰胺树脂胶，胶黏剂成本大幅度下降，加上装修市场上橱柜和衣柜的快速兴起，浸渍纸贴面胶合板的发展异常迅速。

二、临沂胶合板企业调查结果分析

(一)企业基本信息调查分析

1. 企业基本信息

由临沂商务局提出的临沂胶合板产业转型升级调查，参加本次转型升级调查的共有500家临沂企业参与，有488家反馈了调研表；其中半程3家、苍山3家、方城1家、费县26家、工业园31家、李官1家、南坊2家、汪沟3家、枣沟头4家、义堂414家。

我国胶合板产业的黄金发展期为20世纪90年代初期，临沂胶合板产业就是在黄金期从事胶合板贸易企业和人员的带动而发展起来的。从企业成立年份调查看，2000年之前成立有43家，2000~2004年成立148家，2005~2009年成立189家，2010年及以后成立76家。可见临沂胶合板企业的诞生是在我国胶合板发展鼎盛时期之后，已经错过胶合板行业的黄金机遇期，导致企业没有机会尝到中国改革开放给胶合板行业的最大红利，但临沂胶合板企业赶上了中国制造给世界胶合板市场填补的空白。

由于资源制约因素，我国胶合板产品无法和东南亚热带木材资源丰富的国家生产的胶合板媲美，我国多数生产胶合板企业在成立初期均是从事胶合板贸易，或者是从其他行业转型生产胶合板，临沂地区胶合板生产企业也是如此；2000年之前35家，2000~2004年138家，2005~2009年181家，2010年及以后86家。企业成立时间不长，从事胶合板生产的时间更短，迄今为止，参加统计的胶合板企业的平均胶合板生产年龄不到或将近10年。

近3年临沂地区胶合板企业生产和销售情况；根据调查企业的实际生产和经营情况统计，2010~2012年产量的变化如图4所示。

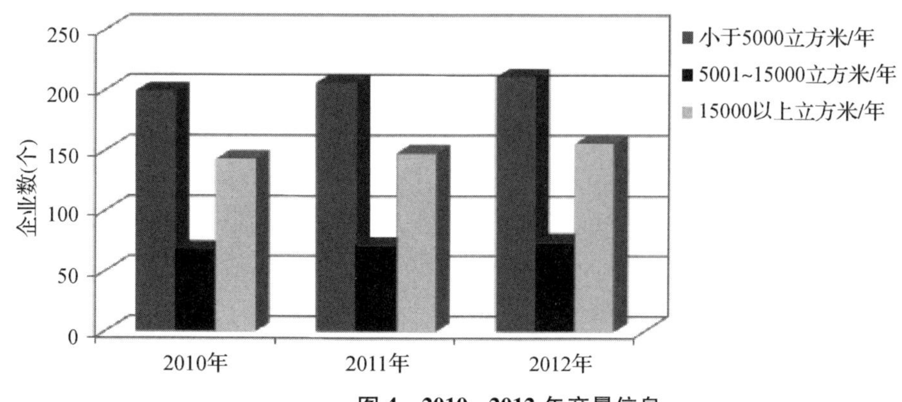

图4 2010~2012年产量信息

如图4所示，截至2012年产量小于5000立方米/年的企业有211家，产量在5000~15000立方米/年的企业有74家，产量大于15000立方米/年的企业有156家。说明：①绝大部分的临沂胶合板企业均是小企业，用当地话说“只有1~2条生产线”；②超过

90% 的所谓胶合板企业没有旋切线，即单板质量不在自己掌控之下；③超过 90% 的胶合板企业没有单板干燥机，即单板的含水率无法按照工艺要求控制（不排除个别企业购进的单板含水率是合格的）。

从产值统计结果看，截至 2012 年产值小于 2000 万元/年的企业有 232 家，产值在 2001~5000 万元/年的企业有 70 家，产值大于 5000 万元/年的企业有 142 家。

企业法人性别：企业法人性别为男性 467 人约占 96%、女性 20 人占 4%。

从企业领导人年龄结构看，法人最大年龄 80 岁，最小年龄 26 岁，30 岁及以下 17 人、31~45 岁 216 人，45 岁以上 201 人。企业领导人平均年龄为 45 岁，即创业期的企业领导人平均年龄为 35 岁。

此次调查显示，企业法人最高学历，初中及以下学历 137 人，高中中专 152 人、大本大专 39 人。可以估计，没有参加填写的不会高于高中学历，也可以得出如下结论；临沂地区胶合板企业高中以上学历的占 39%，大专以上学历占 8%。

最高学历取得时间，从配合调查企业看，1990 年之前 38 人，1990~1999 年 42 人，2000 年及以后 23 人。绝大部分临沂胶合板企业领导人的最高学历都是在我国改革开放以后取得，受市场经济的影响，他们思想不保守，适应市场能力强。

2010 年平均年产量为 12986 立方米，年产量小于等于 5000 立方米的有 199 家，产量在 5001~15000 立方米的有 68 家，年产量在 15000 立方米以上的有 143 家。平均年产值 3980 万，其中年产值 2000 万及以下 213 家，2001~5000 万有 64 家，5000 万以上 116 家。出口企业 65 家，平均年出口量 11031 立方米。

2011 年平均年产量为 14356 立方米，年产量小于等于 5000 立方米的有 206 家，年产量为 5001~15000 立方米的有 71 家，年产量为 15000 立方米以上的有 148 家。平均产值 4695 万，其中年产值 2000 万及以下有 226 家，2001 万~5000 万有 67 家，5000 万以上有 135 家。出口企业 77 家，年平均出口量 11628 立方米。

2012 年平均年产量为 15332 立方米，年产量小于等于 5000 立方米的有 211 家，年产量为 5001~15000 立方米的有 74 家，产量在 15000 以上的有 156 家。平均年产值 4628 万，其中年产值 2000 万及以下 232 家，2001 万~5000 万的企业有 70 家，5000 万以上 142 家。出口 83 家，平均出口量 11877 立方米。

由于义堂镇董西红木业、大正木业、大江木业、大成木业四家企业数据异常为无效信息外，临沂地区 484 家被调查企业的近三年的产量如图 5 所示。

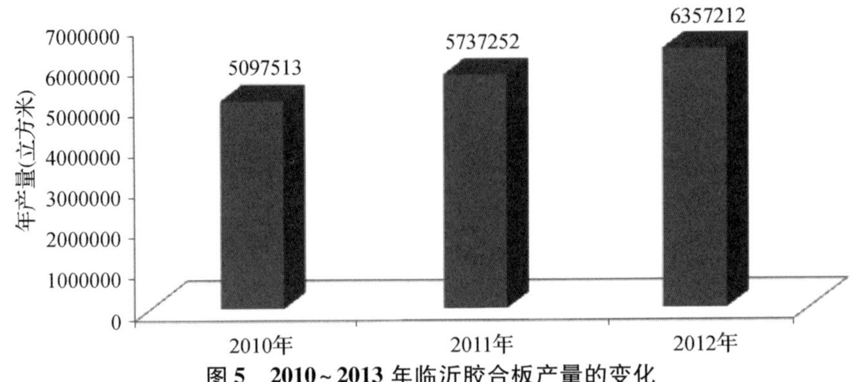

图 5　2010~2013 年临沂胶合板产量的变化

由于义堂镇董西红木业、大正木业、大江木业、大成木业四家企业数据异常为无效信息外，临沂地区484家被调查企业的近三年的产值如图6所示。

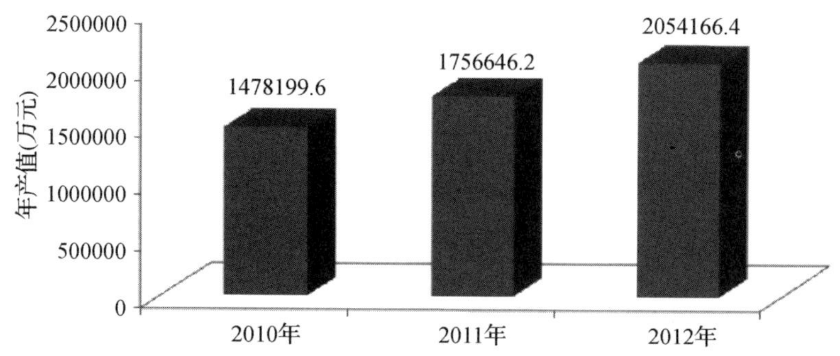

图6 2010~2013年临沂胶合板产值的变化

由于义堂镇董西红木业、大正木业、大江木业、大成木业四家企业数据异常为无效信息外，临沂地区484家被调查企业的近三年的出口胶合板量如图7所示。

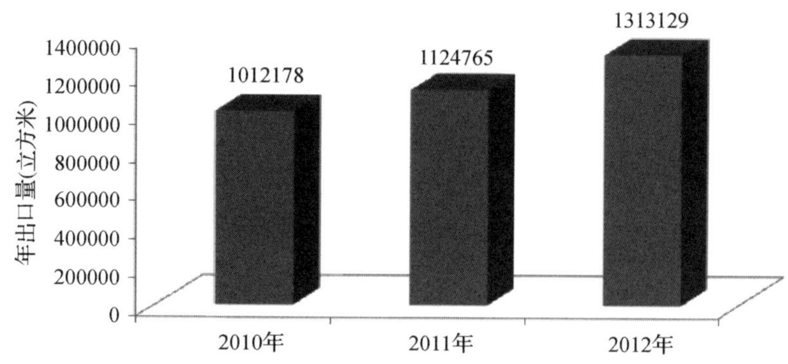

图7 2010~2012年临沂胶合板企业年出口量

2. 员工情况

本次调查员工情况，每个企业平均员工94人，均属于小型企业。

总员工人数在50人及以下企业226家，51~100人企业96家，100人以上企业142家。

有362家企业为员工提供住宿，平均提供住宿82人，能够提供住宿的胶合板企业规模相对较大。

377家企业有技术人员，平均5.6人/家，这里有些曲解，按照行业实际情况理解，大部分企业的技术员实际为熟练工人，他们乃是技术员的接班人。

346家有销售人员，平均4人/家。对于没有销售人员的企业，他们只是给别的企业配套，或是给亲戚朋友配套，这些企业闻不到市场气息，抵御市场风险能力最差。

199家企业提供保险，平均100人/家。可以理解大多数胶合板企业不提供保险，给员工上全险的企业更是屈指可数。这不仅体现企业素质，社会责任感不到位，也体现员工素质，他们可能不了解保险的作用和保险的取得。

133家企业有临时工，平均36人/家。如果调查属实，说明大部分企业都使用正式工人或者合同工，这是很可喜的事。但是，似乎实际情况和以上结论有些矛盾。

（二）设备和技术

1. 技术人员

党的十八大确立了科技强国、人才强国战略。要更好地实施人才强国的战略，必须更好地服务于发展这个第一要务，确立人才资源是科学发展第一资源的战略地位，进一步发挥人才对经济社会发展的引领和支撑作用；必须更好地贯彻以人为本理念，牢固树立科学人才观，把尊重人才、爱护人才、服务人才、促进人才全面发展作为人事工作的根本出发点和落脚点；在人才规模和质量方面，要不断加大人才培养和吸引力度，有效盘活人才存量，大幅度提高人才增量。

在临沂胶合板行业人才培养方面，市政府需要进一步完善市场和政府互动机制、完善人才培训机制、完善人才评价机制、完善选人用人机制、完善人才激励机制、完善人才吸引机制。以人才公共服务为平台，以人才宏观管理为重要手段，以人才法制建设为保障，努力把人才强市战略推向更好实施的新阶段。

胶合板行业普遍的问题是引进人才容易，留住人才难；在胶合板老板眼里：在外面看似人才，来企业看是庸才；在外面施展作用大，来企业无计可施；别人眼里的人才，自己看来人不如己。以上现象正是需要解决和改变的，临沂胶合板企业在人才管理和使用方面迫切需要解决的问题也是怎样引进并留住人才。

企业内具有工程师(中级)以上职称员工的企业共36家，平均3.2人/家。企业内具有技术员(初级)以上职称员工的企业共109家，平均4.2人/家。

企业内具有大本以上学历员工的企业共138家，平均3.4人/家。企业内具有大专以上学历员工的企业共152家，平均6.1人/家。

企业内具有研究生学历员工的企业共6家。企业内具有博士学历员工的企业共2家。

2. 技术合作与引进

胶合板是传统产品，其技术业已成熟，但随着原材料径节的变化、产品功能的增加，市场需求的多样化，导致加工技术的变化和设备的改进。作为没有技术研发能力的企业，怎样才能跟上技术变化的节奏和市场变化的步伐是企业家们日夜思索的问题。

本次调查发现：与外单位有技术合作的企业有2家，与外单位有技术引进的企业有2家。

3. 设备情况

作为劳动密集型的胶合板产品，其设备先进性和设备投入的大小与别的产品不一样。但人工林木材径节的变化，导致传统设备的效率低、动力消耗大、加工精度差、出材率低和整版出板率低等缺点。所以企业不改进传统而落后的加工设备，将无法长期生存。

临沂生产胶合板历史较晚，企业平均生产胶合板也不过十来年时间，传统的胶合板生产设备在临沂不多见，且部分工序和工艺已经被人工取代，这对劳动力成本低的发展初期是适宜的。

具有旋切机的企业共38家，具有磨刀设备的企业共10家；说明绝大部分企业均是购买单板生产胶合板。

具有涂胶机的企业共183家，其中主要宽度为3尺、4尺、8尺；具有热压机的企业共200家，主要层数为8层、10层、12层和15层；具有砂光机的企业共163家，主要砂架数为单砂架和双砂架。

具有制胶设备的企业共22家，平均年产量1903吨。作为延长产业链而建设的制胶厂，对胶合板生产以及配套均有益，但是制胶看起来简单，其技术含量高，企业如不采用先进的技术和工艺，其产品很难达到市场低毒环保的要求。

（三）产品与质量

1. 产品主要指标

目前临沂胶合板企业生产的产品非常雷同，即都是杨木普通厚胶合板，可以说是千军万马走独木桥。由于企业没有研发能力，正因为胶合板生产起点低，产品在企业之间简单复制和重复生产。

产品主要规格为1220毫米×2440毫米；表板主要树种为杨木，部分为桉木、冰糖果、桦木、杉木、奥古曼、桃花芯木、杂木等；普通胶合板表板厚度1.6~2.0毫米，但大部分部分贴面胶合板表板厚度0.1~0.6毫米；芯板厚度1.6~2.5毫米。

2. 产品检验

对于生产企业来说，质量检验是生产产品质量的保障。然而，我国胶合板生产企业，改革开放前的对产品质量的检验都非常重视，实验室的人员和设备配套非常齐全，对产品质量也很负责任。但是改革开放后的民营胶合板企业，开始凭经验和感觉生产，他们对产品质量不敏感，只对消耗和成本敏感，企业即使有监测设备，其实也只是摆设，因为绝大多数企业还没有专门的实验室人员，有实验室也不具备合格人员来操作检测设备。

调查显示，具有自己实验室的企业共76家，其中生产许可证配套实验室的有68家。

产品检验频率共48家企业填写，其中每周一检9家、每周两检15家、每天一检10家、每批次一检9家、每月一检2家、每半月一检1家、不定期检查2家，设备经过计量共45家。

产品检验主要项目有胶黏剂的固体含量、含水量、挥发量；胶合板的甲醛释放量、胶合强度、含水率和规格尺寸等。

使用尿醛胶UF胶黏剂的企业共98家，使用酚醛胶PF的企业共22家，使用三聚氰胺改性尿醛胶的企业共24家，使用改性WBP胶的企业7家。本次调查数据还发现：胶黏剂pH值为6.4~12；胶黏剂黏度为40~180；涂胶量为50~700克/平方米。

（四）技术改造与创新

1. 研发与技改

发现问题，才能解决问题。对于20世纪80~90年代国产胶合板加工设备，特别是那时民营企业生产的设备，经过十多年的使用，已经到了其生命周期，这些企业的设备改造都应开始。

本次调查发现：具有研发投入的企业共53家，平均研发投入113万，50万元以上15家。具有技改投入的企业共69家，平均技改投入430万元，100万元以上29家。

已经开始技改项目的企业有7家，技改项目分别是涂胶工序、原材料修补工序，低档板材生产线改造为高档家具板生产线，环保胶(WBP)的研发，铺装线改造项目等，此外还有对拼板机、自动锯、热压机的改造。

具有专利的企业共6家，其中最多的一家企业具有专利39项。

3. 企业发展规划与发展方向

临沂胶合板企业家的平均受教育程度为高中水平。经过多年的经营，他们逐渐意识到自己知识的欠缺和能力的不足；通过市场竞争他们也发现，不改变不提高自己不行。

本次调查发现；董事长具有深造想法的企业共44家。主要深造期望为专业知识、产品技术、产品质量、企业管理、国际贸易、社交、市场营销。

具有下一步技改方向的企业共18家，主要方向为提高产品质量、降低生产成本、延伸相关产业链、提高产量、环保问题等。

正在研发下一步新产品的企业有12家，研发产品有板式家具、复合地板基材、环保家具板、生态板、玻镁板、胶合板、细木工板贴浸渍胶膜纸、全自动板材裁块组装线、天然科技木、无醛模板、高强度覆膜板、环保板材等。

由于世界性木材原料的欠缺，胶合板生产多数已经从热带阔叶材资源丰富国家转移到人工林资源富裕的国家；加上我国劳动力成本低，胶合板在我国发展有其必然原因。临沂胶合板产品目前已经出口到世界各地，大部分企业都已经淘到第一桶金。

本次调查发现：具有转型想法的企业18家；具有原材料基地的企业5家；考虑下一步新投入的企业为32家，平均考虑投入513万元，最高投入3000万元。

4. 政府的协调和帮助

企业给政府缴纳税收，解决劳动力就业，理应得到政府的支持和帮助。企业最希望在如下方面得到政府的帮助：资金问题(贷款，短期周转资金，研发资金支持，拓宽融资渠道)、解决劳动力问题、简化土地审批手续问题(手续繁琐，厂房扩建难)、不公开退税手续问题。

另外，单个企业力量小，依靠单个企业的力量不能完全解决行业和企业内部的问题。本次调查发现企业还希望政府帮助和解决以下问题、高新技术引进问题、规范行业秩序问题、原材料和产品运输问题、聘请技术专家问题、拓展国内外市场问题。

三、建议和结论

(一)胶合板原材料安全供应

根据临沂市的统计报道，临沂共有胶合板企业2000多家，规模以上企业518家，

2012年临沂规模以上企业胶合板总产量5400万立方米，共消耗木材6900万立方米木材(注：该消耗量已经大于全国2012年木材总产量)。

临沂胶合板产业要发展，必须考虑临沂是否能持续得到如此大量的木材或单板供应？这些木材或单板从哪里来？可以肯定的是国际上木材供应越来越困难，由于木材合法性概念的提出，一定程度上制约了我国木材进口；同时越来越多国家不允许出口原木，转而出口初级加工制品。国内木材供应依靠人工林，但是人工林资源丰富地区又有其就业和发展的压力，都在发展本地的胶合板和企业木材加工业，导致木材运距加长。如此分析，临沂地区木材或单板怎么才能持续供应？

为了木材的持续供应，建议政府部门可以做以下几个方面的工作。

1. 利用有关项目对接进口材

木材进口已经由一些传统国家转向新兴国家，且木材进口变得越来越困难，多数国家要求木材经过加工后才允许出口，加上西方国家出台木材合法性的法律，限制或阻碍国际木材贸易。所以，作为胶合板用原木的进口将变得越来越困难，企业不得不另辟蹊径。

利用有关项目嫁接进口材需要和国家政策的步调一致，还需要临沂市政府和相关企业紧密合作，才能取得较好效果。

2. 政府牵头与资源富裕国对接

根据全球森林资源分布和市场贸易现状，森林资源富裕国多是第三世界国家和岛国，或受西方国家制约。到国外进行木材采伐和贸易对绝大多数企业来说是望尘莫及，特别是临沂胶合板企业。如果政府部门提供必要的支持，将给临沂胶合板企业进口原材料带来福音。

目前森林资源富裕国通过不同途径也在和我国政府以及地方政府对接，推销他们的林木资源，临沂市政府牵头对接是服务于企业的最佳途径之一。

3. 与国内资源富裕地区进行对口联系

由于市场经济体制的不断深化，临沂周边人工林木材资源富裕地区均已经取得很好市场合作，他们也在积极发展地方经济，拓宽和拉动就业渠道，发展初级木材加工业。这也导致临沂胶合板企业原材料运输距离越来越长，价格越来越高的原因。

如今临沂胶合板原材料可以想的办法有：第一是国产材杨木，从杨木资源蓄积和加工发达程度看，河南的西北部、陕西南部(黄河流域附近)区域，三倍体毛白杨资源相对比较充裕，如果政府予以牵线引导，企业后续资源供给将起到有效的补充作用。第二是进口松木，主要渠道有四，一是从俄罗斯进口落叶松，二是从新西兰进口辐射松，三是从智利进口辐射松，四是从美国进口黄松和黄杉松。如能组织进口松木用作胶合板原材料，不仅有助于缓解木材原料紧张，而且对开发结构用胶合板有很大促进作用。

4. 营造速生丰产用材林

临沂的木材消耗量和自身木材供给量极不平衡，如果继续利用杨木资源，不仅价高，而且质次运距长；如果一味开源进口木材资源，就是有能力购进，也给他人予资源掠夺、破坏生态环境、不利气候变化等指责。如此，政府领导对外说话也乏力，国外非政府组织因此对临沂的“关注”也会大幅度提升，届时临沂市政府和临沂胶合板产业均陷于不利和被动的尴尬境地。

为此，建议临沂市应发动大规模造林。究其原因，一是改善当地生态环境，美化沂蒙家园；二是补充临沂本地胶合板企业资源的不足，化解部分供给矛盾；三是提升和树立临沂政府和胶合板产业对社会、对环境负责任的形象，减少国外非政府组织因此对临沂的“关注”程度。

至于造林树种，可以结合临沂本地的实际情况，建议以杨树为主，间作适量针叶树种，保持一定林相和生态功能的需要。

5. 必须关注木材合法性

木材是否合法？咋听这是一个非常奇怪的问题，但确实是一个出口企业面临的问题，且不解决不行。

自20世纪90年代以来，随着林产品在世界上消费量的日益增长，在一些国家之间出现了市场需求、经济发展和森林资源不平衡，总体上表现出森林资源的短缺和匮乏。为了保护森林资源并得到有效的可持续利用，多个国家纷纷采取措施合理控制木材的采伐，随之出现了木材合法性的概念。

每个主权国家都有自己的法律体系和森林资源经营管理的法规，都可以用来诠释木材的合法性。所以，木材合法性的解释存在国别差异。但从广义上讲木材合法性必须包括能够达到可持续性的三个方面：社会发展可持续、环境可持续，以及经济发展可持续。具体讲应包括以下五个方面：一是遵守森林经营、环境保护、劳动者的福利、健康、安全等相关的法律；二是合法采伐；三是遵守税收等相关的法律；四是尊重可能受木材采伐影响的水土涵养、动物栖息及其它资源的保护；五是遵守贸易和国际相关法规的要求等。

6. 国际法和相关国家法律

《濒危野生动植物物种国际贸易公约》(CITES)体现了国际社会对濒危物种贸易的关切。1975年公约颁布，目前已经得到了160个国家的认可，主要用于规范动物、观赏植物、药用植物以及木材的贸易。《公约》致力于对濒危物种的确认，并且通过法律手段阻止对这些物种的采伐和贸易。世界银行报告显示，全球非法采伐每年都会导致严重的经济损失、同时还导致了资源破坏、水土流失、政府税收流失、当地林农应有的待遇得不到保障等问题。

美国以前没有相关森林资源合法经营、合法采伐的联邦法律，也没有木材合法运输、合法加工的相关法规，但在《雷斯法案修正案》中予以总体限定；《雷斯法案》是美国第一部联邦自然保护法案，百余年来历经修订。2008年，美国农业部对此部法案再次修订，于同年5月22日正式生效的《雷斯法案修正案》延伸至植物及其制品(林产品)贸易，它认可、支持其他国家在管理本国自然资源中做出的努力，并对企业交易来自合法渠道的植物及植物制品(林产品)提供强有力的法律保障。简言之，这个法案要求对美国进出口贸易的动植物包括木材、木制品必须符合来源国的法律、美国的法律和相关的国际法规、准则。

《雷斯法案修正案》的推出，给输美木材加工制品的生产企业和贸易商敲响了警钟，要求必须从源头的木材采伐开始关注，保证整个生产、经营过程符合相关法律、法规。这里的法律、法规涉及国际法及其准则，他国法律和本国法律，其复杂程度难以令人置信。部分走在前面的企业已经开始关注《雷斯法案修正案》，从某个侧面已经开始部分工作，对于不了解的部分已经开始求助第三方。

2010 年 10 月 20 日欧洲议会和委员会颁布第 995/2010 号《欧洲木材法规》，赋予将木材和木制品投放市场的运营商义务。此《法规》的目标是：保证只有合法木材生产的木制品进入欧盟，以达到增强森林保护、减缓气候变化以及保护生物多样性相关政策之间的协同作用；澳大利亚也已经提出禁止非法木材议案。

在实际操作中，认同已经在使用符合《法规》规定的体系或程序，包含合法性验证或第三方认证的生产企业的体系，可用于风险评估并纳入尽职调查体系。监督机构对生产企业和贸易商的认可或认可撤销应以公平、透明的方式进行，应公开认可或认可撤销名单。主管部门应定期对监督机构进行检查，以验证其是否有效履行了本《法规》规定的义务；此外，主管部门在得到相关信息时要努力进行调查，对违反本《法规》规定的行为(包括生产企业、贸易商和监督机构)，都会被处以有效的、适当的和劝诫性惩罚。

此《法规》的规定不适用于回收的木材和木制品，即结束了使用寿命、不回收就会作为废物处理的二手木材和用其生产的木制品不在范围内。

考虑到中小型企业对获取信息滞后的实际情况，伙伴国必要时可在欧盟委员会协助下，向生产企业提供技术和其他方面的支持，并促进信息交流，但不能免除中小企业作为生产企业实施尽职调查的义务。

7. 建立尽职调查体系

企业建立尽责调查体系是新形势下的需要，特别是外向型企业。

(1)生产企业将木材或木制品投放市场信息的措施和程序：产品描述，包括产品名称和种类，以及树种的常用名称，树种学名；采伐国，包括木材采伐地和采伐区域；数量，用体积、重量或单位数量表示；向生产企业供货的供货商名称和地址；木材和木制品供应对象——贸易商名称和地址；表明木材和木制品符合适用法规的文件或其他信息。

(2)生产商分析和评估非法采伐木材及其木制品投放市场的评估程序，包括遵守适用法规，各种认证或其他涉及证明遵守适用法规的第三方验证体系；具体树种存在非法采伐的广泛性；在采伐国或国内木材采伐地区非法采伐行为的广泛性；国际社会或欧盟理事会对木材进出口的要求或制裁；木材和木制品供应链的复杂性及程度。

(3)风险规避程序，即一整套能将风险合理地最小化的措施和程序，包括必要的附加信息、文件，和/或第三方验证证明文件。

在判定木材合法性的过程中要考虑一个国家的法律适用性。不能满足要求的法律造成的潜在的危害可能影响木材生产国的不同利益相关方——政府、私营业主、公众和社区。因此，木材合法性的法律体系需要考虑所有的利益相关方，以期达到兼顾并认可的目的。

经过60多年的发展，中国已经形成了以林政管理、林地林权管理、森林资源监测管理、森林资源利用管理（森林采伐管理、木材运输管理和木材经营加工管理）为主体，以资源监测、资源监督为辅助的森林资源管理体系。在社会主义市场经济条件下，为推动现代林业的发展，在已有有效体系的基础上，逐步推行由第三方主导的、通过市场机制运行的木材合法性保障体系，对于新形势下推进我国的森林可持续经营，全面加强森林经营工作具有重要的现实意义。

中国的森林法规定，采伐林木必须按要求申请采伐许可证，必须按由国家林业局统一核发的采伐许可证的规定进行采伐，申请采伐林木的数量不超过政府批准下达的采伐限额和木材生产计划。同时木材运输要申请全国统一管理的木材运输证，木材加工企业按产品要依法申领生产许可证，进行木材的采伐、运输、生产管理，切实维护正常的木材流通秩序，有效地保护森林资源，在全国建立起布局合理、网络严密的木材采伐和运输检查体系。

有些国家的森林法和地方法规之间不一致，与小型森林经营者之间的管理发生矛盾，不同的国家的森林经营法规之间存在较大差别。木材合法性定义，做到统一解释是非常难的，今后也很难达到，所以有必要先建立一个过渡性的市场基准或最低要求达到的行为规范，解决市场上已有的争议和国际社会的关切。

综上所述，国际上普遍认可的尽责调查或行为准则要求内容清晰，指标明确，具有一定的可操作性，其中必须包含以下的内容：①包含必须执行的国内和国际法律法规；②明确的标准和指标作为第三方实地验证的依据；③切实可行的验证方法，保障木材来源的可追溯性；④对相关的人员进行必要的培训。这样，便于森林经营单位和生产、贸易型企业理解并在实际的经营管理中贯彻执行，以达到符合木材合法性的目的。

（二）提高企业素质

提高胶合板企业素质分为人员素质和技术装备素质。临沂胶合板企业素质存在的问题有：①绝大部分的临沂胶合板企业均是简陋的小企业，用当地话说“只有1~2条生产线”；②了解胶合板生产工艺的企业不多，大家都是简单模仿，同质化竞争严重；③了解胶合板生产技术的技术人员也不多，大部分企业没有技术人员，企业多是凭经验生产；④绝大部分企业老板都是销售员，缺乏管理企业的经验或无法驾驭自己的企业，对胶合板生产和质量不甚了解；⑤绝大部分临沂胶合板企业没有实验室，有的也只是生产许可证配套的“标准”实验室，有的企业一年也不检测自己产品的质量；⑥绝大部分临沂胶合板企业内部没有人会使用自己“标准”实验室的检测设备；⑦调查的488家胶合板企业的老板中，有超过30%的企业老板只有初中毕业或初中以下文化，没有一个老板受过胶合板专业教育；⑧没有一家胶合板企业的技术和装备达到国际水平（可以有效控制产品质量）；⑨临沂是国内最大的胶合板集群，却没有一个国内或国际强势品牌。

1. 提高人员素质

调查结果看出，临沂地区胶合板企业董事长高中以上学历的占39%，大专以上学历占8%，没有大学本科及以上学历。固然我国胶合板行业企业家受教育程度均不高，这确实是我国胶合板企业受市场影响而大起大落的原因之一，也是我国胶合板产业始终徘徊在起跑线的原因之一，也是为什么我国胶合板产业不容易进行转型升级的原因之一，也是我国胶合板产品质量差的原因之一，这也是造成我国胶合板企业素质不能提高的原因之一。

对于企业老板的素质这个共性的问题，建议地方政府可以统一做些工作。企业老板素质的提高，企业才能长治久安，产业才能稳定发展，地方经济和税收才能有保证，地方就业才能有效解决。进而百姓能够安居乐业，社会才能安定，社会主义现代化建设的目标才能实现。

一个企业老板素质的提高，首先要素是这个老板要认识到自己的不足和需要提高的方面，这才是主动的提高，才能达到预期的效果。否则，被动的提高没有动力，达不到预期的效果。本次调查企业老板需要提高的方面主要有：企业管理和市场信息(捕捉市场信息的能力)，至于专业技术素质对企业领导人的要求，似乎不是必选题而是选择题。政府部门如能结合企业家的需要，对症下药，对于临沂地区胶合板老板进行针对性地提高，能收到事半功倍的效果。

此外，在本次调查中，80%以上的企业提出企业最希望在如下方面得到政府的帮助：①资金问题(贷款，短期周转资金，研发资金支持，拓宽融资渠道)，②劳动力问题，③土地问题(手续繁琐，厂房扩建难)，④退税手续问题，⑤高新技术引进问题，⑥规范行业秩序问题，⑦原材料、产品运输问题，⑧聘请技术专家问题。这些问题提得很好，须得到临沂市政府部门的高度重视，但遗憾的是企业自己没有主动意识到自己的问题。

2. 提高装备素质

良好的加工设备是生产高质量胶合板的关键。为了节省投资，我国目前胶合板产业中的单板生产和胶合板生产的设备均是因陋就简，注重产量而不重视质量，临沂胶合板产业和企业的情况也是如此。多数胶合板设备生产企业也只是简单拼凑，无研发和技术创新可言，部分胶合板加工设备的水平和自动化程度没有进步反而倒退。

技术进步是推动我国胶合板行业发展的关键。我国目前胶合板发展的水平，与10年前或20年前比较，除了产量的增加外，整体技术水平提高不大。部分工序的生产技术水平反而有所降低，但在胶合板表面加工，贴面胶合板方面提高较快；企业在花色品种上已经创造出琳琅满目的产品来满足装饰装修市场的需要。

分析我国胶合板现状，对比国际胶合板行业目前发展水平，我国胶合板行业技术进步主要表现在以下几个方面：

(1)*提高小径木材旋切技术*　通过提高旋切技术提高单板出材率，减少厚度偏差和背面裂隙，从而提高劳动生产率和整板出板率。我国目前的旋切技术与20年以前相比，除原木及木芯直径减小，部分控制技术有提高外，总体水平在下降。小径木旋切在我国胶合板行业大有潜力可挖。

(2)*扩大单板的幅面*　单板的接长和横拼技术是解决小径木原材料的又一法宝。随着原料径级变小，单板规格只能通过后续纵横拼接技术来达到胶合板生产的要求，用机械办法来替代目前手工拼接，从而达到大幅面胶合板生产的需要，实现单板拼接技术的突破。从而有效减少胶合板产品的叠离芯，大大提高产品的均匀性。

(3)环保胶黏剂的应用　环保型胶黏剂市场上业已存在，胶合板企业之所以不用，是因为它成本高。改进技术、降低环保胶黏剂的成本是今后工作的方向。

(4)开发功能型新产品　包括不同材料或材种集成和单板层积，来达到不同使用要求，功能型产品的开发能引领行业的发展，更能带动自身企业的发展。

另外，还需要在现有造林基础上，适度规划胶合板用材林，并采用修枝技术来扩大单位面积的产量和产值，同时满足大径胶合板用材的需要。

采用新技术、新设备，如采用小径木旋切机附之背面柔化处理技术，使用高效喷气式单板干燥机、芯板拼缝机，芯板整张化，采用机械化装卸板、快速闭合热压机等，可准确控制工艺条件，使产品质量更有保证。相反，我国胶合板目前采用的设备不是新技术，而是拼凑技术和落后技术；造成单板整板率低、单板厚度公差大、单板背面裂隙大、干燥后单板破损严重，导致单板修补量大，手工拼接而叠离心普遍。为了弥补叠离心和单板质量，加大胶黏剂中面粉添加量，加大涂胶量来达到预期胶合强度。这样生产出来胶合板产品在强度上徒有虚名即静曲强度达标，而弹性模量差，板内误差大，板间误差更大，胶合板产品均匀性差。最终导致胶合板产品价格低廉。

提高胶合板装备水平，企业要具有两个基本条件；一是要有足够的资金储备，即买得起好设备；二是对企业要有一个长远而高端的定位，对胶合板产品质量和市场有一个定位或设计。

遗憾的是作为国内最大胶合板集群的临沂，具有数千家胶合板企业，没有一家能够达到国内先进水平，即便是单位产量已经达到年产 30 多万立方米，即产量全国最大的企业，其技术装备、质量控制、质量检测等也还是初级水平。

3. 采用环保胶黏剂

随着人们生活水平的提高和社会的不断发展，石油价格不断高涨，中国的物价不断提高，包括胶合板用胶黏剂的价格也随着甲醛、尿素和苯酚等原材料的提高而增长。另外，由于人们对环境保护意识的提高，对甲醛等有害气体的释放量要求越来越严格，继日本提出 F * * * * 产品后，美国加州已经立法，严格限制木材制品游离甲醛释放量，并对出口加州的人造板产品必须进行 CARB 第三方认证，强制达到 CARB 标准规定要求，该法案于2009 年 1 月 1 日正式实施。胶合板游离甲醛释放量已经从国家标准 E2 提高到 0.05ppm(0.05μL/L)。

胶黏剂生产厂家或企业制胶车间必须在生产工艺的要求上采取严格措施，才能满足以上要求，这样在无形中就增加了胶合板用胶黏剂的成本。市场上普通尿醛胶的价格几年前每吨不足千元，如今市场上达到以上要求的环保改性脲醛胶的价格达到4000~5000 元/吨，甚至更高。总结国际国内人造板生产技术和现状，有三种方法降低人造板产品的游离甲醛释放量：一是采用低醛的环保胶黏剂，要求在降低可分子比的同时达到强度性能要求；二是在生产过程中或热压生产后添加甲醛捕捉剂，使在生产过程或生产后产生的游离甲醛能够被捕捉产生反应，达到减少游离甲醛释放的效果；三是生产出成品后采用氨水熏蒸的办法，使氨离子和活性醛基产生反应，从而达到减少游离甲醛释放的效果。以上三种方法在当前人造板生产或使用中均被采用，具体的效果和生产成本，不同方法视当地实际情况有所不同，要求人造板生产企业根据自己实际情况择优选择。

环保型胶黏剂市场上业已存在，改进技术、降低环保胶粘剂的成本是今后工作的方向。值得一提的是，胶合板的游离甲醛不是也不可能是零，产品的游离甲醛是越低越好，但不是企业追求的方向，达标才是企业的追求。

2014年我国木材及制品进出口形势与木材资源分析

陈水合

过去的一年，由于许多国家的经济形势趋好，尤其是木材制品出口大国需求量全面增加，亚洲、美洲、欧洲、非洲和大洋洲多数国家对木质家具等产品需求量增加，使我国木质家具、人造板和木质地板等产品出口量大幅度增长，从而带动了木材和各种人造板产品进口量的增长，但是由于房地产的影响，针叶材和高档红木价格下降，进口受到一些冲击，有些木材进口商日子难过，有些针叶材进口国的进口数量下降。

一、木材、人造板及木质家具进口部分

（一）木材进口大幅度增长

2014年我国木材进口总量达到7684.99万立方米，折原木材积8784.53万立方米，比上年增长11.22%，红木和针叶材进口量有所下降，大部分材种进口量增长。

1. 虽然有些材种进口量下降，但是原木进口总体增幅明显

2014年，国际原木市场大部分国家看好，但是我国针叶材进口，因受房地产影响，受到较严重冲击。我国针叶原木最主要进口国家，如新西兰完成1173.03万立方米，比上年同期增长1.97%；俄罗斯完成1025.79万立方米，比上年同期增长10.9%，增加111.79万立方米；加拿大完成303.84万立方米，比上年同期增长11.7%；美国完成609.55万立方米，比上年同期增长8.66%，增加48.58万立方米；巴布亚新几内亚完成275.18万立方米，比上年同期增加19.8%。由于从2014年4月1日起，缅甸政府对原木出口的限制，加上上年有些材种进口过量待消化，仅完成83.3万立方米，比上年同期下降14.13%。2014年，我国共进口原木5119.43万立方米，比上年同期增长13.36%，进口量增加603.53万立方米。

2. 针叶锯材虽进口量下降，但是总量仍保持一定的增长速度

由于我国木质家具、胶合板、中纤板、刨花板和木质地板出口大幅度增长，对锯材需求量增加，但是受房地产影响，针叶材需求下降。普通阔叶材市场因木质家具、

胶合板和木质地板的需求量仍较大，国际锯材市场也普遍看好。我国锯材主要进口国家2014年完成情况如下：俄罗斯完成790.23万立方米，比上年同期增长12.47%，进口量增加87.6万立方米；加拿大完成663.44万立方米，比上年同期下降3.32%；美国完成280万立方米，比上年同期增长8.41%，进口量增加21.71万立方米；泰国完成223.06万立方米，比上年同期增长17.6%，进口量增加33.28万立方米；新西兰完成36.82万立方米，比上年同期下降26.38%。由于我国2013年高档锯材进口速度过快，加上2014年受房地产的影响，针叶材和高档锯材使用量减少，导致有些地方存在积压现象，进口商有些控制。2014年累计，我国锯材进口量完成2565.56万立方米，折原木材积3665.09万立方米，比上年增长7.17%，增加171.59万立方米。

（二）国外各种优质人造板抢占我国市场

由于美国环保局（EPA）发布了两项关于复合木制品技术性贸易措施通报。这两项对甲醛排放的标准提出了比以往更为严格的指标，这一标准已从2014年7月1日起强制执行。由于这一“指标”对我国木质家具、实木复合地板等木制品出口到美国影响较大，为了适应美国的要求，我国出口企业就必须进口符合美国要求的各种人造板，加上我国2013年以来木质家具出口量大幅度增长，尤其是出口到美国的板式家具和实木复合地板等大幅度增长，带动各种优质人造板的进口，尤其是中纤板。相对来说，由于我国进口刨花板生产线相继投产，质量能够符合要求，因此进口降幅不断下降，至12月底已出现负增长。

1. 胶合板进口量增大

虽然，我国是胶合板生产大国，但是许多质量仍较差，优质胶合板仍无法满足实木复合地板和装修等的需求，尤其是达到美国甲醛释放量标准的胶合板仍较少。因此2014年共进口胶合板17.8万立方米，比上年同期增长15.04%，主要进口国家是马来西亚（77442立方米）、印度尼西亚（35259立方米）和俄罗斯（31393立方米）等国。

2. 中纤板进口大幅度增长

由于我国中纤板质量许多仍较差，无法达到出口要求，为了达到我国出口到美国的家具和强化地板等符合美国甲醛释放量的强制性标准的需要，2014年我国共进口中纤板23.97万立方米，比上年同期增长223.83%，主要进口国家和数量分别是：新西兰（45581立方米）、泰国（32766立方米）、澳大利亚（37897立方米）、德国（25673立方米）、意大利（15361立方米）等国。

3. 刨花板进口首次出现负增长

由于近年来我国引进多条刨花板生产线，很多产品质量能达到美国甲醛释放量标准，所以进口量逐渐减少。至12月底统计，根据海关统计，进口已出现负增长。通过实践证明，只要提高产品质量，就能抢回被国外板所占领的市场。2014年我国共进口刨花板55.25万立方米，比上年同期下降1.49%。主要进口国家和数量分别是：德国（27104立方米）、马来西亚（165153立方米）、越南（53863立方米）、罗马尼亚（80721立方米）、加拿大（46979立方米）、泰国（112202立方米）、巴西（23418立方米）等。

（三）木质家具进口大幅度增长

由于大量的商品房都逐渐进入进住阶段，加上人民币汇率较高等因素的共同拉动，2014 年我国木质家具进口在加速，其中，进口数量 774.81 万件，比去年同期增长 32.85%，进口金额 63653.6 万美元，比去年同期增长 24.46%。

二、人造板和木质家具出口部分

由于 2014 年以来，亚洲、欧洲、美洲、大洋洲和非洲在内的许多国家的经济形势趋好，尤其是美国、英国、德国是我国主要家具和人造板出口大国。另外，亚洲的许多国家的经济形势趋好，对人造板和木质家具等的需求量增加。因此，国际人造板和木质家具市场全面看好，使我国 2014 年以来的各种人造板和木质家具出口，都出现连续的增长局面。

（一）人造板出口形势

1. 刨花板出口形势继续向好

我国近年来刨花板发展较快，除了大部分用于国内家具、厨房用具和装修等外，有一部分刨花板需要出口找销路，2014 年我国出口量完成 36.28 万立方米，比上年同期增长 45.33%，增加数量 11.32 万立方米。主要出口国家及数量如下：俄罗斯（61512 立方米）、蒙古（53379 立方米）、印度（15524 立方米）和塔吉克斯坦（25310 立方米）。

2. 中纤板出口大幅度增长

近年来我国中纤板发展很快，但是由于质量等原因，国内市场已接近饱和，加上美国今年的新“标准”后，大量国外优质中纤板涌进我国市场，加上受房地产影响，国内家具销售困难加大，对中纤板需求减少，国内市场的饱和度增大，因此有相当数量的中纤板需要出口找销路。2014 年中纤板国际市场普遍较好，传统出口大国全面增长，如美国完成 652093 立方米，比上年增长 3.42%，增加了 2.16 万立方米、韩国完成 66879 立方米，比上年增长 9.07%、伊朗完成 166777 立方米，比上年增长 39.06%，增加了 4.68 万立方米、俄罗斯完成 166777 立方米，比上年增长 39.06%，增加了 6.02 万立方米、加拿大完成 275979 立方米，比上年增长 7.73%、沙特阿拉伯完成 309914 万立方米（去年没有出口）。除传统出口大国全部增长外，整个国际中纤板市场看，各大洲普遍看好，如阿联酋完成 16.04 万立方米、印度完成 62.31 万立方米、越南 6.9 万立方米、乌兹别克完成 5.3 万立方米、罗马尼亚完成 3.4 万立方米、南非完成 3.33 万立方米、英国完成 2.37 万立方米等。江苏是我国中纤板出口最主要集中地（很大部分是强化地板），2014 年完成 240.09 万立方米，增长 37.18%，占全国出口量的 65.72%；山东完成 45.87 万立方米，增长 144.25%；广东完成 14.28 万立方米，增长 120.33%；浙江完成 11.66 万立方米，增长 33.43 万立方米；上海完成 11.14 万立方米，比上年同期增长 8.8%；广西完成 5.49 万立方米，但没有出口。只有河北完成 2.93 万立方米，下降 25.39%。

由于国际中纤板市场看好和我国资源丰富，所以2014年的中纤板出口完成365.3万立方米，比上年同期增长45.33%，增加11.58万立方米。

3. 胶合板出口量大幅度增长

2014年，由于国际经济形势好转，胶合板市场出现了需求明显增长态势，出口到美国的胶合板完成167.76万立方米，增加33.08万立方米，比上年同期增长24.56%，占我国出口量的12.69%；日本完成82.92万立方米，比去年同期增长1.68%；英国完成71.56万立方米，比上年增长10.03%；沙特完成60.03万立方米，比去年同期增长41.06%，增加17.48万立方米。另外，从整个胶合板国际市场看都较好。亚洲市场更是普遍看好，如香港地区完成21.77万立方米，比上年增长27.68%；新加坡完成22.94万立方米；越南完成26.8万立方米；阿联酋完成69.79万立方米；菲律宾完成67.85万立方米。除了亚洲外，其它国家也完成不错，德国完成17.04万立方米、比利时完成24.4万立方米、尼日利亚完成15.6万立方米。从上述表明，除了亚洲，美洲、南非和欧洲市场也较上年明显好转。2014年我国的胶合板出口完成1169.56万立方米，比上年同期增长13.98%，增长数量达到143.42万立方米。按出口数量排列顺序：山东完成555.87万立方米，比上年同期增长14.87%，占我国出口量的42.06%；江苏完成327.13万立方米，比上年同期增长16.31%；广东完成61.55万立方米，比上年同期增长10.13%；广西完成61.22万立方米，比上年同期增长6.51%；浙江完成40.91万立方米，比上年同期下降5.46%；上海完成12.86万立方米，比上年同期下降2.71%。

（二）我国木质家具出口形势较好

1. 2014年出口的基本形势

过去的一年，由于国际经济形势好转，木质家具市场出现了需求明显增长态势，大多数国家的木质家具需求量在逐步增加，尤其是我国木质家具传统家具出口大国都有增长。列我国木质家具出口前四位的对象国分别是：出口美国完成6812.54万件，增长4.06%，出口金额427322.22万美元，增长7.25%；出口日本完成1726.59万件，增长0.51%，出口金额75682.44万美元，增长1.62%；出口英国完成1285.52万件，增长16.03%，出口金额61690.78万美元，增长20.4%；出口德国完成1165.92万件，增长23.7%，出口金额40200.72万美元，增长7.83%。除了传统家具出口大国增长外，由于整个国际家具市场较好，亚洲市场更是普遍看好，如新加坡完成5.75亿美元、马来西亚完成5.53亿美元、阿联酋完成4.27亿美元、韩国完成6.23亿美元、香港地区完成2.91亿美元等。除了亚洲外，世界木质家具市场普遍看好，如南非、欧洲、大洋洲许多国家的木质家具出口形势较好。

2. 木质家具和木质坐具的出口数据喜人

在大多数国家的木质家具和木质坐具需求量增长的形势下，我国2014年各项木质家具和坐具出口仍取得较好业绩。共完成出口30082.71万件（万个），比上年同期增长10.74%。其中，木质家具完成22117.44万件，比上年增长9.87%。在木质家具类中，办公家具1707.17万件，比上年增长7.58%；厨房家具2272.64万件，同比增长11.28%；卧室家具3230.94万件，同比增长17.1%；其它家具14906.69万件，同比增长8.07%。木质坐具完成7965.27万个，比上年增长13.25%。其中，木框坐具5030.72万个，比上年增长13.75%；其他木坐具2934.55万个，同比增长12.44%。出口金额完成190.43亿美元，比上年同期增长18.37%。其中，木质家具完成141.15亿美元，同比增长13.46%。木质家具类中，办公家具10.31亿美元，比上年增长15.53%；厨房家具12.07亿美元，比上年增长16.17%、卧室家具39.02亿美元，比上年增长27.52%；其他木质家具79.75亿美元，比上年增长7.06%。木坐具完成49.28美元，比上年增长20.47%。其中：木框坐具41.65亿美元，比上年增长23.39%；其他木坐具7.63亿美元，比上年增长6.71%。

三、木材资源分析部分

(一)我国木材加工产品产量

近几年来，由于国内外对许多林产品需求量增加，国家出台优惠政策鼓励人造板发展等，使我国的木材加工业发展很快，产品产量有很大提高，已形成人造板、造纸和木质家具三驾高速奔跑马车，并名列世界同行的前列，大量林产品丰富了市场的需求。2014年全国纸和纸板产量完成1.18亿吨。其中，木浆造纸约1.12亿吨，比上年增长2.8%。人造板产量完成27371.79万立方米，比上年同期增长7.09%。其中，木质胶合板13610.1万立方米，比上年同期增长12.6%；木质纤维板6339.9万立方米，比上年同期增长1.39%(中高密度纤维板5394.54万立方米，比上年同期增长5.34%)；木质刨花板2052.6万立方米，比上年同期增长10.45%；木质家具按家具产值的60%计算已达7200亿元，名列世界第一。

(二)我国木材消费量

我国木材消费量约69572万立方米，其中木材加工业的木材消费量约67625万立方米，占我国木材消费量的97.07%；在我国木材工业消费67625万立方米中，使用规格材折合原木材积约25166万立方米(含进口纸浆8294万立方米)，占工业消费量的37.21%，废纸、边角料、枝桠材、刨花、木糠等废旧木材及产品等约42459万立方米，占工业消费量的62.79%。

(1)人造板　消费木材约20727万立方米，占工业木材消费量的30.65%。其中使用规格原木约11868万立方米，约占工业木材消费量的57.26%；枝桠材和边角料等约8859万立方米，约占工业木材消费量的42.74%。在人造板消费中：胶合板和细木工板消费木材约10000万立方米，占原木消费量的39.74%。中纤板消费木材，约7956万立方米。其中原木约1591万立方米，约占20%；枝桠材等约6365万立方米，约占80%。木质刨花板消费木材，约2771万立方米。其中原木277.1万立方米，约占10%；枝桠材等约2494万立方米，占90%。

(2)实木地板　消费277.06万立方米，占原木消费量的1.1%。

(3)木门　消费原木约525万立方米，占原木消费量的2.19%；另外，在木门生产中，共消费人造板约95万立方米，因重复不列入本消费。

(4)纸及纸板　木浆造纸产量1.12亿吨，按每吨4立方米木材计算，消费木材约44800万立方米，占木材消费量的66.25%。其中使用原木约11200万立方米，约占原木消费量的44.5%，废纸折原木约33600万立方米，约占废旧木材消费量的79.14%。

(5)木质家具　产值约占家具产值60%计算共7200亿元，消费原木约1296万立方米，占原木消费量的5.15%。木质家具实际上消费木材约16416万立方米，占消费量24.28%。其中原木1296万立方米，人造板10080万立方米，折原木材积15120万立方米。这部分因人造板已计算过消费量，这里不重复统计。

另外，其他木材消费量，含基建、装修、少数未列名的木材加工产品、农民建房和其他社会用材等约1947万立方米左右，约占我国木材消费量的2.8%。

(三)可供资源分析

我国木材消费资源，一是国产木材，二是进口木材、三是废旧林产品的回收利用。

1. 国产木材产量不断提高

2014年我国国产木材合计11133.81万立方米，占木材消费量的16%。其中，列入商品材产量8233.3万立方米，比2003增长73.01%，其中原木7553.46万立方米，另外列入其他非商品材统计的2900.51万立方米。

2. 进口木材是我国重要资源

我国启动了天然林资源保护工程后，为了鼓励木材进口，以满足国内木材资源的不足，从1998年起，不仅对各种进口木材实施零关税，而且对经营进口木材的企业由以前有木材进口权的单位放宽到有进出口权的单位，所以我国木材进口量大幅度增长。其中：原木从1997年的进口量447.1万立方米，增加到2014年的5119.43万立方米，增长10.45倍，锯材也从1997年的进口量132.5万立方米，增加到2014年的2565.56万立方米，增长18.36倍。加上进口纸浆和薄板等，折合原木材积约15979万立方米，约占木材消费量的22.97%。

3. 木材的循环利用不仅解决我国木材不足，而且还为环保事业做出巨大贡献

2014年我国对废纸、枝桠材、刨花、木糠等废旧木材及产品利用数量约折原木材积等约42459万立方米，占木材消费量的61.03%。其中，国产废纸、枝桠材、刨花、木糠等废旧木材及产品利用数量约折原木材积等约30764万立方米，占工业消费量的45.49%，进口废纸折原木材积约11695万立方米占工业消费量的17.29%。废旧林产品的利用不仅仅是解决我国木材不足，而且为环保事业做出巨大贡献。按联合国FAO的调查数据，每立方米森林蓄积，一天能平均吸收1.8吨二氧化碳和放出1.62吨氧气计算，用废纸、枝桠材、刨花、木糠等废旧木材及产品利用数量约折原木材积42459万立方米，平均一天能吸收76426万吨二氧化碳和放出68784万吨氧气。

(四)我国政府如何应对未来木材消费量的增长

面对木材消费量不断增加，我国政府除了继续加大木材进口量和出台政策鼓励和提高废旧木材的循环利用率外，坚持吸引国内外各种社会资本投资发展林业，尤其是有计划地加快速生丰产林种植，加大木材自给率，共同实现“青山常在，永续利用”的绿色中国梦。

首先，要落实中共中央国务院《关于加快林业发展的决定》强调的“加快建设以速生丰产用材林为主的林业产业基地工程，……增加木材等林产品的有效供给，减轻生态建设压力。”“放手发展非公有制林业。国家鼓励各种社会主体跨所有制、跨行业、跨地区投资发展林业。凡有能力的农户、城镇居民、科技人员、私营企业主、外国投资者等，都可单独或合伙参与林业开发，从事林业建设。要进一步明确非公有制林业的法律地位，切实落实谁造谁有、合造共有的政策。为各种林业经营主体创造公平竞争的环境”等多项政策，提高林业投资者的回报率，农民也能在造林护林中得到更多的实惠，最大限度地调动他们的造林和护林积极性。

其次，在林业发展上，要正确处理改善林业生态与发展木材加工业的相互促进关系，我国政府的连续八次森林清查数据证明，木材加工产业发展了，营林生态事业也同样得到发展。例如：我国 20 世纪 80 年代随着板式家具的高速发展，因此带动人造板的快速发展，人民生活提高对纸的需求量大幅度增长，带动造纸业快速发展，需要大量的速生丰产林木材，从而带动华北、华东等地的“意杨”和南方“桉树”等速生丰产林的大面积种植，使我国木材产量快速增长(表 1)。

表 1　2003~2014 年中国木材产量

年份	产量(万立方米)	环比增长(%)
2003 年	4758. 87	
2004 年	5197. 33	9. 21
2005 年	5560. 31	6. 98
2006 年	6611. 78	18. 91
2007 年	6976. 65	5. 22
2008 年	8108. 34	16. 22
2009 年	7068. 29	-12. 83
2010 年	8089. 62	14. 45
2011 年	8145. 82	0. 69
2012 年	8174. 87	0. 36
2013 年	8438. 50	3. 22
2014 年	8233. 30	-2. 43

2003~2014 年的 11 年间，我国木材产量增长 73. 01%。原木产量也由 1983 年的 5232. 3 万立方米发展到 2014 年的 7553. 46 万立方米，增长 44. 36%。中国政府 2003~2013 年的连续六次森林清查数据表明，我国木材加工业的大发展和木材产量的大幅度提高，不仅没有使中国的森林资源受到破坏，反而促进了林业的高速发展，使 2013 年

第八次(2009~2013年)森林资源清查数据和立法初期的第三次清查相比，森林面积增加0.83亿公顷，增长66.4%、森林蓄积量增加59.96亿立方米，增长65.59%，森林覆盖率增加8.65个百分点，增长66.64%(表2)。

表2 中国第三至第八次森林资源清查结果

清查期	森林面积(亿公顷)	森林蓄积(亿立方米)	森林覆盖率(%)
第三次清查(1984~1988年)	1.25	91.41	12.98
第四次清查(1989~1993年)	1.34	101.37	13.92
第五次清查(1994~1998年)	1.59	112.67	16.55
第六次清查(1999~2003年)	1.75	124.56	18.21
第七次清查(2004~2008年)	1.95	137.21	20.36
第八次清查(2009~2013年)	2.08	151.37	21.63

但是，现在不少地方政府为了保存生态环境，把林业生态与发展木材加工业对立起来，采取消极保护生态的手段，人为限制甚至禁止采伐木材，从客观上打击了社会林业投资者的造林积极性，实际上是不利于生态发展的做法。

最后，在发展林业上，要按森林分类经营的办法，对生态公益林方面，要采取积极措施，制定有利于生态公益林发展的各项政策、加大资金投入，使生态公益林经营者能作为一种产业得到回报。尽快进行林分改造，因地制宜，尽量种植名优树种，提高优质阔叶树种的种植比重，积累更多具有高附加值的森林资源，在若干年后，树木更新时，能为我国提供更多优质珍贵的后备资源；在用材林方面，放手发展非公有制林业，原料林基地的经营权逐步下放给有林权证的经营者，他们种什么树种，什么时候采伐，政府不与干涉，由经营者根据市场需要自行决定，在实施过程中，林业部门的责任是加强兼管，督促经营者在木材采伐后，必须及时把树种上。只有这样，广大林农(社会各种经济成分的投资者)才能从中得到经济效益，他们才能把造林、护林当作一种产业，调动社会各种经济成分的造林积极性。如瑞典等许多林业发达国家通过采伐和贸易等，加上管理措施跟得上，他们的森林越采越多，促进了林业的发展。由于速生丰产林它能在短时内为造纸和人造板市场提供大量木材，它不仅促进了我国造纸和人造板业的高速发展，而且还在客观上保护了生态林的安全。

第五部分 信用篇

2014年，中国林业产业联合会发布了《中国林业产业信用体系建设规划纲要(2015~2020年)》。本纲要依托国务院《社会诚信体系建设规划纲要(2014~2020年)》精神，围绕林业产业的政务诚信、商务诚信、社会诚信等方面展开，全面阐述了林业产业诚信体系建设的总体思路，制定出“建立一套对企业有切实约束力的信用评价体系(征信系统)、疏通一条金融资本接轨小微企业的脉络(大数据系统)、搭建一个信息透明传递快捷的诚信产品营销平台(电子商务)，同时依托政府和行业优势大力宣传和推广诚信企业、诚信产品”的具体方略。

中国林业产业信用体系建设规划纲要（2015～2020年）

王　满　李志伟　李文军　申胜彪

根据党的十八大提出的"加强政务诚信、商务诚信、社会诚信建设"，十八届四中全会提出的"加强社会诚信建设，健全公民和组织守法信用记录，完善守法诚信褒奖机制和违法失信行为惩戒机制"，《中共中央　国务院关于加强和创新社会管理的意见》提出的"建立健全社会诚信制度"，以及按照国务院办公厅《关于社会信用体系建设的若干意见》、《社会信用体系建设规划纲要（2015～2020年）》、中央文明委《关于推进诚信建设制度化的意见》的总体要求和国家林业局有关落实信用建设工作的具体要求，特制定《中国林业产业信用体系建设规划纲要》（以下简称《纲要》）。规划期为2015～2020年。本《纲要》由国家林业局授权，中国林业产业联合会负责组织起草、实施。

一、发展现状、形势和要求

1. 发展现状

近年来，为贯彻党中央和国务院的部署，国家林业局十分重视林业产业信用体系建设工作，取得了积极进展。

（1）林业产业信用组织管理机构初步建立　根据国家林业局授权，应广大林业骨干企业要求，中国林业产业联合会发起成立中国林业产业诚信联盟、林业产业诚信工作办公室、林业产业行业信用评价委员会，统筹推进林业产业信用体系建设工作。

（2）林业产业信用制度建设取得积极进展　编制发布了《中国林业产业企业诚信评价标准》、《中国林业企业信用评级规范》、《中国林业产业诚信企业（单位）评定管理办法》、《中国林业产业诚信企业品牌评定、品牌标识使用管理办法》等规范性标准文件。

（3）林业产业信用信息平台建设积极推进　林业产业全国集中统一的金融信用信息基础数据库正积极筹备建设，小微企业和林区信用系统建设也在积极推进；各地区、各骨干企业正在探索建立综合性信用信息共享平台，促进本地区各部门、各单位的信用信息整合应用。

（4）林业产业信用评价开展顺利　林业产业行业信用评价工作已纳入全国参与企业

信用等级评价工作商会协会名单，正在全面推动开展林业产业信用评价工作，推动信用信息公开，开展实施信用分类监管。

(5)林业产业诚信宣传教育和诚信自律活动积极开展 林业产业主要社会组织率领各林业骨干企业先后在江西宜丰、井冈山，北京、上海、郑州、三明等地组织林业企业诚信经营宣誓和推广活动，积极倡导林业企业诚信经营，并取得显著社会效应。

我国林业产业信用体系建设虽然取得积极成效，但仍存在诸多难点、不足和亟待解决的问题。主要是：信用体系建设组织力量薄弱，工作推进机制有待完善；覆盖全行业的信用信息平台尚未形成，企业与个人成员信用记录尚未建立、守信激励和失信惩戒机制不健全，守信激励不足，失信成本偏低；行业信用服务市场不发达，服务体系不成熟，服务机构公信力不足，信用信息主体权益保护机制缺失；行业企业诚信意识和诚信水平亟待提高，履约践诺、诚实守信的氛围尚未形成，生产安全事故、涉林产品质量及食品药品安全等事件仍有发生，制假售假、偷逃骗税、虚报冒领、骗取国家财政补贴等现象依然存在，林产品的公信度、美誉度离人民群众的期望还有较大差距。

2. 形势和要求

近年来，党中央、国务院高度重视社会信用体系建设。党的十八大、十八届三中全会、十八届四中全会以及相继出台的《关于社会信用体系建设的若干意见》、《社会信用体系建设规划纲要(2014~2020年)》、《关于推进诚信建设制度化的意见》对社会信用体系和诚信建设提出了总体要求。国家有关部门和部分省(自治区、直辖市)的社会信用体系建设探索实践取得了较大进展。现阶段我国正处在更大范围、更宽领域、更深层次上提高开放型经济水平的拓展期，经济全球化使我国以及我国林业产业对外开放程度不断扩大，与其他国家和地区的经济社会交流更加密切，对加快建立健全林业产业信用体系提出了迫切要求。

(1)发挥信用建设在市场资源配置起主导作用的迫切要求 现代市场经济是信用经济，建立健全林业产业信用体系是整顿和规范林业产业市场经济秩序、改善林业产业市场信用环境、实现公平竞争、防范经营风险的重要举措，更是减少政府对市场经济的行政干预、完善社会主义市场经济体制的重要抓手。

(2)适应生态文明建设新常态的迫切要求 林业产业正处在主动适应国家经济发展新常态，激发生态林业、民生林业新发展和林业现代化的战略机遇期。加快推进林业产业信用体系建设，是促进智慧型林业健康发展，满足市场生态需求和绿色需求，促进资源优化配置、扩大内需的必然选择；是扩大林业信用消费、促进林业信用经济发展，促进林业产业结构优化升级的重要前提，更是激发生态林业、民生林业科学发展，促进生态文明建设进程的基础保障。

(3)加强和创新林业产业行业管理水平的迫切要求 随着我国经济社会转型速度的加快，市场竞争、消费者诉求更加多元化，行业管理方式也在发生深刻变化，全面推进林业产业信用体系建设，是加强和创新行业管理，增强社会诚信、促进社会互信、减少社会矛盾的有效手段，更是构建社会主义核心价值观的必然选择。

(4)培育林业产业国际合作竞争优势的迫切要求 加快林业产业信用体系建设，是树立林业产业国际品牌和声誉，提升林业产业软实力和国际经济合作竞争优势，降低交易成本，更是促进林业产业的国际合作与交往，适应新形势，融入驾驭全球化林业产业新格局的重要举措。

二、指导思想、基本原则和建设目标

（一）指导思想

全面推进我国林业产业信用体系建设，应坚持高举中国特色社会主义伟大旗帜，以邓小平理论、"三个代表"重要思想、科学发展观为指导，贯彻落实党的十八大、十八届三中、四中全会和习近平总书记系列重要讲话精神，以培育和践行社会主义核心价值观为根本，以加强林业产业参与社会信用体系建设为基础，以褒扬诚信、惩戒失信为重点，以完善法律法规为保障，大力推进林业产业诚信建设制度化，建立健全长效运行机制，着力营造讲诚实、守信用的林业产业舆论环境、经济环境、社会环境，为实现林业产业健康发展，推进生态文明建设，实现中华民族伟大复兴的中国梦提供有力的政策保障与技术支撑，具有广泛的现实意义和深远的历史意义。

（二）基本原则

(1) 部门引导，企业参与　充分发挥依托林业产业主管部门和行业协会的组织、引导、示范、需求培训、宣传教育等方面的推动作用。林业产业主管部门和行业协会负责制定规划纲要与制度、标准，推进林业产业信用体系的基础建设，促进行业信用服务市场化发展，鼓励和调动林业产业企业、中介机构等在行业信用建设、信用产品开发使用和信用服务中的基础性作用，广泛参与、共同推进林业产业信用体系建设。

(2) 健全制度，规范建设　建立健全林业产业信用制度和标准规范体系，强化对行业信用信息采集、记录、建档、共享、公布和使用的全过程管理。加强信用信息平台安全维护，规范有序发展行业信用服务市场，切实维护信用信息安全和信用主体合法权利。

(3) 统筹规划，分步实施　统筹规划，全面部署，调动各方积极性，加快形成林业产业信用体系建设的合力。立足长远，着眼当前，点面结合，有计划、分步骤地组织推进。

(4) 以用促建，示范带动　以建立长效机制为目的，以林业产业诚信信息和信用产品的需求为牵引，通过行业监管和市场信用需求的结合，在公共资源交易、食品药品、产品质量安全、民生保障等重点领域开展示范带动，促进全行业信用体系建设。

（三）建设目标

1. 总体目标

到2020年，建成与国际接轨、与社会主义市场经济体制相适应的林业产业信用体系，成为全国行业信用体系建设的示范区。

2. 具体目标

(1)健全多层次、全方位的守信激励和失信惩戒机制，对减少行业内失信行为发挥明显作用，形成林业产业诚实、自律、守信、互信的环境氛围。

(2)健全完善林业产业信用制度和标准规范体系，确保林业产业信用信息平台功能齐备、运行良好状态，将行业信用服务打造成为行业新兴产业。

(3)实现智慧型林业产业快速发展和林业企业转型升级，为林业产业信用体系建设提供制度监管与技术保障。

(4)依托林业大专院校、科研院所和大型骨干企业，成立林业产业信用建设研究院(所)，建立院士工作站和博士后科研流动站，培训200名以上林业产业信用管理师、信用培训师、信用评估师等信用专业人才，为林业产业诚信体系建设提供理论与专业技能支撑。

(5)依托国家相关政策，重点引导和扶持100家龙头骨干诚信企业，培育5~10家林业产业诚信企业进入全国500强，培育30~50家智慧型林业产业诚信企业，培育2~3家林业产业诚信企业进入世界500强，引导林业产业健康发展。

三、主要任务

(一)健全林业产业信用立法、标准和规范体系

(1)加快推进林业产业信用立法工作　依托行业主管部门，编制、出台《林业产业征信管理条例》等相关法律法规，为林业产业信用信息征集、查询、应用、互联互通、信用信息安全和主体权益保护等工作提供法律支撑，使之有章可循，有法可依。充分发挥市场征信机制的作用，鼓励和引导各种社会资本投入林业产业信用体系建设，增加消费者对林业产业诚信企业及其产品的认可度、美誉度。

(2)加快推进林业产业信用标准建设　加快林业产业信用体系建设，制定、实施并完善“‘一一三’林业产业信用标准(一个标准、一个规范、三个办法)建设工程”，即《中国林业产业行业诚信评价标准》、《中国林业企业信用评级规范》、《中国林业产业诚信企业(单位)评定管理办法》、《中国林业产业诚信企业品牌评定、品牌标识使用管理办法》、《中国林业产业诚信企业领军人物、中国林业产业诚信功勋人物评定办法》。完善信用制度，推行统一的奖惩机制。鼓励社会组织、企业参与相关配套制度和实施细则，建立异议处理、投诉办理和侵权责任追究制度。

(3)建立林业产业统一社会信用代码制度　建立自然人、法人和其他组织统一社会信用代码制度。完善相关制度标准，推动林业产业在经济社会活动中广泛使用统一社会信用代码。

(4)建立林业产业信用信息分类管理制度　制定林业产业信用信息目录，明确林业产业信用信息分类，按照林业产业信用信息的属性，结合保护个人隐私和商业秘密，依法推进林业产业信用信息在采集、共享、使用、公开等环节的分类管理。加大对贩卖个人隐私和商业秘密行为的查处、惩戒和执法力度。

（二）加快推进林业产业行业管理组织诚信建设

林业产业行业管理组织诚信是林业产业信用体系建设的关键，各级林业产业行业管理组织行为主体的诚信水平，对林业产业其他主体诚信建设发挥着极为重要的表率和导向作用。

（1）加快林业产业行业管理部门信用建设　加快林业产业行业管理部门信用建设，带动全行业诚信意识的树立和诚信水平的提高。建立健全现代法人治理结构和运行机制，提高依法自治水平。

（2）加快林业产业社会组织信用建设　加快林业产业信用管理社会组织信用建设，依托法人单位信息资源库，完善林业产业信用管理社会组织登记管理信息。健全林业产业信用管理社会组织信息公开制度，引导林业产业信用管理社会组织提升运作的透明度，规范林业产业信用管理社会组织信息公开行为。把信用建设内容纳入核心工作日程，强化林业产业信用管理社会组织诚信自律，广泛接收社会监督，提高自身社会公信力。发挥林业产业信用管理社会组织在行业信用建设中的作用，加强对会员单位和个人的诚信宣传、教育与培训。主动向社会公开年度工作报告、财务工作报告、会费收支情况等信息，向社会公开登记事项、接受捐赠、承接政府转移职能以及政府购买服务事项等信息，充分起到社会组织的桥梁、纽带作用。

（3）加快组建林业产业信用建设专家咨询机构　各地应根据实际情况，聘请林业产业、认证、金融、工商、食品安全等相关领域专家，组成林业产业信用体系建设专家咨询机构，制定诚信企业和认证产品综合要求的标准和实施细则，为不断完善林业产业信用体系建设提供制度保障与技术支撑。

（三）深入推进林业产业商务诚信建设

提高商务诚信水平是林业产业信用体系建设的重点，是商务关系有效维护、商务运行成本有效降低、商务环境有效改善的基本条件，是各类商务主体可持续发展的生存之本，也是各类经济活动高效开展的基础保障。

（1）加快林产品生产领域信用建设　建立安全生产信用公告制度，完善安全生产承诺和安全生产不良信用记录及安全生产失信行为惩戒制度。以林木培育与种植、木（竹）浆造纸、木（竹藤棕草）制产品、（人造板、地板、木门及木结构、家具等）加工制造、林化产品加工制造、林业机械等企业或单位为重点，健全信用安全生产准入和退出审核机制，确保其生产污水排放、产品甲醛含量等达到国家标准，促进林业企业落实安全生产主体责任。以经济林产品（含干鲜果、动植物养殖）种植培育采集与加工储藏、森林原生态产品、生态果酒及饮品、木本粮油、生物制药、生态旅游产品等涉林食品（饮品）、涉林药品、日用消费品和林业投入品为重点，加强各类生产经营主体生产和加工环节的信用管理，确保各类添加剂、农药残留等达到国家标准以及采用转基因原料生产的林产品标注说明。

（2）加快林产品流通领域信用建设　建立林产品质量信用信息异地和部门间共享制度，推动建立质量信用征信系统，加快建立、完善林产品质量投诉举报咨询服务平台，建立质量信用报告、失信黑名单披露、市场禁入和退出制度。制定林产品商贸流通领域企业信用信息征集共享制度，完善林产品商贸流通企业信用评价基本规则和指标体系。推进林产品批发零售、商贸物流、森林旅游(含住宿、餐饮、娱乐等)及其他涉林服务行业信用建设。开展企业信用分类管理，完善林产品零售商与供应商信用合作模式。促进反垄断与反不正当竞争行为，依托有关政府部门加大对扰乱市场、虚假宣传、商业欺诈、商业诋毁、商业贿赂等涉林企业违法行为的查处力度，对典型案件、重大案件予以曝光，增加企业失信成本，推动信用经营和公平竞争。逐步建立以商品条形码、二维码等标识为基础的全国林产品信用流通追溯体系。配合质检部门加强涉林产品检验检疫，确保其质量信用体系建设。支持涉林商贸服务企业信用融资，发展商业保理，规范预付消费行为。鼓励涉林企业诚信经营，促进个人信用消费。推进林业企业对外经济贸易信用建设，进一步加强对外贸易、对外援助、对外投资合作等领域的信用信息管理、信用风险监测预警和企业信用等级分类管理。借助电子口岸管理平台，建立完善林产品进出口企业信用评价体系、信用分类管理和联合监管制度。

(3)促进林产品价格领域信用建设　指导林业产业信用企业和经营者加强价格自律，规范和引导经营者价格行为，实行经营者明码标价和收费公示制度，着力推行“明码实价”。督促涉林企业加强内部价格管理，根据经营者条件建立健全内部价格管理制度。完善林业产业经营者价格信用制度，做好信息披露工作，推动实施奖惩制度。协助有关政府部门强化价格执法检查与反垄断执法，依法查处捏造和散布涨价信息、价格欺诈、价格垄断等价格失信行为，对典型案例予以公开曝光，规范市场价格秩序。

(4)加快林业产业工程领域信用建设　推进林业产业工程市场化信用体系建设。加快林业产业工程建设市场信用法规制度建设，配合监管部门完善林业产业工程建设市场各方主体和从业人员信用标准。推进林业产业工程建设领域项目信息公开和信用体系建设，依托政府和行业主管部门、行业社会组织网站，全面设立林业产业工程项目信息和信用信息公开共享专栏，集中公开工程建设项目信息和信用信息，推动建设全国性的林业产业信用检索平台，实现林业产业工程建设项目信息和信用信息公开共享的“一站式”综合检索服务。深入开展林业产业工程质量信用建设，完善林业产业工程建设市场信用准入与退出制度。依托执法部门，加大对发生重大工程质量、安全责任事故或有其他重大失信行为企业及负有责任人员的惩戒力度。建立林业企业和从业人员信用评价结果与资质审批、执业资格注册、资质资格取消等审批审核事项的关联管理机制。建立科学、有效的林业产业建设领域从业人员信用评价机制和失信责任追溯制度，将肢解发包、转包、违法分包、拖欠工程款和农民工工资等列入失信责任追究范围。

(5)加快林业产业电子商务领域信用建设　建立健全林业产业电子商务企业客户信用管理和交易信用评估制度，加强林业产业电子商务企业自身开发和销售信用产品的质量监督。推行林业产业行业电子商务主体身份标识制度，完善网店实名制。依托政府有关部门加强涉林网店产品质量检查，严厉查处林业产业电子商务领域制假售假、传销、虚假广告、以次充好、服务违约等欺诈行为。严厉打击内外勾结、伪造流量和商业信誉行为，对失信主体建立行业限期禁入制度。促进林业产业电子商务信用信息与社会其他领域相关信息的交换和共享，推动林业产业电子商务与线下交易信用评价。完善林业产业电子商务信用服务保障制度，推动信用调查、信用评估、信用担保、信用保险、信用支付、商账管理等第三方信用服务和产品在林业产业电子商务中的推广应用。开展林业产业行业电子商务网站信用认证服务工作，推广应用网站信用标识，为林业产业行业电子商务用户识别假冒、钓鱼网站提供查询、交易平台。

(6)加快林业产业统计领域信用建设　开展林业企业信用统计承诺活动，营造诚实报数光荣、失信造假可耻的良好风气。完善林业产业统计信用评价标准体系，建立健全林业企业统计信用评价制度和统计从业人员信用档案。依托政府有关部门加强林业产业信用执法检查，严厉查处林业产业统计领域的弄虚作假行为，建立林业产业统计失信行为通报和公开曝光制度。

(7)强化林业企业融资信用建设　推动林业产业企业在发债、借款、担保等债权债务信用交易及生产经营活动中受信履约，把统计失信单位与主要涉案人员档案及其违法违规信息纳入金融、工商等行业和部门信用信息系统，将林业产业统计信用记录与企业融资、政府补贴、工商注册登记等直接挂钩，切实强化对统计失信行为的惩戒和制约。

(8)加快林业产业会展、广告、中介服务领域信用建设　推动林业产业展会主办机构信用办展，践行信用服务公约，推广信用服务和产品的应用。加强林业产业广告业信用建设，建立健全广告业信用分类管理制度，打击各类虚假广告，严肃广告制作等环节参与者责任，完善林业产业广告活动主体失信惩戒机制和严重失信淘汰机制。建立完善林业产业中介服务机构及其从业人员的信用记录和披露制度，作为实施信用分类管理的重要依据，探索建立科学合理的林业产业评估指标体系、评估制度和工作机制。

(四)加快推进林业产业社会信用建设

林业产业社会信用体系是我国社会信用体系建设的重要组成部分。没有良好的社会信用基础作为保障，林业产业信用工作将无从谈起。只有林业产业成员之间以诚相待、以信为本，才会形成和谐友爱的人际关系，才能促进林业产业信用工作健康发展，才能有效促进社会文明和生态文明建设进程，才能为实现社会和谐稳定和长治久安作出务林人的贡献。

(1)完善林业产业企业信用管理制度建设　加大林业产业信用企业示范宣传和典型失信案件曝光力度，引导林业产业企业增强社会责任感，在生产经营、财务管理和劳动用工管理等各环节中强化信用自律，改善社会信用环境。鼓励林业产业企业建立客户档案、开展客户信用评价，将客户信用交易记录纳入应收账款管理、信用授信额度计量，建立科学的林业企业信用管理流程，防范信用风险，提升林业企业综合竞争力。

(2)促进林业产业劳动用工单位信用建设　进一步落实和完善林业产业企业劳动保障守法信用制度，制定重大劳动保障违法行为社会公示办法。建立健全林业产业用人单位拖欠工资违法行为公示制度，健全林业产业用人单位劳动保障信用等级评价办法。加强对劳动合同履行和仲裁的管理，推动林业企业积极开展和谐劳动关系创建活动。

依托政府有关部门加强劳动保障监督执法，加大对违法行为的打击力度。加强林业产业企业人力资源市场信用建设，规范职业中介行为，打击各种黑中介、黑用工等违法失信行为。

(3)促进林业产业知识产权领域信用建设 出台林业产业知识产权保护信用评价办法，严格按照行业标准进行产品品牌及属性命名，打击虚假、夸大和模糊产品真实属性、违反国家有关法律、法规、标准、规范规定进行名不副实的虚假命名及宣传推广行为，保障社会公众的知情权和监督权。重点打击侵犯林业产业知识产权和制售假、冒、伪、劣商品行为，将知识产权侵权行为信息纳入失信记录，强化对知识产权侵权失信行为的联合惩戒，提升林业产业的知识产权保护意识和社会美誉度。开展林业产业知识产权服务机构信用建设，探索建立林业产业各类知识产权服务标准化体系和信用评价制度。

(4)促进生态环境保护领域信用建设 加强林业产业企业生态环保信用数据的采集和整理，实现林业产业企业生态环境保护工作业务协同与信息共享，完善生态环境信息公开目录。建立林业产业企业生态环境管理、监测信息公开制度，完善林业产业生态环评报告责任追究机制，健全林业产业行业生态环评机构及其从业人员、评估专家信用档案数据库，强化对林业产业行业生态环评机构及其从业人员、评估专家的信用考核分类监管。建立林业企业对所排放污染物开展自行监测并公布污染物排放情况以及重大生态环境事件发生和处理情况制度。建立林业产业企业生态环境行为信用评价制度，定期发布评价结果，并组织开展动态分类管理，根据林业企业的信用等级予以相应的鼓励、警示或惩戒。研究开展林业产业生态环境节能服务信用评价工作，并逐步向全社会定期发布信用评级结果。加强对林业产业环资项目评审专家从业情况的信用考核管理。

(5)加快智慧型林业产业领域信用建设 智慧型林业产业与智慧地球、美丽中国紧密相连。智慧型林业产业的核心是利用现代信息技术，建立一种智慧化发展的长效机制，实现林业产业高效高质发展；智慧型林业产业的关键是通过制定统一的技术标准、统一的税务财务报账票据及统一的管理服务规范，形成互动化、一体化、主动化的运行模式；推进智慧型林业产业的目的是促进林产品原料来源、生产流通、质量检验、品牌标识标注、销售及售后服务等过程的绿色产业发展模式，促进林业资源管理，生态系统构建等协同化推进，实现生态、经济、社会综合效益最大化。

(6)促进林业产业互联网领域信用建设 培育依法办网、信用用网理念，逐步落实网络实名制，完善林业产业网络信用建设的法律保障，大力推进林业产业网络信用监管机制建设。建立林业产业网络信用评价体系，对互联网企业的服务经营行为进行信用评估，记录信用等级。建立涵盖林业产业互联网企业网络信用档案，积极推进建立林业产业网络信用信息与社会其他领域相关信用信息的交换共享机制，大力推动林业产业网络信用信息在社会各领域的推广应用。

(五)加强林业产业诚信教育与诚信文化建设

1. 普及林业产业行业诚信教育，提升行业诚信价值观

加强林业产业诚信价值观教育，以建设社会主义核心价值体系、培育和践行社会

主义核心价值观为根本，将诚信教育贯穿林业产业行业公民道德建设和精神文明创建的全过程。推进林业产业行业公民道德建设工程，加强林业产业行业社会公德、职业道德、家庭美德和个人品德教育，传承中华传统美德，弘扬时代新风，在林业产业行业形成“以诚实守信为荣、以见利忘义为耻”的良好风尚。

(1)加强林业产业公共服务人员诚信教育 林业产业行业的党员干部要以身作则、率先垂范，用模范行为带动诚信风尚的形成；林业产业社会工作者、中介服务人员等具有国家与社会资源工作人员直接服务于人民群众生产生活，其诚信言行对于增强人际关系互信具有重要影响。要深入开展公务员等具有国家与社会资源工作人员的诚信、守法和道德教育，增强法律和诚信意识，提高决策和施政透明度，提升政府公信力。

(2)加强林业产业企业主体诚信教育 进一步开展林业产业企业主体的诚信教育和培训工作，引导林业产业企业把诚信守法经营理念奉为信条，切实负起主体责任，在生产经营、财务管理、履行纳税义务、生态环境管理和劳动用工管理等生产经营管理活动中依法守信，自觉抵制失信行为。

(3)加强林业产业企业全员诚信教育 倡导林业产业企业运用各种教育阵地，对企业员工进行诚信教育，培育诚信文化风尚，传播和滋养诚信价值理念，引导林业产业从业者诚意正心。建立职工诚信考核评价制度，使诚信成为企业职工的基本规范。企业管理部门要把诚信教育作为对企业服务管理的重要内容，融入到证照颁发、业务办理的制度当中，把守信履约作为对企业和企业员工年度考评的重要依据。

(4)加强林业产业教育教学各环节诚信教育 坚持育人为本、德育为先，把诚信教育贯穿林业产业基础教育、高等教育、职业技术教育、成人教育等教育教学和管理服务各环节。构建林业产业诚信教育体系，在德育课、思政课以及道德实践中强化契约精神教育、专题法制教育，研究建立林业院校、科研机构、林业产业学科学生诚信评价办法。建立和规范体现诚信内涵的礼仪制度，把诚信嵌入到林业院校的成人礼、毕业典礼等仪式中。切实加强师德建设，强化诚信执教、为人师表理念，以人格魅力为学生展示“行为示范”。依法依规严肃惩戒林业产业领域学术造假、论文抄袭、考试作弊等失信行为，将国家教育考试诚信档案与社会诚信档案相连通，纳入国家统一征信平台，引导师生以诚立身、诚信做人。

(5)树立、推广林业产业诚信典型 充分发挥电视、广播的宣传引导作用，采用报告文学、小说、诗歌、电影、电视剧等体裁形式，结合“林业产业诚信领军人物”和“林业产业诚信功勋人物”评选，“林业产业企业信用”评价、“林业产业诚信企业”、“林业产业诚信基地”、“林业产业诚信合作社”、“林业产业诚信供应商”、“林业产业诚信采购商”、“林业产业诚信经销商”、“林业产业诚信市场”、“林业产业诚信示范店”、“林业产业诚信服务商”评定、“林业产业诚信企业品牌”推广，《林业产业诚信企业名录》、《诚信林产品名录》发布，大力发掘、树立、宣传林业产业诚信典范，发挥林业产业诚信典型的示范作用，使林业产业从业人员学有榜样、赶有目标，使诚实守信成为林业产业行业的自觉追求。

2. 加快林业产业信用人才培养，建立诚信再教育机制

严格把控准入机制，与各高等院校、科研机构、社会保障和人力资源部门合作建立林业产业信用建设研究院（所）、信用建设院士工作站、信用建设博士流动站等人才培训基地，组织开展林业产业信用管理师、信用培训师、信用评估师等林业产业信用人才培养、职业资格认证和诚信再教育培训，在会计师、信用管理师、信用培训师、信用评估师等信用相关职业人群推行职业准入、持证上岗、专业考评，建立诚信档案，对严重失信行为实行"一票否决"。鼓励林业产业企业建立内部职工信用考核与评价制度。积极开展企业信用管理师培训活动，鼓励和支持有条件的林业企业参与信用管理师培养、培训活动，确保企业信用活动有序进行。

3. 加快开展诚信主题宣传，促进行业诚信文化素质提升

弘扬诚信文化，阐发其蕴涵讲诚信、重承诺的宝贵价值；引导和鼓励林业产业各级组织和各界成员，参与构建社会主义市场经济发展的诚信文化，践行诚信价值观，正确处理经济利益与道德追求的关系，深刻认识市场经济既是契约经济、信用经济，又是法制经济、道德经济；使诚信价值准则深入林业产业各级组织和各界成员之中，在耳濡目染中恪守诚信规范，形成崇尚诚信、践行诚信的林业产业行业新风尚。发挥报刊、涉林互联网、微博、微信、微视、微电影等新兴媒体和传播手段和优势，运用新闻报道、言论评论、专题节目、公益广告等生动活泼的宣传报道形式，加大传播力度，扩大诚信文化宣传覆盖面，深入宣传阐释"诚信文化"的丰富内涵和理念。深入开展林业产业诚信文化主题宣传活动，有步骤、有重点地组织林业产业行业开展林业产业诚信中国行、林业产业诚信生产、诚信营销、诚信售后服务活动周、林业产业诚信质量月、林业产业诚信安全生产月、林业产业诚信兴商宣传月、林业产业诚信企业"3·5"学雷锋活动日、"3·15"国际消费者权益保护日、"6·14"信用记录关爱日等活动，突出林业产业诚信文化主题，营造林业产业诚信和谐的社会氛围。

（六）加快推进林业产业信用信息平台建设

1. 建立健全林业产业诚信企业品牌评定、管理和推广平台

以国际标准或国内标准为准则，以国际或国内林业相关标准认证贴标的产品作为主体，参考个人护照管理模式，借助 RFID 技术，向林业产业信用体系认证的企业发放品牌认证标签。将标签中加密存储认证企业的唯一标识，作为防伪及溯源的唯一标准，打造林业产业品牌，宣传、推广诚信企业品牌产品。

通过发布在互联网、微博、微信等社交媒体上的林业产业认证和防伪溯源系统接口，评定、管理与推广诚信企业品牌，使社会消费者随时掌握林业产业诚信企业品牌产品信息，以得到持续的诚信保障。利用报纸、杂志、电视、自建网络等平台为林业产业信用体系建设提供宣传推广与监督保障。

开展企业诚信评价工作，根据行业特点评定"中国林业产业诚信基地"、"中国林业产业诚信育苗企业"、"中国林业产业诚信造林企业"、"中国林业产业诚信合作社"、"中国林业产业诚信供应商"、"中国林业产业诚信采购商"、"中国林业产业诚信经销商"、"中国林业产业诚信市场"、"中国林业产业诚信示范店"、"中国林业产业诚信服务商"、"中国林业产业诚信雇主企业"等。

2. 建立健全中国林业产业诚信企业信息交流合作平台

通过林业产业诚信企业信息系统提供诚信可靠的林业产业信用指数，为林业产业诚信企业品牌、林业产业诚信工作提供科学支撑，并以此建立健全林业产业诚信信息发布机制，加强中国林业产业诚信企业信息交流与合作。借助林业产业诚信电子商务，完善林业产业诚信企业品牌信息交流、发布合作机制。基于林业产业诚信企业品牌和诚信平台成功建设，积极引入电子商务技术，打造林业产业诚信产品 B2B、B2C、B2G、B2O、B2P 等综合信用电子交易推广服务平台，进行诚信企业品牌产品的推广及交易，实现诚信企业需求及信息的及时发布，满足供需两个市场的迫切需求。借助全球电商业务大力发展的浪潮，将中国林业产业诚信企业信息交流合作平台建设成为高端林产品的展厅和主要卖场，结合跨界、跨境电子商务应用，推荐林业产业高端产品走向世界。

3. 建立健全林业产业征信体系管理平台

推进建立自然人、法人和其他组织统一社会信用代码制度，依法收集、整合林业产业行业内公民、法人和其他组织的信用信息，完善林业产业行业信用信息基础数据库，逐步实现林业产业行业信息采集全覆盖，并实现与其他行业无缝隙对接。完善林业产业信用标准体系。制定全国统一的林业产业行业信用信息采集和分类管理标准，统一信用指标目录和建设规范。健全林业产业行业信用信息记录制度，以各类企业和从业人员为重点，把信用信息采集融入注册登记、资质审核、日常监管各个环节，尽快完善安全生产、产品质量、生态环境保护、知识产权、工程建设、物流服务、检验检测等事关人民群众日常生产、生活的林产品信用档案。积极参与国家统一征信平台建设，力争在 2017 年基本建成林业产业征信平台与金融、工商登记、税收缴纳、社保缴费、质量追踪等信用信息相融合、无缝对接的统一征信平台，形成与覆盖全部社会主体、所有信用信息类别、全国所有区域的信用信息网络体系。

4. 建立健全智慧型林业产业信用信息大数据平台

建设智慧型中国林业产业信息大数据平台，促进各地区、各企业信用信息系统统筹整合，依法推进林业产业信用信息互联互通和交换共享，有效消除信用信息“壁垒”、“孤岛”。依法对信用信息进行分级管理，确定查询权限，促进各类社会主体的信用状况公开透明、可查可核。实现企业数据互通互联、资源共享，实现数据统一管理，全面了解掌握诚信企业统计分析结果。依照大数据平台建设步骤，确定林业产业企业的生产、经营、管理、融资等相关系统中产生的真实数据为数据范围；搭建数据通道，解决各行业、各企业、各系统之间的信息孤岛。建立数据仓库，经过数据清洗、数据转换以及数据标记，为林业产业诚信企业品牌评定提供客观依据，促进林业产业更加规范化、现代化，为产融结合奠定坚实基础。

（七）培育和规范林业产业信用服务市场

发展各类林业产业信用评估、评级与培训等信用服务机构，逐步建立林业产业公共信用服务机构和社会信用服务机构互为补充、信用信息基础服务和增值服务相辅相成的多层次、全方位的信用服务组织体系。

(1)建立健全智慧型林业产业信用民生服务机制 着力解决林企、林农最关心、最直接、最现实问题，深化信息技术在智慧型林业产业、林地智能分析、生态旅游，以及林业产业智慧型商务活动和智慧型林业社区等公共服务领域的应用，构建面向企业、林农及新型林区建设的综合性公共服务平台，努力提升公共服务水平。

(2)建立健全智慧型林业产业信用体系建设 培育发展新兴林业产业，提升林企两化融合水平。全面建设包括土地成分、土壤肥力、酸碱度、农药残留等区域环境及现有林业资源等内容的智慧林地信息公共服务平台，为政府、林企、林农等提供实施准确的综合“林业产业诚信路线图”信息服务。积极推进林业智慧商务系统建设，打造一体化的林产品电子商务平台，构建完善的智慧型林业产业物流体系及林业产业物流园，为林业企业及民众提供智能化、整体化的林业产业商务服务。大力加强林业产业智慧园区、社区建设，通过建立智慧园区、社区服务系统，为林农、林企提供包括信息推送、在线证照办理、视频点播、远程诊断等服务，全面提高对林区的服务水平，大力发展生态旅游，打造智能化、人性化的生态旅游公共服务平台，提高林业自身价值，丰富人们的生活。

(3)推进并规范林业产业信用评级行业发展 增强我国林业产业评级机构的国际影响力。规范发展林业产业信用评级市场，提高林业产业信用评级行业的整体公信力。鼓励我国林业产业信用评级机构参与国际竞争和制定国际标准，加强与其他国家信用评级机构的协调与合作。

(4)建立健全林业产业信用服务产品应用机制 加大林业产业信用服务产品在社会治理和市场交易中的应用。鼓励林业产业信用服务产品开发和创新，推动信用保险、信用担保、商业保理、履约担保、信用管理咨询及培训等信用服务业务发展。

(5)建立健全林业产业政务信用信息有序开放机制 发布林业产业政务信用信息的开放分类和基本目录，有序扩大林业产业政务信用信息对社会的开放，优化林业产业信用调查、信用评级和信用管理等行业的发展环境。

(6)建立健全林业产业信用服务市场监管体制 根据林业产业信用服务市场、机构业务的不同特点，依法实施分类监管。完善监管制度，明确监管职责，切实维护市场秩序。推动建立林业产业信用服务机构准入与退出机制，实现从业资格认定的公开透明，进一步完善信用服务业务规范，促进信用服务业健康发展。强化林业产业信用服务机构内部控制，推动林业产业信用服务机构完善法人治理。

(7)建立健全林业产业信用服务机构自身信用建设机制 提升林业产业信用服务质量，林业产业信用服务机构要确立行为准则，加强规范管理，提高服务质量，坚持公正性和独立性，提升公信力。鼓励各类林业产业信用服务机构设立信用监督官，加强自身信用管理。

(八)强化林业产业信用信息管理

1. 健全林业产业信用信息安全管理体制

完善林业产业信用信息保护和网络信任系统，建立健全信用信息安全监控体系。

加大信用信息安全监督检查力度，开展信用信息安全风险评估，实行信用信息安全等级保护。开展信用信息系统安全认证，加强信用信息服务系统安全管理。建立和完善信用信息安全应急处理机制。强化林业产业信用服务机构信息安全防护能力，加大安全保障、技术研发和资金投入，高起点、高标准建设信用信息安全保障系统。依法制定和实施信用信息采集、整理、加工、保存、使用等方面的规章制度。

2. 建立林业产业信用信息主体权益保护制度

充分发挥林业产业行业监管、行业自律和社会监督在信用信息主体权益保护中的作用，综合运用法律、经济和行政等手段，切实保护信用信息主体权益。

(1)建立林业产业信用信息自我纠错、主动自新的社会鼓励机制　加强对信用信息主体的引导教育，不断增强其维护自身合法权益的意识。通过对已悔过改正自己轻微失信行为的企业与社会成员予以适当保护，形成守信正向激励机制。

(2)建立林业产业信用信息侵权责任追究机制　制定林业产业信用信息异议处理、投诉办理、诉讼管理制度及操作细则。依托有关执法部门，进一步加大执法力度，对林业产业信用服务机构泄露国家秘密、商业秘密和侵犯个人隐私等违法行为，依法予以严厉处罚。通过各类媒体披露各种侵害信息主体权益的行为，强化社会监督作用。

(九)实施林业产业信用体系建设专项工程

鼓励各地区、各企业结合规划纲要部署和自身工作实际，在社会信用体系建设创新示范领域先行先试，并在政府投资、融资安排等方面给予支持。

1. 加大投融资力度，为林业产业信用体系建设护航

为林农、林场、“林农+林企+基地合作社”、林产品生产与加工企业等涉林成员建立信用档案，夯实林业产业信用体系建设信用基础。推进林产品生产、加工、流通和服务等涉林企业信用建设。建立健全林业企业信用联保制度，推进、完善林业企业信用担保体系。建立健全适合林业产业小微企业特点的信用记录和评价体系，完善小微企业信用信息查询、共享服务网络及区域性小微企业信用记录。引导各类信用服务机构为林业产业小微企业提供信用服务，创新小微企业集合信用服务方式，鼓励开展形式多样的小微企业诚信宣传和培训活动，为林业产业小微企业便利融资和健康发展营造良好的信用环境。

2. 充分利用社会资源，推动林业产业信用建设创新示范

推动地方林业产业信用建设综合示范，示范地区率先对本地区各部门、各单位的信用信息进行整合，形成统一的林业产业信用信息共享平台，依法向社会有序开放。示范地区各部门在开展经济社会管理和提供公共服务过程中，强化使用林业产业信用信息和信用产品，并作为政府管理和服务的必备条件。

(1)推动林业产业诚信企业智慧型建设进程示范　装备智能化、林业企业生产管理精细化融合工程建设进程示范。加快林业产业的信息化建设步伐，以企业为载体，加强信息技术在生产、制造、流通、销售、质检、通站通关等各环节的应用，提升林业企业生产装备智能化、林业企业生产管理精细化融合水平，全面提高我国林业生产管理水平及产业竞争力。

(2)推动林业产业区域信用建设合作示范　探索建立区域信用联动机制，开展区域信用体系建设创新示范，推进信用信息交换共享，实现跨地区信用奖惩联动，优化区域信用环境。

(3)推动重点领域和行业信用信息应用示范　在林浆造纸、木竹产品加工、涉林食品药品安全、生态环境保护、安全生产、产品质量标示、林业产业工程建设、涉林原材料来源(尤其是转基因原料)标注、涉林电子商务、涉林证券期货、涉林融资担保、涉林政府采购、涉林招标投标等领域，试点推行林业产业信用报告制度。

(4)保障林业产业企业信用信息安全　加强林业产业诚信企业知识产权研发、保护保密保障制度。积极鼓励林业产业企业自主研发，加强对林业产业知识产权保护保密工作的引导，建立诚信企业保密管理制度，采取相应的保密措施，切实落实保密工作责任制，严格保障林业企业的信用信息安全。

(5)推进林产品质量监测实时化建设进程　加快建立完善的林产品质量监督检验检测体系，实现采伐、运输、加工、仓储、配送、销售等全过程的数据可追溯、质量可监控、信息可查询。

(十)构建林业产业守信激励和失信惩戒与监督机制

在确定林业产业信用工作参与经济社会发展目标和林业产业发展规划、出台经济社会重大政策和重大林业产业改革措施时，要把讲社会责任、讲社会效益、讲守法经营、讲公平竞争、讲诚信守约作为重要内容，形成有利于弘扬诚信的良好林业产业政策导向、利益机制。

(1)加大对林业产业守信主体的奖励和惩戒力度　加大对林业产业守信行为的表彰和宣传力度，对林业产业诚信企业和模范个人给予表彰，通过新闻媒体广泛宣传，营造守信光荣的舆论氛围。强化行政监管性约束和惩戒，在现有行政处罚措施的基础上，健全林业产业失信惩戒制度，针对失信易发多发的领域，加大监管力度，强化风险排查，提升诚信监管效能。建立林业产业行业黑名单制度和市场退出机制，形成林业产业市场良性约束和惩戒机制。制定林业产业信用基准性评价指标体系和评价方法，完善失信信息记录和披露制度，使失信者在市场交易中受到制约。推动林业产业行业社团组织更好发挥自律作用，制定行业自律规则，加强管理和服务，监督会员遵守，对行业成员形成监督约束，对违规的失信者，按照情节轻重，实行警告、行业内部通报批评、公开谴责等惩戒措施，形成行业性约束和惩戒制度。

(2)加大林业产业社会信用舆论监督机制　按照客观、真实、准确的原则，建立林业产业诚信企业、诚信企业品牌红黑榜名录发布制度，把恪守诚信者列入“红名单”，予以推广；把失信违法者列入“黑名单”，根据违法、违规性质和社会影响程度，分别采取“一对一”警示约谈、“一对多”部门间通报、媒体公开发布等措施，以达到警示作用。充分利用和发挥行业与社会媒体的舆论监督作用，加强对失信行为的披露和曝光，对失信败德、违法违规等典型、严重失信行为，加大打击力度，进行批评揭露，予以公开曝光。发挥群众评议讨论、批评报道等作用，通过社会的道德谴责，形成社会震慑力，约束社会成员的失信行为，推动形成林业产业社会性约束和惩戒机制。对借舆论监督之名，以假新闻手段实施敲诈勒索的新闻从业者、假媒体、假记者，要及时发现、及时查处，提高媒体公信力。

(3)加大林业产业社会信用奖惩联动力度 建立健全有奖举报制度，鼓励群众举报失信违规行为，对举报问题要及时查处。切实落实对举报人的奖励，保护举报人的合法权益。建立多部门、跨地区信用联合奖惩机制。通过信用信息交换共享，实现多部门、跨地区信用奖惩联动，使守信者处处受益、失信者寸步难行。坚持林业产业行政监管、行业管理、社会监督相结合，构建多层面、全过程、广覆盖的监督体系，对各类社会信用主体实施有效监管，从源头上遏制失信行为。有关部门和社会相关单位对列入“黑名单”的失信企业和个人，要共同依法实施惩戒，形成扬善抑恶的制度和社会环境。

四、保障支撑措施和政策建议

1. 加强组织领导

依据国务院《社会信用体系建设规划纲要(2014~2020)》，建议各地区大力推进林业产业信用体系建设领导机制，各林业主管部门应成立林业产业信用体系建设领导小组，下设信用体系与管理建设办公室、林业产业行业信用评价委员会，统筹协调本规划纲要的落实工作，组织推动林业产业信用体系建设各项工作，研究解决信用建设工作中发生的重大事项和问题；建议各地区林业主管部门依据国务院《社会信用体系建设规划纲要(2014~2020年)》要求，报当地民政部门批准，成立林业产业信用建设社会组织，协助政府与行业主管部门做好基础工作，为政府和企业服务，充分起到桥梁纽带作用；建议各地区林业产业部门和行业组织要高度重视林业产业信用体系建设工作，统筹安排人力、物力、财力，协调解决工作中遇到的困难和问题。

2. 强化责任落实

为确保林业产业信用工作有序开展，建议各级林业主管部门统一思想，按照本纲要总体要求，根据职责分工和工作实际，制定具体落实方案。定期对本地区林业产业信用体系建设情况进行总结和评估，及时发现问题并提出改进措施。对林业产业信用体系建设成效突出的地区、部门和单位，按相关规定予以表彰，对推进不力、失信现象多发的地区、部门和单位负责人，实施行政问责。

3. 完善林业产业信用工作组织协调机制和准入制度

完善以各地林业产业主管部门、社会组织、骨干企业参与的林业产业信用建设工作机制，充分发挥其统筹协调作用，加强对各地区林业产业信用体系建设工作的指导、督促和检查。按照本纲要的总体要求，成立省、区、市等各级林业产业信用工作社团组织，加强行业自律，发挥林业产业各类社会组织在推进社会信用体系建设过程中的中坚作用。建议在行政管理领域实行信用准入制度，各级林业主管部门在行政许可、政府采购、招标投标、劳动就业、社会保障、科研管理、管理监督、申请资金支持、评奖评优等领域对林业产业企业（单位）实行信用准入制度，促进林业产业信用体系建设。

4. 加大对林业产业信用体系建设的政策支持力度

（1）积极争取国家政策支持，保障林业产业信用体系建设有序开展 积极参加社会信用体系建设部际、省际（省区市委、办、局）联席会议，将林业产业信用体系建设纳入国家及省、区、市政府支持层面，加大林业产业信用体系建设的推进力度。各级林业产业信用组织机构应积极主动与各级地方政府和林业产业主管部门沟通，争取林业产业信用体系建设资金；积极探索建立多元化投融资机制，鼓励引导社会资本投入林业产业信用体系建设，鼓励民间资本投资林业产业信用服务业。

（2）争取财政林业补助资金支持，保障涉林诚信企业得到参与信用建设红利 建议各级林业主管部门依照《中央财政林业补助资金管理办法》，对诚信生产经营的林木良种培育、造林和森林抚育、林产品加工与流通、林业防灾减灾、林业科技推广诚信示范、林业产业信用体系基础设施建设、林业产业诚信示范区、林业产业诚信示范企业、林业产业诚信企业品牌建设推广、重点领域征信创新示范工程等企事业单位，给予中央财政林业补助资金支持。

建议依照《中央财政林业补助资金管理办法》，对诚信经营的林业龙头企业以公司带基地、基地连农户的经营形式，立足于当地林业资源开发、带动林区、沙区经济发展的种植业、养殖业以及林产品加工业贷款项目，各类经济实体营造的工业原料林、木本油料经济林以及有利于改善沙区、石漠化地区生态环境的种植业贷款项目，国有林场（苗圃）、国有森工企业为保护森林资源，缓解经济压力开展的多种经营贷款项目，以及自然保护区和森林公园开展的森林生态旅游贷款项目，农户和林业职工个人从事的营造林、林业资源开发、林产品加工等贷款项目，给予贴息补贴。

林业企业质量信用报告编制与评价研究

胡英暖　张继进　陈进文　于　英　祝远虹

在林业产业体系中，林业产业处于相对优势的地位。林业产业企业的质量诚信体系建设与社会其他行业企业的质量诚信体系建设基本一致。但由于林业产业企业以木材为主的林产品为加工对象，其需要开展的质量诚信体系建设、质量信用报告编制与评价也有自己的特殊性。引导和推动企业加强诚信自律和守法经营意识有重要意义。

推动企业发布质量信用报告，是引导企业履行产品质量主体责任、建立质量诚信自律机制的重要措施，也是引导和推动全社会对企业履行质量责任情况进行监督的有效方式，有利于推动企业牢固树立"质量第一、诚信为本"的经营理念，有利于提高企业的质量诚信意识和质量法制意识，有利于企业主动向社会、消费者公开产品质量状况和质量承诺信息，接受社会监督。

一、背景与形势分析

1. 行业质量诚信体系建设、质量信用报告发布工作，目前在我国呈现出良好发展局面

一是执政党的重视引领和有力倡导；二是政府和行业协会的有力推动；三是社会力量的广泛参与与责任担当；四是企业作为质量信用建设的实施主体责任自觉、自律约束的不断加强；五是社会公众的广泛支持与监督配合。

现代社会是主体权责明确、公民高度自治、政府有限有为、社会力量有序发挥，社会事业协同发展、公信诚信规制化，充满协商、对话、妥协的多元共治社会。行业组织和第三方服务机构等社会力量协同政府、企业共同推进行业企业质量诚信建设，是社会管理创新、社会发展和谐的重要体现，是国家治理体系、治理能力现代化内在要求和重要途径。

质检总局等国家部委共同推动行业企业的质量诚信建设，得到有关行业协会、第三方服务机构等相关力量的积极响应，几年来的工作取得很大成效。目前许多全国行业协会都已组织本行业企业开展质量诚信建设工作，对促进企业提升质量信用管理水

平、自觉履行质量信用，以及社会质量诚信建设的整体推动起到积极作用。

2. 要加强对问题的研究，在实践中不断总结积极探索解决问题的有效途径和办法

质量诚信建设作为国家治理的重要战略，要从国家和社会层面进行设计，与市场化融合，与法制化相衔接，成为社会治理的一种理念、文化和制度规范，满足市场经济对信用的刚性需求。发挥其对经济社会健康运行和可持续发展的基础性保障作用。这个系统的推进虽然已上升到新的层面，但对于实践中面临的问题也要引起深刻重视。

质量诚信建设在整体发展上进程还比较缓慢，问题集中在于缺乏法制意义上的系统规范。具体表现为质量诚信建设作为一项社会工程还有待进一步加强统一指导，协调与管理；配套政策滞后，质量诚信评价结果应当产生的市场价值没能得到应有体现。企业拿出成本做这项工作，但在市场准入、融资、税收以及相关政策支持方面没能及时见到实实在在的好处，激励约束效果未能充分显现，失信成本未能有效加大，诚信反而成为一种成本无形中相对提高，影响了企业开展质量诚信建设的积极性。同时，行业组织作为推动主体，法定职能、法律地位尚待进一步明确，工作还面临许多困难。

质量诚信建设本身是一个体系，包括质量诚信文化建设、诚信信息数据库系统建设、诚信履行的风险管控、质量信用输出过程管理，引入独立第三方评价机制、征信基础手段建设，以及特殊行业诚信建设特定要求等若干方面。就事物的单体特征而言，这个体系是相对完整的，但从问题产生的原因看，是由于过多地强调了事物自身的功能与特点，而在一定程度上忽视了事物更大的体系要求，这就是事物作为系统和过程的开放性。诚信评价的市场价值不能得到很好的推广与应用，造成诚信建设在广泛联系和开放发展中出现瓶颈与障碍。要求我们要以更宽阔的视野探索和研究诚信建设的体系问题。

3. 推动行业企业质量报告编制与发布的推广应用

解决好发展中的瓶颈问题，进一步认识到以政府为主导，社会系统协调和配合共同努力的极端必要性。要看到质量诚信建设、质量信用建设是一项长期系统工程，党和国家正在采取一系列措施予以积极推进。一方面是调整经济结构、转变发展方式、中高速稳定增长，进入提质增效、升级发展、可持续发展的新常态；另一方面则是要重塑社会品格，提升社会运行发展质量，实现社会的全面进步。包括消化和解决快速增长时期带来的资源环境问题、一定程度上的社会道德滑坡与诚信缺失问题等，是一个综合提升阶段。社会质量信用建设将在这个时期与经济社会发展同步加强。

作为企业，要真正把握质量信用建设的内涵与作用，在市场经济面前经受住考验。质量信用是企业自身品格，更是企业健康成长的自我保障，具有影响社会、完善自我的双重意义。因此企业必须把诚信经营作为安身立命之本。要以价值观、荣辱观教育为基础，以可持续为目标，加强诚信素质的自我培育。打牢员工诚信基础，把握企业家诚信关键，建立制度诚信保障，以企业自身信誉立足市场、优化环境、赢得竞争，获得可持续发展的良好经营局面；要坚信信用的市场价值将在不断的发展中充分得到体现，经受住复杂环境的考验；要强化可持续的诚信理念。树立诚信文化自觉，坚定诚信文化自信，激发诚信内在动力。统筹规划、科学管理、积极实践，真正实现信用责任与自身发展的高度统一。

作为行业组织，要积极发挥联系企业与政府、社会的桥梁纽带作用。开展好行业诚信与质量信用教育，推动政府政策完善，不断改进服务企业信用建设的外部环境与建设手段。结合行业特点，以行业诚信文化引领企业渡过发展难关。作为社会中介和第三方服务机构，要切实提高独立、公正、科学的资质禀赋和服务质量。按照市场化要求完善服务手段，有效实现结果的市场化价值链接。

二、编制企业质量信用报告的一般要求

(一)编制原则

《企业质量信用报告》编制的质量直接影响报告的使用价值，编制应遵循以下原则：

(1)客观性原则　客观公布企业在报告期内质量诚信体系建设的基本情况，以确保社会对企业的质量信用状况进行公正的评价。

(2)时效性原则　企业应及时、周期性公布其质量信用状况，以便接受社会的监督。

(3)简便性原则　报告的信息公布方式和报告的内容应易于阅读者理解和接受。应采用简洁的语言，适当使用流程图、数据表和图片等形式。

(4)可验证性原则　报告中公布的信息，其收集、记录、整理、分析和公布应经得起审核验证，以确保公布信息的质量。

(二)基本结构和内容

1. 报告前言

公布报告编制规范、企业高层致辞、企业简介以及报告目录等。编制规范包括报告内容客观性声明、报告的组织范围、报告时间范围、报告发布周期、报告数据说明、报告获取方式等。高层致辞是企业最高领导对企业产品质量责任和质量诚信的概括性阐释。企业简介简述企业的名称、所有权性质及总部所在地、主要产品和服务等。

2. 报告正文

描述企业在质量管理、产品质量责任、质量诚信管理等方面的理念、制度、措施以及取得的绩效等。

(1)企业质量理念　主要从高层次、战略性的角度简要阐述企业质量管理、履行产品质量责任以及质量诚信体系建设等方面的理念以及企业的愿景，对消费者等各利益相关方的关注等。

(2)内部质量管理　主要从企业质量管理机构、质量管理职责、质量管理体系的建立和运行等方面，描述企业的质量管理情况。

质量管理机构　主要描述由企业高层领导(通常是企业总裁、总经理、首席质量官等)直接负责的、企业内部最高层面的质量决策、领导和推进机构，包括企业高层管理者、中层管理者和员工等的质量职责和权限、激励措施等。

质量管理体系　主要描述企业质量管理体系的建立和运行情况，包括质量方针和

质量目标，质量教育、质量法规、质量责任赔偿等制度，以及保持质量管理体系运行有效性和持续改进的机制等。

(3)企业质量诚信　主要描述企业质量诚信管理情况，包括质量诚信管理和质量文化建设等。

质量诚信管理　主要描述产品设计、原材料采购、生产过程、售后服务等过程的质量诚信管理，包括企业将质量承诺、质量责任与所有员工进行沟通的机制等。

质量文化建设　主要描述企业如何围绕质量责任和质量诚信，开展质量诚信意识和质量法律意识宣传教育和培训等质量文化建设活动，树立“质量第一、诚信为本”经营理念的情况。

(4)企业质量基础　主要描述企业产品质量标准、计量保证能力、产品和管理体系认证等情况。

企业产品标准　详述企业执行的产品标准和标准的水平，采用国际和国内先进标准情况，参与国家和国际标准制修订情况，以及加强企业标准化管理的情况。

企业计量水平　详述企业建立和完善计量检测体系和通过测量管理体系认证情况，定量包装商品生产企业是否取得计量保证能力评价证书，具有的计量检测能力和水平。

认证认可情况　详述企业取得的自愿性产品认证、强制性产品认证等产品质量认证情况，质量管理体系、环境管理体系、职业健康安全管理体系等管理体系情况，以及实验室认可的情况。

特种设备安全管理情况　详述企业建立安全管理制度、落实安全主体责任和各项安全措施、作业人员持证上岗等情况。

(5)产品质量责任　主要描述企业的产品质量承诺、召回、“三包”等产品质量责任情况。

产品质量承诺　详述企业取得的生产许可资质，有关产品质量水平、售后服务质量水平的承诺或声明等。

产品召回情况　详述企业建立召回管理制度，对缺陷产品、不合格产品的召回情况。

“三包”责任　详述企业建立修理、更换、退货(三包)等产品质量担保责任制度的情况，以及履行“三包”等产品责任和义务的情况。

质量奖励　详述企业获得的政府质量奖等质量荣誉的情况。

(6)质量风险管理　主要描述企业对产品售后服务质量的管理机制及实施情况。

质量投诉处理　详述企业的产品售后服务网点及便利可行的服务联系方式，企业受理和处理产品质量和售后服务质量投诉的情况。

质量风险监测　详述企业建立质量安全风险监测和分析评估情况，识别的质量安全风险点，建立的质量安全风险控制措施等。

应急管理　主要描述企业重大质量安全事故应急预案、重大质量安全事故主动报告及应急处理措施等。

3. 报告结语

主要包括企业对未来质量责任、质量诚信管理工作的展望，对报告的评价、报告参考及索引、读者意见反馈、专家评论等方面。

三、加强我国林业企业质量信用的几点建议

推动企业质量信用建设是一项浩大的系统工程，既包括宏观层面的又包括微观层面的；既包括企业内部，又包括企业外部；既包含道德范畴，又包含法律范畴；既包括企业行为，又包括政府行为。所以发展企业质量信用必须从企业、政府和社会等多方面着手。

1. 企业要树立以人为本的科学发展观，建立和谐的价值观

随着社会经济、文明的进步，企业承担质量信用已成为不可逆转的潮流，也是企业竞争实力的根本体现。企业质量信用的发展是构建和谐社会的重要部分，构建和谐社会要求坚持以人为本的科学发展观，即以人为中心开展工作，把人才放在第一位，真正把人才作为发展与否、发展快慢的核心要素。作为和谐社会建设中的主力军，企业应当真正体现出以人为本，把以人为本的理念渗透到企业管理的每个角落。企业要强调一切以人为本，一切以人为核心，一切以人为目的，立足于人的素质的提高和积极性的充分调动，充分激发人的创业激情，充分发挥人的多样性创造才能，使企业的各项工作人性化、人文化和人本化，以实现员工生产安全、就业机会均等和薪酬公平等，实现员工与企业共同发展。

建立和谐的价值观，必须从企业的各方面入手。企业应该积极倡导诚信经营，主导拒绝生产假冒伪劣产品，不欺骗消费者，依法纳税，不偷税漏税，以促进社会的和谐发展。企业是资源消耗最大、最容易对环境产生污染的部门，保护生态环境，企业负有不可推卸的责任。因此，企业必须强化资源节约意识，增强资源节约的主动性和自觉性，走新型工业化发展道路，走出一条科技含量高、经济效益好、资源消耗低的工业化新路子。

2. 政府要尽快完善与企业质量信用标准相关的法律法规制度，发挥法律在强化企业质量信用方面的推动和规范作用

政府在市场经济发展过程中作为一只有形的手，有义务对企业提出质量信用方面的规范性要求，通过政策和法律等手段多层次多渠道地对企业加以引导。法律作为国家的一种强制性手段，具有崇高的权威，企业作为社会的一员，其行为也处于法律的监督之下。企业质量信用依靠国家法律强制力来执行，可使其获得社会的普遍认同，提高权威性，成为全体社会成员公认的原则，让企业的经营行为有章可循。企业作为市场经济的主体必须主动承担其对国家和社会应尽的法律义务，如缴纳税费、生产质量合格的产品、诚实守信等，也应当依法对国家、社会、生态环境、消费者、员工等利益相关者承担的市场秩序维护责任、经济责任、环境保护责任、消费者利益保护责任、员工安全与福利责任和对股东的责任等基本法律义务，这也是现代法治社会的基本要求，企业在这里承担的不仅是法律责任，更是其应尽的法律义务。建设企业质量信用不能只是寄托于社会道德规范，还必须依托法律加以强制执行。因此，政府必须制定和健全与企业质量信用相配套的法律、法规和政策，积极吸取国际上的新规定，

在我们原有的立法基础上，对企业质量信用进行比较系统的立法，加快与国际接轨。

3. 要充分发挥舆论媒介、行业协会、非政府组织等的作用和加强社会公众的监督，建立良好的信息披露机制

实践证明，舆论监督以其发表的公开性、传播的快速性、影响的广泛性、揭露的深刻性、导向的明显性、处置的及时性等特点和优势，可以迅速将人们的注意力聚焦，形成强势舆论，通过对社会舆论的引导，形成对企业质量信用问题的广泛关注。强大的社会舆论、鲜明的民心民意可让责任型企业一举成名，也可让无责任心的企业一落千丈，当然这在很大程度上需要大众传播媒介组成的监督子系统积极参与。就因为舆论监督具有极强的监督和控制功能，所以新闻媒体以舆论、宣传、教育影响和引导内外资企业的公众价值观和行为方式，可以预防和制止企业的越轨行为，实现对企业质量信用的有效监督，从而引导企业转变观念，朝着积极履行质量信用的方向发展。构建企业质量信用要充分发挥舆论媒体的作用、提高相关利益者的维权意识与行动能力，加强企业质量信用建设的宣传，加大对企业责任履行状态的信息传递，营造企业质量信用的氛围，逐步形成企业自觉承担质量信用的社会环境。

良好的信息披露制度在很大程度上能起到监督和制约的功能，建立信息披露制度可以加强企业履行质量信用的自觉性和主动性，有利于企业信息的公开透明。从西方国家走过的历程看，企业质量信用信息披露经历了一个由自愿性披露到强制性披露，再到自愿性披露和强制性披露相结合的发展过程。所以，我国必须加快相关法律法规的制定和完善，对企业质量信用信息披露作出强制性规定，从而推进企业质量信用的履行。

4. 借鉴和推行企业质量信用的国际标准，对质量信用标准进行本土化改造，建立新型企业质量信用评价体系

企业质量信用的评价体系应当成为一个国家企业是否承担质量信用及承担质量信用程度的价值标准，科学有序的价值评价标准是企业发展方向的指航标，它能够在一定程度上指引企业实现健康的可持续发展。我国目前社会上对企业的评价标准还往往停留在经济标准上，远远不能在社会经济全球化背景下提高企业竞争力。构建企业质量信用评价体系，最为重要同时也是最为基础的问题是企业质量信用评价体系的规范化问题。建设新型企业质量信用评价体系要从中国实际出发，通过研究和探索，制定出中国企业应当承担的质量信用的基本要素，建立起有中国特色的企业质量信用标准，并以此作为企业质量信用自我评价和第三方评价的依据，从而规范企业行为，提高企业履行质量信用的自觉性和能力，为提升我国企业在国际市场上的竞争力创造条件。

5. 推动林业企业质量信用建设的措施

（1）*认真实施贯宣工作*　首先启动《企业质量诚信管理实施规范》国标宣贯师资和试点企业培训工作。邀请国家质检总局、中国标准化研究院领导与专家予以指导、培训。按照行业实际，建议人造板、木地板、木门、红木等作为国标宣贯的重点。

（2）*发挥社会中介组织作用*　按照国家质检总局办公厅关于做好《企业质量诚信管理实施规范》国家标准宣贯工作的通知要求，切实发挥社会团体、行业协会等第三方机构的积极性，协会将与国家质检总局相关部门、中国标准化研究院、中国经济报刊协会、中国产业网等机构合作，建立企业质量诚信管理培训和指导机制，帮助和支持参与宣贯企业完善质量管理体系，助力企业开展工作。

(3)开展企业质量诚信管理，深化品牌培育　在贯宣的基础上，全面推进企业开展质量诚信管理工作和深化品牌培育工作并使两项得到有机结合。按照策划、管理实现、检查分析、持续改进四个过程在企业产品生产生命周期建立质量诚信管理机制，实现质量诚信管理持续有效的改进；引导企业将质量诚信管理导入品牌培育管理体系，增强培育能力。

引导鼓励企业定期发布企业信用报告，推动企业强化诚信自律机制的建设。

(4)选树质量诚信管理标杆　分行业、区域深入调研，认真梳理总结、遴选提炼企业质量诚信管理的先进典型经验，重点树立质量诚信管理与品牌培育有机结合并取得成效的标杆。

(5)与行业协会重点工作相互融和　将《企业质量诚信管理实施规范》国家标准宣贯与实施工作，和配合政府职能转移、争取行业政策、服务行业发展、强化行业自律、培育林产品市场、品牌建设、维护企业国际贸易和谐化等行业协会重点工作相结合，并在实际工作中相互融合，共同提高。

(6)加大宣传和推广力度　要加强和各类媒体的合作，加大对质量诚信管理工作和贯标工作的宣传力度，要充分利用中国林产工业协会网、中国经济报刊协会及所属媒体、中国产业网、林产工业业内的各媒体加大对工作动态与经验、优秀企业、典型案例等方面的宣传推广。

第六部分 附 录

中国林业产业联合会落实国家各项政策方针，同时结合国家林业局重点工作，强化行业组织的领导和带头作用，为行业企业发展提供示范和发展平台，为企业提供行业信息，中国林业产业联合会制定了《中国林业产业行业诚信评价标准》和《中国林业企业信用评级规范》，与国家林业局经济发展研究中心共同发布月度中国林业采购经理指数（FPMI），促进产业信用建设，为企业发展提供参考。

中国林业产业行业诚信评价标准[①]

1 范围

本标准规定了林业产业行业组织诚信标准的术语和定义、评价原则、评价要素和评价等级。

本标准适用于中国林业产业行业组织诚信评价，其他林业产业组织可参照执行。

2 规范性引用文件

下列文件对于本文件的应用是必不可少的。凡是注日期的引用文件，仅注日期的版本适用于本文件。凡是不注日期的引用文件，其最新版本(包括所有的修改单)适用于本文件。

GB/T 1.1-2009 标准化工作导则第 1 部分：标准的结构和编写

GB/T 20001.1-2001 标准编写规则第 1 部分：术语

GB/T 22117 诚信基本术语

GB/T 19001-2008 质量管理体系要求

GB/T 27922 商品售后服务评价体系

GB/T 22116 企业信用等级表示方法

GB/T 23791 企业质量信用等级划分细则

3 术语和定义

下列术语和定义适用于本文件。

3.1 组织 organization

具有自身职能和行政管理的公司、集团公司、商行、企事业单位、政府机构、社团或其结合体，或上述单位中具有自身职能和行政管理的一部分，无论其是否具有法人资格、公营或私营。

注：对于拥有一个以上运行单位的林业产业企业，可以把一个运行单位视为一个组织。

3.2 林业产业 forestry industry

林业产业是以森林资源为基础，以获取经济效益为目的，以技术和资金为手段，有效组织和提供

① 本标准由中国林业产业联合会和中国林业产业诚信联盟共同提出并发起，中国林业产业联合会归口管理。2015 年 1 月 5 日由中国林业产业联合会发布，2015 年 2 月 1 日起实施。

各种物质产品和非物质服务的行业，是涉及国民经济一、二、三产业的复合产业群体。主要包括林木种植业、经济林培育业、花卉培育业、木竹采运业、木竹加工业、人造板制造业、木浆造纸业、林产化学加工业、林副产品采集加工业、森林旅游业等。

3.3 诚信 credit

组织运行活动中对承诺的履行与可信度的依存关系，包括顾客、供方、其他相关方以及他们之间的相互关系。

注：其运行活动包括生产、经营、服务和管理等，涉及的相关方包括员工、顾客、供方、工商和税务等。

3.4 诚信因素 credit aspect

组织的活动、产品或服务中能影响组织诚信度而又相互作用的一组要素。

3.5 诚信环境 credit circumstances

对一个组织的诚信氛围所给出的一种评价，包括其诚信服务意识、诚信经营状况和以诚信为核心的企业文化。

3.6 诚信意愿 credit wishes

组织和组织管理者从主观上是否愿意履行与其他经济主体或利益相关者签订的各种契约与承诺的愿望。

3.7 诚信能力 credit capacity

组织履行契约的实力

3.8 诚信表现 credit performance

组织在经济和社会交往中所表现出来的组织诚信行为。

4 评价原则

4.1 科学性

企业诚信评价的每一项指标应保证具备内涵的正确性，是对评价对象某个或某些诚信属性的概括，在质和量上可以确定。各项评价指标应有机结合，相互之间既相互独立，又不重复，也不矛盾，并能准确反映企业诚信状况和诚信水准。

4.2 全面性

企业诚信评价指标体系内容应包括能反映企业诚信状况和诚信水准的主要因素，能反映企业过去的诚信状况和评估企业未来诚信的发展趋势。

4.3 可操作性

在满足评价目的的前提下，企业诚信评价指标表达方式简单易懂，数据来源易于采集。

4.4 定量与定性相结合的原则

对易于定量的企业诚信属性，采用模型和数学统计方法测定具体的标准值，确定量化的指标；对不易于定量的企业诚信属性，通过分析推理和经验判断确定定性指标；有机地、辩证地结合定性和定量分析方法，客观评价企业诚信状况。

4.5 参评资格

三年内有以下行为的企业无参评资格。

a）发生重大环保、生产安全事故；

b)有生产、加工、销售假冒劣伪商品记录；

c)有虚假宣传行为；

d)因严重违法违规行为被监督部门责令停产停业整顿、吊销营业执照等；

e)无审计报告或审计报告结论为否定意见的；

f)未按国家标准对产品属性命名，进行虚假营销宣传及其他有知识产权侵权行为；

g)未依法纳税的；

h)在生产加工过程中，使用转基因产品作为生产原料没有明确标注；食品添加剂、农药残留超标。

5 评价要素

林业产业行业诚信评价要素包括一定时间内企业基本状况、财务状况、诚信保障能力和社会责任四个方面。

5.1 企业诚信基本状况

林业产业行业诚信基本状况应包括以下内容：

——企业法定代表人(或实际控制人)诚信状况；

——企业诚信状况；

——其他。

5.2 企业财务状况

林业产业行业财务状况是指在企业财务管理能力和一定时期内用价值形态反映的企业经营活动状况，应包括以下内容：

——财务管理能力；

——财务审计报告状况；

——其他。

5.3 企业诚信经营保障能力

5.3.1 诚信意愿

林业产业行业的诚信意愿体现在企业最高管理者和全体员工的诚信意识，具体体现在企业是否将诚信文化纳入企业文化建设中。

5.3.2 诚信管理

诚信管理是指企业将依法诚信经营融入内部管理制度建设、信用管理和员工教育培训等方面的行为和成果，主要内容包括：

——员工诚信行为规范；

——企业信用管理的制度建立、实施和人员配置；

——员工诚信教育培训活动；

——其他。

5.3.3 员工技能保障

员工技能保障是指企业根据岗位技能要求选用相应持证人员，确保技能与岗位要求相符，并开展技能再培训，继续保持符合性。

5.3.4 合同履约能力

合同履约能力指企业实际履行经济合同的过程管理能力和履行结果，主要内容包括：

——合同管理制度的建立健全；
——合同履约率；
——其他。

5.3.5 产品质量能力

产品质量能力是指企业在产品标准、制造、检验等全过程对顾客的质量承诺的实现程度，主要内容包括：
——质量管理制度体系的建立、完善和有效性；
——产品质量标准的符合性；
——产品质量检验的有效性；
——产品质量无缺陷性；
——其他。

5.3.6 产品创新

产品创新指的是创造某种新产品或对某一新或老产品的功能进行创新。

5.3.7 售后服务水平

售后服务水平是指企业在产品出售后，系统、规范的为客户所提供的各种服务活动所能达到的客户满意度，主要内容包括：
——专门的售后机构和人员；
——规范的服务流程；
——退换货和召回制度；
——客户投诉处理和意见反馈机制；
——其他。

5.3.8 诚信表现

诚信表现是指企业在经济和社会活动所表现出来的诚信行为结果，应包括以下内容：
——质量事故；
——品牌声誉；
——信用等级；
——产品命名、商标使用、广告宣传；
——获得社会荣誉；
——其他。

5.4 企业社会责任履行

企业社会责任是指企业在信守法律、合同和承诺的基础上，自觉承担和履行对员工、消费者、环境、社会的贡献，应包括以下内容：
——依法纳税；
——维护员工权益；
——节能环保；
——安全生产；
——资助公益事业；
——遵守行业管理；

——社会效益；
——其他。

6 评价等级

林业产业行业诚信评价包括评价分值和评价等级，其中评价等级参考了GB/T 22116 企业信用等级表示方法、GB/T 23791 企业质量信用等级划分通则，从高到底分为AAAAA、AAAA、AAA、AA、A五个等级，分别表示企业诚信状况特优、很好、好、一般、较差。

附录 A（规范性附录）
林业产业行业诚信评价指标及权重

表 A.1　林业产业行业诚信评价指标及权重

<table>
<tr><th>评价项目</th><th>评价标准</th><th>评分细则</th><th>分值</th></tr>
<tr><td colspan="3">第一部分　企业基本状况</td><td>12</td></tr>
<tr><td rowspan="2">企业法定代表人（或实际控制人）诚信状况（6 分）</td><td>法人代表守信行为。</td><td>有违法行为记录，一次扣1.5 分，重大违法行为扣3 分。</td><td>3</td></tr>
<tr><td>法人代表信用记录。</td><td>有失信行为记录，一次扣 1.5 分，其中重大失信行为扣3 分；扣满 3 分不再累计；
获得国家级（含国家级社会组织）奖励，加 2 分；
获得省级（含省级社会组织）奖励，加 1 分；
获得市级（含市级社会组织）奖励加，0.5 分；
加满 2 分不再累计。</td><td>3</td></tr>
<tr><td rowspan="2">企业诚信状况（6 分）</td><td>行政执法记录。</td><td>有违规行为，受到有关行政部门处罚，扣 2 分。</td><td>3</td></tr>
<tr><td>司法诉讼记录。</td><td>因有失信行为，有司法诉讼败诉记录，扣 2 分。</td><td>3</td></tr>
<tr><td colspan="3">第二部分　企业财务状况</td><td>20</td></tr>
<tr><td>财务管理能力（6 分）</td><td>企业财务管理制度健全；
财务人员持证上岗。</td><td>未建立企业财务管理制度，扣 4 分；
有财务人员未持证上岗，扣 2 分。</td><td>6</td></tr>
<tr><td rowspan="3">财务审计报告状况（14 分）</td><td>资产负债表、损益表、现金流量表真实完整。</td><td>资产负债表、损益表、现金流量表不真实或不完整，不予参评。</td><td>4</td></tr>
<tr><td>企业及时清理负债；
企业债务风险低。</td><td>未及时清理债务，扣 3 分；
资产负债率高于 70%，扣 3 分。</td><td>6</td></tr>
<tr><td>财务良好状况。</td><td>审计报告出现风险提示，每一项扣 2 分。</td><td>4</td></tr>
<tr><td colspan="3">第三部分　企业诚信保障能力</td><td>46</td></tr>
<tr><td>诚信意愿（4 分）</td><td>注重企业诚信文化建设，将诚信文化纳入企业文化建设中。</td><td>没有将诚信文化纳入企业文化建设中，扣 4 分。</td><td>4</td></tr>
<tr><td rowspan="3">诚信管理（10 分）</td><td>企业制定了员工诚信行为规范，并有评价和奖惩记录。</td><td>无员工诚信行为规范，扣 2 分；
无评价和奖惩记录，扣 2 分。</td><td>4</td></tr>
<tr><td>企业制定了信用管理制度；
配置专业人员落实情况良好。</td><td>未建信用管理制度，扣 2 分；
有制度未落实，扣 2 分。</td><td>4</td></tr>
<tr><td>建立了法律法规培训和诚信教育制度，并有培训记录。</td><td>未建立制度，扣 1 分；
没有培训记录，扣 1 分。</td><td>2</td></tr>
<tr><td rowspan="2">员工技能保障（4 分）</td><td>从业人员有持证资格要求的应持证上岗。</td><td>存在从业人员未持证上岗，扣 2 分。</td><td>2</td></tr>
<tr><td>积极开展从业人员再培训，并有培训记录。</td><td>从业人员再培训制度和机构健全，扣 1 分；
没有培训记录，扣 1 分。</td><td>2</td></tr>
<tr><td rowspan="2">合同履约能力（4 分）</td><td>企业建立了包含有授权委托、评审、履行检查、纠纷处理、台账管理、考核奖惩等内容完善的合同管理制度。</td><td>没有合同管理制度，扣 2 分；
合同管理制度内容有一项不健全，扣 1 分。</td><td>2</td></tr>
<tr><td>除不可抗力和对方违约以及双方协商变更解除合同外，合同履约率应达到 100%；不发生合同争议案件。</td><td>合同履行率达到 100% 不扣分，每降低 10% 扣 1 分；
发生合同争议案件，发生 1 次扣 0.5 分。</td><td>2</td></tr>
</table>

（续）

评价项目	评价标准	评分细则	分值
产品质量保证能力（8分）	通过ISO9000质量管理体系认证； 建立了包含原辅材料、关键设备和工序控制、检验等内容完善的质量管理和考核制度。	未通过质量管理体系认证，扣1分； 质量管理或考核制度不完善，扣1分。	2
	产品依据相关国家质量标准生产； 有符合国家相关标准的检验规程； 具备必要的检验设备和检验能力； 具备权威质检机构出具的在有效期内合格的产品检测报告。	产品生产未依据相关国家质量标准，扣1分； 检验规程不完善，扣1分； 检验设备不全或检验能力不充分，扣1分； 不具备权威质检机构出具的在有效期内合格的产品检测报告，扣1分； 出现质量抽检不合格，扣2分。	6
	使用转基因产品作为生产原料，没有明确标注；食品添加剂、农药和肥料的投入超标。	不予参评	
产品创新能力（2分）	注重产品创新和知识产权保护	无产品创新或自主专利，扣2分	2
售后服务水平（4分）	设置专门售后部门或岗位、配置专业人员； 制定有规范的售后服务流程并公示； 建立产品退换货和召回制度； 建立客户投诉处理和客户意见反馈机制，且有投诉有效处理和改进记录。	未设置专门售后服务部门或岗位、未配置专业人员，扣1分； 未制定规范的售后服务流程并公示，扣1分； 未建立产品退换货和召回制度，扣1分； 未建立客户投诉和客户意见反馈机制，或无投诉有效处理和改进记录，扣1分。	4
诚信表现（10分）	质量事故	销售假冒伪劣产品和发生重大质量安全事故，不予参评。	
	品牌声誉	获得国家名牌（含国家级社会组织）加2分； 获得省级（含社会组织）名牌加1分； 获得市级名牌（含市级社会组织）加0.5分。	2
	信用等级	获得金融机构或具有资质的中介组织信用评级认定，每低于AAA级一级，扣0.5分。	2
	规范产品命名，合法使用商标、广告宣传，杜绝虚假行为。	未按国家标准、属性对产品命名的，不予参评； 出现违规或投诉案件，每次扣2分。	4
	企业获得社会荣誉	获得国家级（含国家级社会组织）称号或奖励加2分； 获得省级（含省级社会组织）称号或奖励加1分； 获得市级（含市级社会组织）称号或奖励加0.5分。	2
第四部分　企业社会责任履行			22
依法纳税（4分）	照章纳税，不偷税漏税。	不能提供完整的纳税资料及完税证明，扣4分。	4
维护员工权益（4分）	遵守《劳动法》，依法用工； 依法签订正规劳动合同； 企业全员参加并按时足额缴纳社会保险； 不拖欠职工工资和福利。	未按《劳动法》用工，扣1分； 未按时足额给职工缴纳社会保险，扣1分； 未按时兑现劳动报酬，扣1分； 违反《劳动法》，每发生一次职工起诉企业的纠纷案件，扣1分。	4
节能环保（4分）	遵守各项节能和环保法律法规，符合国家节能、降耗减排、清洁生产标准要求； 通过ISO14001环境管理体系认证，或虽未认证但有完善的环境管理制度； 按照环保部门许可排放污染物，排污达到国家污染物排放标准。	节能制度不健全，节能措施不到位，扣1分； 环境管理制度体系不健全，扣1分； 受到市级以上环保部门的行政处罚，扣2分。	4

（续）

评价项目	评价标准	评分细则	分值
安全生产 （4分）	通过GB/T28001职业健康安全管理体系认证； 虽未认证但有健全的安全生产责任制，有严格的安全生产规章制度和操作规程； 无安全生产事故。	安全生产制度体系不健全，扣2分； 安全、消防的日常管理没有检查记录，扣0.5分； 每发生一起安全生产一般事故，扣1分； 发生重大安全事故不予参评。	4
资助公益事业 （2分）	履行社会公益义务，无逃避社会公益活动的记录； 有受到用户好评或受到有关部门表彰的良好记录。	有不良记录的，每次扣1分，扣满2分不再累计。 受到用户好评或受到有关部门表彰的，且能出示良好记录的，加1分。	2
遵守行业管理 （2分）	企业的经营行为应符合行业发展的规划，遵守行业制定的标准、办法和细则。	未遵照行业制定的标准、办法和细则执行的企业，扣2分。	2
社会效益 （2分）	企业为规模以上企业，并具有核心竞争力，推动所在省、区、市林业产业发展，带动当地农民就业、增加收入，上年总产值达到同级或行业前列。	获得国家级林业产业化龙头企业（含国家级社会组织评定的相关荣誉）加2分； 获得省级林业产业化龙头企业（含省级社会组织评定的相关荣誉）加1分； 获得市级林业产业化龙头企业（含市级社会组织评定的相关荣誉）加0.5分。	2

注：扣分项或加分项的加分扣分原则：加满或扣满该项所分配分值不再累计。

附录B（规范性附录）
林业产业行业诚信评价等级、计分标准

表B.1　林业产业行业诚信评价等级、计分标准

评价得分	等级符号	释义
90分以上	AAAAA级	特优
80~89分	AAAA级	很好
70~79分	AAA级	好
60~69分	AA级	一般
60分以下	A级	较差

中国林业企业信用评级规范[①]

1 范围

本标准规定了林业企业组织信用评级规范的术语和定义、评级原则、评级指标和评级等级。

本标准适用于中国林业企业信用评级，其他林业产业组织可参照执行。

2 规范性引用文件

下列文件中的条款通过本标准的引用而成为本标准的条款。凡是注日期的引用文件，仅注日期的版本适用于本文件。凡是不注日期的引用文件，其最新版本(包括所有的修改单)适用于本文件。

GB/T 1.1 -2009 标准化工作导则第1部分：标准的结构和编写

GB/T20001.1 -2001 标准编写规则第1部分：术语

GB/T 9002 企业信用评价标准

GB/T 22117 信用基本术语

GB/T 23794-2009 企业信用评价指标体系分类及代码

GB/T 22116-2008 企业信用等级表示方法

3 术语和定义

下列术语和定义适用于本文件。

3.1 组织 organization

具有自身职能和行政管理的公司、集团公司、商行、企事业单位、政府机构、社团或其结合体，或上述单位中具有自身职能和行政管理的一部分，无论其是否具有法人资格、公营或私营。

注：对于拥有一个以上运行单位的林业企业，可以把一个运行单位视为一个组织。

3.2 信用 credit

建立在信任基础上，不用立即付款或担保就可获得资金、物资或服务的能力，这种能力以在约定期限内偿还的承诺为条件。

---

① 本标准由中国林业产业联合会和中国林业产业诚信联盟共同提出，中国林业产业联合会归口管理。2015年1月5日由中国林业产业联合会发布，2015年2月1日起实施。

3.3 企业信用评级 enterprise credit rating

对企业遵纪守法、履行社会承诺及经济偿还意愿和能力的综合评价，并以专用的评级符号标明其信用等级。

3.4 指标体系 index system

由一系列反映事物特征并相互联系、相互补充的指标组成的统一整体。

3.5 信用等级 credit rating

企业在一定时期内各种经济往来活动中，守信或失信程度的标识，是企业信用水平高低的量化尺度。

4 评级原则

4.1 科学性

企业信用评级指标体系的各项指标应有机结合，相互之间既相互独立，又不重复，也不矛盾，并能准确反映企业信用状况。

4.2 全面性

企业信用评级指标体系内容应包括能影响企业信用的主要因素，基本反映整体要求。

4.3 可操作性

企业信用评级指标体系应具有实用性，便于操作。

5 评级指标

林业企业信用评级指标分为三个信用评级指标级别。一级信用评级指标包括企业综合素质、管理能力、财务状况、竞争能力和社会信用记录五个类别。一级信用评级指标由相应的二级信用评级指标支持，二级信用评级指标由相应的三级信用评级指标支持，并确定各级别信用评级指标计分标准和权重(见表 A.1 林业企业信用评级指标及权重)。

5.1 企业综合素质

其二级信用评级指标包括有:

——基本情况

——社会荣誉状况

——公司治理情况

5.2 管理能力

其二级信用评级指标包括有:

——人力资源管理能力

——信用风险管理能力

——质量管理能力

——安全生产管理能力

5.3 竞争能力

其二级信用评级指标包括有:

——经营业绩

——产品竞争力

——技术实力

——客户评价

5.4 财务状况

其二级信用评级指标包括有：

——营运效率

——盈利能力

——偿债能力

——成长能力

——现金流状况

——财务真实性

5.5 社会信用记录

其二级信用评级指标包括有：

——社会信用记录

——社会责任履约

——行业信用表现

6 评级等级

林业企业信用评级等级级别从高到底分为AAA、AA、A、B、C三等五级。AAA级表示为信用很好，AA级表示为信用较好，A级表示为信用好，B级表示为信用一般，C级表示为信用较差。按照参评企业各级别信用评级指标的综合得分，对照《表B.1 林业企业信用等级、计分标准及释义》，确定其信用等级级别。

附录 A（规范性附录）

表 A.1 林业企业信用评级指标及权重

一级指标及权重	二级指标及权重	三级指标及权重	评价内容				
			100%	80%	60%	40%	20%
企业综合素质（15.0）	基本情况（5.0）	连续经营年限（年）（3.0）	年限≥10	8≤年限<10	5≤年限<8	3≤年限<5	年限<3
		资产规模（万元）（2.0）	资本≥5000	3000≤资本<5000	1000≤资本<3000	500≤资本<1000	资本<500
	社会荣誉状况（6.0）	主要负责人信用状况（3.0）	省级（或全行业）以上荣誉	市级荣誉	县级荣誉	—	无嘉奖，无不良信用记录
		企业荣誉记录（3.0）	获得国家级荣誉得2分，省级荣誉得1分，市级荣誉得0.5分，累计积分不超过3分				
	公司治理情况（4.0）	治理结构（2.0）	①企业设立董事会、监事会，对重大事务行使权利；②董事权利义务明确；③管理层奖惩制度完善；④管理层有完善的薪酬保障体系；⑤管理层无越权管理行为。	①企业设立董事会、监事会，对重大事务行使权利；②董事权利义务明确；③管理层奖惩制度完善；④管理层有完善的薪酬保障体系；⑤管理层无越权管理行为。有1条未满足。	①企业设立董事会、监事会，对重大事务行使权利；②董事权利义务明确；③管理层奖惩制度完善；④管理层有完善的薪酬保障体系；⑤管理层无越权管理行为。有2条未满足。	①企业设立董事会、监事会，对重大事务行使权利；②董事权利义务明确；③管理层奖惩制度完善；④管理层有完善的薪酬保障体系；⑤管理层无越权管理行为。有3条未满足。	—
		规章制度建设（2.0）	①企业有一整套完善的管理制度，至少应包括：财务管理制度、人事管理制度、质量管理制度、风险控制或信用管理制度、审计管理制度等；②每个相关职能部门都有具体的管理制度规定；③管理制度至少每年全面调整更新一次；④企业管理制度能够迅速根据企业组织结构和职能变化进行调整。	①企业有一整套完善的管理制度，至少应包括：财务管理制度、人事管理制度、质量管理制度、风险控制或信用管理制度、审计管理制度等；②每个相关职能部门都有具体的管理制度规定；③管理制度至少每年全面调整更新一次；④企业管理制度能够迅速根据企业组织结构和职能变化进行调整。有1条未满足。	①企业有一整套完善的管理制度，至少应包括：财务管理制度、人事管理制度、质量管理制度、风险控制或信用管理制度、审计管理制度等；②每个相关职能部门都有具体的管理制度规定；③管理制度至少每年全面调整更新一次；④企业管理制度能够迅速根据企业组织结构和职能变化进行调整。有2条未满足。	①企业有一整套完善的管理制度，至少应包括：财务管理制度、人事管理制度、质量管理制度、风险控制或信用管理制度、审计管理制度等；②每个相关职能部门都有具体的管理制度规定；③管理制度至少每年全面调整更新一次；④企业管理制度能够迅速根据企业组织结构和职能变化进行调整。有3条未满足。	—

（续）

一级指标及权重	二级指标及权重	三级指标及权重	评价内容				
			100%	80%	60%	40%	20%
管理能力（20.0）	人力资源管理（5.0）	员工从业年限（2.0）	A≥0.8	0.65≤A＜0.8	0.55≤A＜0.65	0.5≤A＜0.55	0.4≤A＜0.5
		管理者从业年限（1.0）	A≥0.7	0.6≤A＜0.7	0.45≤A＜0.6	0.3≤A＜0.45	0.2≤A＜0.3
		员工培训制度（2.0）	有培训机构、专职人员、培训方案、固定培训设施等5个	有培训机构、专职人员、培训方案、固定培训设施等4个	有培训机构、专职人员、培训方案、固定培训设施等3个	有培训机构、专职人员、培训方案、固定培训设施等2个	有培训机构、专职人员、培训方案、固定培训设施等1个
	信用风险管理（5.0）	信用管理制度（1.0）	管理制度完善，有专门部门和人员负责，执行效果良好	—	—	—	—
		合同管理（1.0）	制度完善，运行好，4个都有（客户资信调查制度、客户风险评价制度、客户分级并逐级授信制度、客户资料管理制度）	比较完善，运行良好，有3个	比较完善，运行一般，有2个	制度不完善，有1个	无制度
		客户管理（1.0）	制度完善，运行好，5个都有（合同的审批、签章管理、档案管理，履约控制、失信责任追究）	比较完善，运行良好，有4个	比较完善，运行一般，有3个	制度不完善，有1～2个	无制度
		应收账款管理（1.0）	非常完善，坏账计提比例合理	比较完善，坏账计提比例较为合理	较合理，坏账计提比例偏高	一般，坏账计提比例偏低	不够好，无坏账计提
		应收账款账龄结构（1.0）	1年内的≥80%，无3年及以上的	1年内的≥70%，3年及以上占＜10%	1年内≤60%，10%≤3年以上＜15%	1年内≤50%，15%≤3年以上＜20%	3年及以上的＞20%
	质量生产管理（5.0）	质量管理体系认证（2.0）	已通过	—	—	—	—
		质量售后服务（2.0）	有规范的售后服务制度，对客户有24小时响应机制，反应迅速、措施得当	有较规范的售后服务制度，对客户有8小时响应机制，反应迅速、措施得当	有较规范的售后服务制度，对客户的服务需求反应较迅速、措施得当	对客户的需求反应较迅速、能够采取一些得当措施	没有明确的质量售后服务制度，对客户的质量投诉反应滞后
		产品召回制度（1.0）	制定有产品召回公示制度	—	—	—	—
	安全生产管理（5.0）	安全生产管理制度（2.0）	有健全的安全生产责任制，有负责人和负责部门，具备国家规定的安全生产条件	—	—	—	—

（续）

一级指标及权重	二级指标及权重	三级指标及权重	评价内容				
			100%	80%	60%	40%	20%
管理能力（20.0）	安全生产管理（5.0）	职业健康安全管理体系认证（1.0）	已通过	——	——	——	——
		安全生产事故（2.0）	近三年无重特大安全事故发生	——	——	——	——
竞争能力（20.0）	经营业绩（4.0）	近三年年均销售额（万元）（2.0）	销售额≥10000	5000≤A<10000	3000≤A<5000	1000≤A<3000	1000 以下
		人均产值（万元）（2.0）	人均产值>30	20<A≤30	15<A≤20	10<A≤15	10 以下
	产品竞争力（6.0）	品牌知名度（2.0）	省级以上（含）名牌或行业名牌	——	市级品牌	——	市级以下品牌
		产品认证（3.0）	获得 CFCC \ PFCC \ 国家森林标志产品等第三方认证，每一项 1 分，累计不超过 3 分				
		产品抽检（1.0）	连续三年产品抽检均为合格	连续两年产品抽检均为合格	——	——	一年产品抽检合格
	技术实力（5.0）	技术中心（1.0）	省级以上技术中心	地市级技术中心	企业自有技术中心	——	——
		技术研发投入占比（1.0）	每年税后利润的 5% 投入研发，或年投入额在 100 万以上	每年税后利润的 4% 投入研发，或年投入额在 80 万以上	每年税后利润的 3% 投入研发，或年投入额在 60 万以上	每年税后利润的 2% 投入研发，或年投入额在 15 万以上	投入研发费用低于每年税后利润的 2%，或年投入额在 15 万以下
		技术研发成果（2.0）	新产品销售收入/销售收入≥20%	15% <A≤20%	10% <A≤15%	5% <A≤10%	A<5%
		知识产权保护（1.0）	所生产销售的产品无侵犯知识产权的行为，未受到相关处罚或罚款。				
	客户评价（5.0）	合同履约率（2.0）	合同履约率达到 95%	90% 以上	85% 以上	80% 以上	75% 以上
		交易方评价记录（3.0）	①客户满意度 1 分：积极配合客户做好各项技术、维护服务，客户满意度高，得 1 分；顾客满意度较高得 0.5 分。 ②满意度调查表 1 分：有客户出具的顾客满意度调查表或其他证明，得 1 分；无相关调查表或证明，不得分。				
财务实力（25.0）	运营效率（4.0）	应收账款周转率（2.0）	A>10%	8% <A≤10%	6% <A≤8%	4% <A≤6%	2% <A≤4%
		存货周转率（2.0）	A>15%	12% <A≤15%	9% <A≤12%	6% <A≤9%	3% <A≤6%
	营利能力（6.0）	资产净利率（3.0）	A≥15%	12% <A≤15%	9% <A≤12%	6% <A≤10%	3% <A≤6%
		销售净利率（3.0）	A≥7%	5% <A≤7%	3% <A≤5%	2% <A≤4%	0% <A≤2%
	偿债能力（6.0）	资产负债率（3.0）	A≤50%	50% <A≤65%	65% <A≤80%	80% <A≤95%	95% <A
		速动比率（3.0）	A>1.0	0.8<A≤1.0	0.6<A≤0.8	0.5<A≤0.6	0.4<A≤0.5

（续）

一级指标及权重	二级指标及权重	三级指标及权重	评价内容				
			100%	80%	60%	40%	20%
财务实力（25.0）	成长能力（4.0）	总资产增长率(2.0)	A≥8%	6.5% <A≤8%	5% <A≤6.5%	3.5% <A≤5%	2% <A≤3.5%
		营业收入增长率(2.0)	A≥10%	8% <A≤10%	6% <A≤8%	4% <A≤6%	2% <A≤4%
	现金流状况（3.0）	现金流量充足率(2.0)	A≥1.0	0.8≤A<1.0	0.7≤A<0.8	0.6≤A<0.7	0.4≤A<0.6
		现金流动负债比率(1.0)	A% >100%	100%≥A% >75%	75%≥A% >65%	65%≥A% >55%	55%≥A% >30%
	财务真实性（2.0）	数据真实性(2.0)	财务报表经审计，审计意见为无保留意见	—	财务报表未经审计	—	企业自填非完整报表
社会信用记录（20.0）	社会信用记录（8.0）	工商信用记录(2.0)	获得重合同守信用企业、A级以上企业	—	年检正常	—	—
		税务部门信用记录(2.0)	优良或A级以上	—	无不良记录	—	—
		法律诉讼(2.0)	无与信用有关的作为被告的法律诉讼	—	—	—	—
		银行资信等级(2.0)	近三年获得资信评估机构AAA等级的得1分，AA等级得0.5分，A等级得0.2分，累计加分不超过2分				
	社会责任履行（6.0）	社会公益活动参与(2.0)	根据近三年企业参加公益活动(包括助学、捐助、扶贫、环保等)的次数、捐助金额及所获得的荣誉奖励，酌情加分，无则不加				
		员工社保参保率(2.0)	参保率达到95%以上	达到90%	达到85%	达到80%	达到75%
		环境保护(2.0)	无负面记录（制定有严格的环境管理制度、未受到环保主管部门的处罚或通报）	—	—	—	—
	行业信用表现（6.0）	行业荣誉(3.0)	国家级林业产业龙头企业	—	省级林业产业龙头企业	—	市级林业产业龙头企业
		行业自律行为(3.0)	遵守行业行规、积极参与协会活动、参与行业制度及规范制定、无商业贿赂行为、无低价竞争行为等，由协会根据企业具体情况进行评分。				

附录 B(规范性附录)

表 B.1 林业企业信用等级、计分标准及释义

信用等级	计分标准		信用提示	释 义
	下限(含)	上限		
AAA	80	100	信用很好	信用程度很好,资信状况优良,清偿能力很强,不确定性因素对其经营和发展的影响极小。企业资产质量优良,各项指标先进,经营状况极佳,营利能力强,管理能力卓越,发展前景广阔。企业陷入财务困境的可能性极小。
AA	70	79	信用较好	信用程度较好,清偿能力较强,不确定性因素对其经营和发展的影响很小。企业资产质量良好,各项指标较先进,经营状况极佳,经济效益稳定,管理能力好,发展前景较为广阔。企业陷入财务困境的可能性较小。
A	60	69	信用	信用程度好,在正常情况下具备偿付能力,风险较小。企业资产质量尚可,经营处于良性循环状态,各项经济指标处于中上等水平,但可能会受经营环境和其它内外部条件不良变化的影响。
B	50	59	信用一般	信用程度一般,具备一定的偿付能力,有一定风险。企业资产和财务状况一般,各项经济指标处于中等或中下水平,其经营和营利水平易受不确定性因素的影响。
C	30	49	信用较差	信用程度较差,清偿能力不足,风险相对越来越大。企业资产和财务状况差,对经营环境和其它内外部条件变化较为敏感,容易受到冲击,具有较大的不确定性。

附录 C(规范性附录)
林业企业信用评级指标解释

C.1 企业综合素质指标

a) 管理者学历指数 =(博士学历管理人员人数 ×1 + 硕士学历管理人员人数 ×0.8 + 本科学历管理人员人数 ×0.6 + 大专学历管理人员人数 ×0.4)/中层以上管理人员总人数

b)管理者职称指数 =(高级职称管理人员人数 ×1 + 中级职称管理人员人数 ×0.6 + 初级职称管理人员人数 ×0.3)/中层以上管理人员总人数

c)员工学历指数 =(硕士学历以上人员人数 ×1 + 本科学历人员人数 ×0.8 + 大专学历员工人数 ×0.6)/员工总人数

d)员工技能指数 =(高级技师、技师人数 ×1 + 高级工人数 ×0.6 + 中级工人数 ×0.3)/员工总人数

C.1 财务状况指标

a)资产负债率 =(年末负债总额/年末资产总额)×100%

b)利息保障倍数 = 税前利润/利息费用

c)现金流动负债比 =(年经营活动现金净流量/流动负债)×100%

d)速动比率 =(流动资产 - 存货)/流动负债 ×100%

e)净资产收益率 =(净利润/平均净资产)×100%

f)总资产报酬率 =(息税前利润/平均资产总额)×100%

其中:平均资产总额 =(年初总资产 + 年末总资产)/2

g)主营业务利润率 =(主营业务利润/主营业务收入)×100%

h)成本费用利润率 =(利润总额/成本费用总额)×100%

其中：成本费用总额 = 主营业务成本 + 主营业务税金及附加 + 经营费用 + 管理费用 + 财务费用

i)总资产周转率 =(主营业务收入/平均资产总额)×100%

j)存货周转率 =(主营业务成本/存货平均余额)×100%

其中：存货平均余额 =(年初存货余额 + 年末存货余额)/2

k)应收账款周转率 =(主营业务收入/应收账款平均余额)×100%

其中：应收账款平均余额 =(期初应收账款 + 期末应收账款)/2

l)主营业务收入增长率 = 当年主营业务收入增长额/上年主营业务收入总额 ×100%

m)近三年主营业务收入平均增长率 = 近三年主营业务收入增长率之和/3

n)总资产增长率 = 当年总资产增长额/年初资产总额 ×100%

o)近三年总资产平均增长率 = 近三年总资产增长率之和/3

2014 年中国林业采购经理指数

采购经理指数(PMI)是世界公认的判断行业发展状态的风向标。中国林业采购经理指数(FPMI)是2013 年根据赵树丛局长的指示，由国家林业局经济发展研究中心和中国林业产业联合会承担，在全国重点林业产业地区开展的，涵盖了胶合板、刨花板、纤维板、木地板、细木工板、木门窗、木质家具、造纸、竹产品、指接板等 10 个行业的针对林业产业发展态势的调查。FPMI 将为国家和企业提供判断林产加工行业发展、停滞和萎缩状态的直接依据。

2014 年全年林业采购经理平均指数 49. 14，仅 3 月、4 月、5 月、10 月共 4 个月突破 50，说明我国林业企业在经济新常态发展条件下，处于调整阶段，这个阶段企业重组或倒闭频率必然加快，甚至激发一些社会矛盾，引起不同程度社会动荡，需要密切关注。

与全国采购经理指数(物流协会与汇丰银行调查指数)比较，2014 年物流协会调查平均指数 50. 69，汇丰银行调查平均指数 49. 69。均高于林业采购经理年平均指数。而且林业采购经理指数变化幅度较大，主要是因为林业行业中小型、劳动密集型企业比重大，企业有机构成较低，劳动力流动性较大，受节假日(尤其是春节)影响而发生较大变化。最低点 1 月 41. 46，最高点 3 月 61. 12(图 1)。

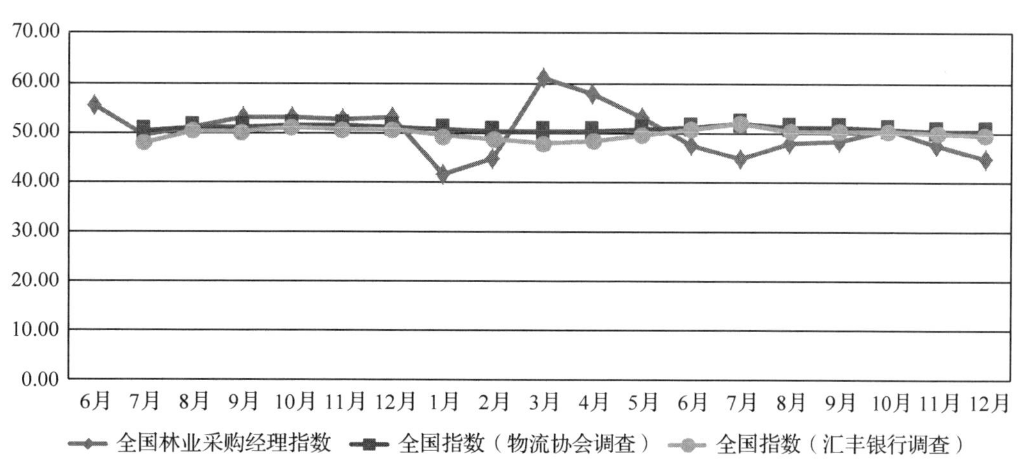

图 1　2013 年 6 月至 2014 年 12 月全国林业采购经理指数走势

从行业来看，木质家具、木门窗、木地板、造纸、竹产品、指接板发展态势较好，木门窗平均指数达到 55. 60，木质家具平均指数达到 57. 04。而胶合板、刨花板、纤维板发展不理想，主要是订单减少，库存压力较大。

全国林业采购经理指数1月份网上填报376份企业问卷，占已注册401家企业的93.7%。填报率是100%的地区有：河北文安，浙江安吉、江山，广西桂林市，山东茌平、临沂、菏泽，大兴安岭地区、龙江森工、百强典型企业。1月，林业采购经理指数为41.46，比全国制造业采购经理指数50.5低9.04，比汇丰银行发布的指数49.5低8.04。由于临近春节，企业生产、订单数量下滑，员工返乡，1月份林业行业发展整体处于萎缩状态。胶合板、木地板和木门窗行业指数跌破50大关，处于衰退状态，1月份指数分别为42.10、39.14和39.30。木质家具、造纸和竹产品行业发展状态比较稳定，但与上月相比仍有下滑，1月份指数分别为58.00、61.50和51.67。刨花板、纤维板、细木工板和指接板行业指数近两个月都在50以下，明显处于萎缩状态。

全国林业采购经理指数2月份共380家企业填报问卷，占已注册企业的96.9%。填报率是100%的地区有：河北文安，浙江安吉、江山，广西桂林市，山东茌平、临沂、菏泽，大兴安岭地区、龙江森工、百强典型企业。采购经理调查指数见附件。2月份林业采购经理指数(FPMI)为44.78，比上个月提高3.32。全国制造业2月份采购经理指数(PMI)：中国物流协会发布的指数为50.2，比上个月降0.3，汇丰银行发布的指数(PMI)为48.5，比上个月降1.0。随着春节结束，务工人员返工，2月份指数开始回升，除生产指数外，订单、库存、雇员和供货指数都有小幅度上升，但总体仍处在萎缩状态。其中，胶合板、刨花板、木地板、细工木板、指接板行业指数开始回升，2月份指数分别为49.71、40.00、40.30、48.00、40.00。竹产品行业发展比较稳定，2月份指数为51.91，比上月增长0.24。木质家具增长放缓，2月份指数为50.00。纤维板、木门窗行业指数仍处于衰退状态，2月份指数分别为33.19、34.63，比上个月分别下降1.88，4.67。造纸行业指数跌破50大关，2月份指数为42.00。

全国林业采购经理指数3月份共390家企业填报问卷，占已注册企业的98.7%。填报率是100%的地区有：河北文安，浙江安吉、江山，广西桂林市，山东茌平、临沂，江苏邳州，大兴安岭地区、龙江森工、百强典型企业。3月份林业采购经理指数(FPMI)为61.12，比上个月提高16.34。同期由中国物流协会发布的全国制造业采购经理指数(PMI)为50.30，比上个月提高0.1，中国汇丰银行发布的指数(PMI)为48.1，比上个月降0.4。全国林业企业整体发展良好。其中，胶合板、刨花板、纤维板、细工木板、木门窗、竹产品行业3月份指数大幅度上升，达到60以上，发展状态良好。胶合板3月份指数为60.15，比上月指数高10.44。刨花板3月份指数为69.42，比上月指数高29.42。纤维板3月份指数为61.25，比上月指数高28.06。细工木板3月份指数为65.58，比上月指数高17.58。木门窗3月份指数为63.99，比上月指数高29.36。竹产品行业3月份指数为64.19，比上月指数高12.28。木质家具3月份指数突破70，达到72.03，增长速度较快。木地板、指接板、造纸行业指数超过50，处于发展状态，3月份指数分别为56.33、55.66、56.50，比上个月分别提高16.03、15.66、14.50。

全国林业采购经理指数4月份共393家企业填报问卷，占已注册企业的98%。填报率是100%的地区有：河北文安，浙江安吉、江山，广西桂林市，山东茌平、临沂、菏泽，大兴安岭地区、龙江森工、百强典型企业。采购经理调查指数见附件。4月份林业采购经理指数(FPMI)为57.98，比上个月降低3.14。同期由中国物流协会发布的全国制造业采购经理指数(PMI)为50.4，比上个月高0.1，中国汇丰银行发布的指数(PMI)为48.3，比上个月高0.3。全国林业企业整体发展状态良好。细工木板、木门窗、竹产品行业4月份指数分别为61.46、62.91、63.40，指数较上月有所回落，但仍达到60以上，保持较好的发展状态。木质家具指数由上月72.03回落到55.62。胶合板、刨花板和纤维板4月份指数分别为57.55、54.81、57.14，比上月分别下降2.6、14.61、4.11，发展减缓。造纸行业4月份指数为51.67，比上月下降4.83。指接板4月份指数为56.32，比上个月提高0.66。

全国林业采购经理指数5月份共381家企业填报问卷，占已注册企业的95%。填报率是100%的地区有：河北文安，浙江安吉、江山，广西桂林市，山东茌平、临沂、菏泽，大兴安岭地区、龙江森工、百强典型企业。采购经理调查指数见附件。5月份林业采购经理指数(FPMI)为52.84，比上个月低5.14。同期由中国物流协会发布的全国制造业采购经理指数(PMI)为50.8，比上个月高0.4，中国汇丰银行发布的指数(PMI)为49.7，比上个月高1.4。林业企业整体发展状态好于全国平均水平。木地板、木质家具、造纸行业5月份指数分别为56.72、57.50、56.50，比上个月指数分别提高1.55、1.88、4.83。木门窗、竹产品行业指数分别由上月62.91、63.40回落到53.61、53.40。刨花板、细工木板5月份指数分别是45.23、44.04，比上个月分别下滑9.58、17.42，低于50以下，处于萎缩状态。胶合板、纤维板、指接板5月份指数分别为52.38、50.14、50.14，比上个月分别低5.17、7.00、6.18，但仍到达50以上，保持较好的发展状态。

全国林业采购经理指数6月份共384家企业填报问卷，占已注册企业的97%。填报率是100%的地区有：河北文安，浙江安吉、江山、南浔，广西桂林市，山东茌平、临沂、菏泽，大兴安岭地区、龙江森工、百强典型企业。6月份林业采购经理指数(FPMI)为47.49，比上个月低5.35百分点。同期由中国物流协会发布的全国制造业采购经理指数(PMI)为51.0，比上个月高0.2百分点，中国汇丰银行发布的指数(PMI)为50.7，比上个月高1.3百分点。受建筑用木材需求减少影响，林业企业整体发展处于衰退状态。木门窗、木质家具6月份指数分别为52.57、55.52，比上个月指数分别下降1.04、1.98，但仍到达50以上，保持较好的发展状态。刨花板、细工木板6月份指数分别是36.36、43.18，比上个月分别下降8.87、0.86。胶合板、纤维板、指接板6月份指数分别为47.00、45.49、47.22，比上个月分别下滑5.38、4.65、2.92，低于50以下。木地板、造纸行业、竹产品行业6月份指数分别为49.92、42.00、42.82，比上个月指数分别下降6.8、14.5、10.58，下降幅度较大。

全国林业采购经理指数7月份共384家企业填报问卷，占已注册企业的99%。填报率是100%的地区有：河北文安，浙江安吉、江山、南浔，广西桂林市，山东茌平、临沂，大兴安岭地区、龙江森工、百强典型企业。7月份林业采购经理指数(FPMI)为44.73，比上个月降2.76个百分点。同期由中国物流协会发布的全国制造业采购经理指数(PMI)为51.7，比上个月上升0.7个百分点；中国汇丰银行发布的指数(PMI)为51.7，比上个月上升1.0个百分点。林业采购经理指数连续下降主要有两大原因：一是受房地产市场持续下滑影响；二是受银行利率市场化冲击。木材加工企业一般是传统技术中小型民营企业，进入技术和资金门槛低，市场竞争十分激烈，其经营利润率长期偏低。利率市场化后，贷款利率大幅度上涨，企业难以承受资金紧张和利率上涨双重压力，从而造成林业采购经理指数连续2个月低于50，木材加工企业整体持续萎缩的不利局面。同时，也进一步反映林业制造业内部结构发展不平衡的特点。木门窗、木质家具7月份指数分别为51.96、50.80，比上个月指数分别下降0.61、4.72，但仍到达50以上，保持较好的发展状态。刨花板、造纸行业7月份指数分别是37.29、43.50，比上个月分别上升0.93、1.50，仍处于萎缩状态。胶合板、纤维板、指接板、木地板7月份指数分别为44.01、42.64、46.32、48.96，比上个月分别下滑2.99、2.85、0.90、0.96，均低于50以下。细工木板、竹产品行业7月份指数分别为32.29、36.82，比上个月指数分别下降10.89、6.00，下降幅度较大。

全国林业采购经理指数8月份共383家企业填报问卷，占已注册企业的97%。填报率是100%的地区有：河北文安，浙江安吉、江山、南浔，广西桂林市，山东茌平、临沂，大兴安岭地区、百强典型企业。8月份林业采购经理指数(FPMI)为48.01，比上个月提高3.28个百分点。同期由中国物流协会发布的全国制造业采购经理指数(PMI)为51.1，比上个月下降0.6个百分点；中国汇丰银行发布的指数(PMI)为50.2，比上个月下降1.5个百分点。8月份木地板、指接板、造纸行业指数回升明显，由萎缩状态转为发展状态。其中，造纸行业、指接板指数大幅度上升，分别达到59.50、55.63，比上个月分别上升16.00、9.31。木地板8月份指数为53.85，比上个月指数上升4.89。木质家具继续保持发展状态。其中，木门窗8月份指数为50.07，比上个月指数下降1.89，但仍到达50以上。木质家具指数为55.93，比上个月增长5.13，发展势头良好。胶合板、纤维板、细木工板、竹产业指数较上个月有所回升，但仍处于萎缩状态。其中，竹产品行业8月份指数为41.45，比上个月指数上升4.63。胶合板、纤维板、细木工板、刨花板8月份指数分别为45.96、45.07、42.50、38.96，比上个月指数分别上升1.95、2.43、10.21、1.67，但低于50以下。

全国林业采购经理指数9月份共385家企业填报问卷，占已注册企业的99%。填报率是100%的地区有：河北文安，浙江安吉、江山、南浔，广西桂林，山东茌平，大兴安岭地区、龙江森工、百强典型企业。9月份林业采购经理指数(FPMI)为48.29，比上个月提高0.28个百分点。同期由中国物流协会发布的全国制造业采购经理指数(PMI)为51.1，中国汇丰银行发布的指数(PMI)为50.2，均与8月份持平。9月份竹产品行业指数为50.79，较上个月上升9.34，回升明显，由萎缩状态转为发展状态。木质家具指数为56.03，比上个月增长0.1，发展势头良好。纤维板、细木工板指数较上个月有所回升，9月份指数分别为46.93、44.55，但仍处于萎缩状态。胶合板继续保持平稳发展状态，指数与上个月持平，9月份指数为45.96。木地板、指接板、造纸行业9月份指数分别为52.79、50.97、51.88，比上个月指数分别下降1.06、4.66、7.62，但仍到达50以上。木门窗由发展状态转为萎缩状态，9月份指数为47.09，比上个月下降2.98。刨花板仍处于衰退状态，9月份指数34.42，比上个月指数下降4.54。

全国林业采购经理指数10月份共380家企业填报问卷，占已注册企业的98.7%。填报率是100%的地区有：河北文安，浙江安吉、江山、南浔，江苏邳州，广西桂林市，山东茌平，大兴安岭地区、龙江森工、百强典型企业。10月份林业采购经理指数(FPMI)为50.79，比上个月提高2.5。同期由中国物流协会发布的全国制造业采购经理指数(PMI)为50.8，比上个月下降0.3，中国汇丰银行发布的指数(PMI)为50.9，比上个月上升0.7。10月份全国林业企业整体指数回升明显，发展状态良好。纤维板指数为50.86，比上个月上升3.93，由萎缩状态转为发展状态。胶合板、刨花板、木门窗10月份指数分别为48.23、41.54、49.86，较上个月分别增长2.27、7.12、2.77，发展态势向好，但仍低于50，处于萎缩状态。木地板、木质家具、指接板、造纸行业、竹产品行业10月份指数分别为53.10、57.69、52.94、55.00、56.78，比上个月分别上升0.31、1.66、1.97、3.12、5.99，继续保持平稳发展状态。细木工板仍处于衰退状态指数为43.85，比上个月下滑0.7。

全国林业采购经理指数11月份共383家企业填报问卷，占已注册企业的99%。填报率是100%的地区有：河北文安，浙江安吉、江山、南浔，江苏邳州，广西桂林市，山东茌平，大兴安岭地区、龙江森工、百强典型企业。11月份林业采购经理指数(FPMI)为47.49，比上个月降低3.3。同期由中国物流协会发布的全国制造业采购经理指数(PMI)为50.3，比上个月下降0.5，中国汇丰银行发布的指数(PMI)为50，比上个月下降0.4。11月份竹产品行业指数为57.03，较上个月上升0.25，发展状态良好。木门窗11月份指数为50.27，比上个月增长0.41，由萎缩状态转为发展状态。胶合板、刨花板、纤维板、细木工板、木地板11月份指数分别为47.84、34.55、44.36、34.79、42.50，比上个月分别下降0.39、6.99、6.5、9.06、10.6，处于衰退状态。木质家具、造纸行业、指接板11月份指数分别为52.13、51.25、50.79，比上个月分别下降5.56、3.75、2.15，但仍达到50以上，处于发展状态。

全国林业采购经理指数12月份共386家企业填报问卷，占已注册企业的99.7%。填报率是100%的地区有：河北文安，浙江安吉、江山、南浔，江苏邳州，广西桂林市，山东茌平、临沂、菏泽，大兴安岭地区、龙江森工、百强典型企业。12月份林业采购经理指数(FPMI)为44.64，比上个月降低2.85。同期由中国物流协会发布的全国制造业采购经理指数(PMI)为50.1，比上个月下降0.2，中国汇丰银行发布的指数(PMI)为49.6，比上个月下降0.4。2014年全年林业采购经理指数平均49.14，仅3月、4月、5月、10月突破50。12月份木质家具、造纸行业指数分为58.53、53.13，比上个月指数分别提高6.4、1.88，保持较好的发展状态。竹产品行业指数由上个月57.03回落到55.79，发展减缓。指接板、木门窗12月份指数分别为48.82、47.50，比上个月分别下降1.97、2.77。刨花板、木地板12月份指数分别为36.79、43.56，比上个月分别上升2.24、1.06，仍低于50以下。胶合板、纤维板、细木工板12月份指数分别为41.12、40.13、32.69，比上个月分别下降6.72、4.23、2.1。

附件1 2014年林业采购经理调查指数

林业行业		1月	2月	3月	4月	5月	6月	7月	8月	9月	10月	11月	12月
全国林业企业综合指数	全国林业采购经理指数	41.46	44.78	61.12	57.98	52.84	47.49	44.73	48.01	48.29	50.79	47.49	44.64
	生产指数	40.16	38.21	67.53	64.13	56.79	47.97	44.04	48.73	47.57	52.44	46.55	43.91
	订单指数	37.90	41.54	66.42	62.53	54.49	46.57	40.48	46.44	48.21	51.92	45.52	41.12
	库存指数	44.95	47.56	53.58	48.65	47.31	42.39	43.15	44.02	44.88	49.10	48.85	47.97
	雇员指数	40.16	49.10	59.88	55.41	50.51	48.48	46.32	49.49	47.31	48.85	49.36	44.04
	供货指数	50.13	54.62	46.54	48.28	49.74	50.63	53.30	50.64	53.20	49.49	49.62	51.52
全国胶合板指数	全国胶合板采购经理指数	42.10	49.71	60.15	57.55	52.38	47.00	44.01	45.96	45.96	48.23	47.84	41.12
	生产指数	41.00	47.87	65.24	61.73	54.33	46.36	42.38	46.03	43.15	48.26	47.64	37.92
	订单指数	38.33	48.48	65.24	62.65	55.33	46.69	39.40	42.05	46.92	49.65	48.65	36.58
	库存指数	48.00	53.05	51.83	47.84	47.67	41.72	41.06	44.37	41.78	48.61	47.30	42.95
	雇员指数	40.00	50.61	62.50	55.86	50.67	45.70	44.70	49.01	43.49	45.83	47.30	40.60
	供货指数	50.33	51.83	43.90	49.07	48.67	53.97	56.95	50.66	54.79	48.26	47.64	55.03
全国刨花板指数	全国刨花板采购经理指数	23.08	40.00	69.42	54.81	45.23	36.36	37.29	38.96	34.42	41.54	34.55	36.79
	生产指数	7.69	41.67	73.08	65.38	50.00	22.73	37.50	41.67	26.92	34.62	22.73	39.29
	订单指数	7.69	29.17	84.62	50.00	36.36	27.27	20.83	29.17	23.08	38.46	27.27	21.43
	库存指数	46.15	33.33	57.69	53.85	50.00	50.00	41.67	37.50	42.31	46.15	40.91	39.29
	雇员指数	30.77	50.00	65.38	50.00	50.00	50.00	50.00	45.83	42.31	46.15	45.45	42.86
	供货指数	53.85	50.00	46.15	53.85	45.45	50.00	50.00	45.83	53.85	50.00	50.00	53.57
全国木地板指数	全国木地板采购经理指数	39.14	40.30	56.33	55.17	56.72	49.92	48.96	53.85	52.79	53.10	42.50	43.56
	生产指数	41.38	25.00	63.33	60.83	64.66	51.61	50.83	54.10	55.00	57.26	38.52	43.22
	订单指数	32.76	37.07	57.50	58.33	60.34	50.81	45.83	55.74	50.83	54.03	36.89	41.53
	库存指数	31.90	45.69	51.67	53.33	53.45	41.13	50.00	48.36	55.00	49.19	42.62	44.07
	雇员指数	41.38	49.14	54.17	52.50	50.00	53.23	50.00	55.74	53.33	48.39	48.36	43.22
	供货指数	50.00	56.90	48.33	44.17	47.41	46.77	50.00	50.82	50.83	53.23	52.46	48.31
全国纤维板指数	全国纤维板采购经理指数	35.07	33.19	61.25	57.14	50.14	45.49	42.64	45.07	46.93	50.86	44.36	40.13
	生产指数	35.29	22.22	72.37	65.71	55.71	45.83	41.43	48.53	48.57	51.43	44.29	36.84
	订单指数	22.06	23.61	67.11	61.43	54.29	45.83	38.57	44.12	48.57	54.29	40.00	32.89
	库存指数	42.65	45.83	53.95	38.57	27.14	34.72	37.14	35.29	34.29	48.57	51.43	51.32
	雇员指数	42.65	40.28	52.63	60.00	48.57	48.61	44.29	45.59	44.29	45.71	44.29	42.11
	供货指数	45.59	52.78	47.37	42.86	50.00	47.22	54.29	47.06	52.86	51.43	48.57	50.00

（续）

林业行业		1月	2月	3月	4月	5月	6月	7月	8月	9月	10月	11月	12月
全国细工木板指数	全国细工木板采购经理指数	28.00	48.00	65.58	61.46	44.04	43.18	32.29	42.50	44.55	43.85	34.79	32.69
	生产指数	15.00	50.00	73.08	70.83	46.15	54.55	33.33	45.45	50.00	46.15	33.33	30.77
	订单指数	20.00	35.00	76.92	75.00	38.46	31.82	25.00	40.91	40.91	46.15	29.17	23.08
	库存指数	40.00	35.00	53.85	45.83	42.31	40.91	33.33	36.36	36.36	30.77	33.33	34.62
	雇员指数	30.00	70.00	65.38	58.33	46.15	45.45	37.50	45.45	50.00	42.31	37.50	38.46
	供货指数	55.00	50.00	38.46	33.33	50.00	45.45	37.50	40.91	40.91	46.15	45.83	46.15
全国木门窗指数	全国木门窗采购经理指数	39.30	34.63	63.99	62.91	53.61	52.57	51.96	50.07	47.09	49.86	50.27	47.50
	生产指数	39.06	16.18	72.97	70.27	54.17	55.41	51.35	51.32	44.59	54.05	50.00	45.45
	订单指数	39.06	30.88	70.27	70.27	55.56	52.70	52.70	51.32	45.95	47.30	48.65	48.48
	库存指数	34.38	33.82	56.76	55.41	55.56	51.35	52.70	46.05	41.89	45.95	48.65	40.91
	雇员指数	39.06	45.59	59.46	58.11	52.78	55.41	52.70	52.63	51.35	55.41	58.11	50.00
	供货指数	43.75	58.82	47.30	47.30	48.61	44.59	50.00	44.74	51.35	43.24	44.59	50.00
全国木质家具指数	全国木质家具采购经理指数	58.00	50.00	72.03	55.62	57.50	55.52	50.80	55.93	56.03	57.69	52.13	58.53
	生产指数	60.00	46.43	75.00	60.42	68.00	62.50	51.79	55.56	60.34	61.11	50.00	62.07
	订单指数	63.33	53.57	78.13	58.33	56.00	52.08	51.79	62.96	60.34	62.96	48.15	63.79
	库存指数	53.33	46.43	65.63	45.83	50.00	54.17	50.00	53.70	56.90	55.56	59.26	68.97
	雇员指数	53.33	42.86	71.88	50.00	50.00	52.08	51.79	50.00	48.28	53.70	51.85	50.00
	供货指数	53.33	60.71	59.38	56.25	58.00	56.25	46.43	51.85	50.00	48.15	59.26	46.55
全国造纸企业指数	全国造纸企业采购经理指数	61.50	42.00	56.50	51.67	56.50	42.00	43.50	59.50	51.88	55.00	51.25	53.13
	生产指数	70.00	10.00	60.00	66.67	70.00	40.00	50.00	70.00	62.50	62.50	50.00	37.50
	订单指数	70.00	50.00	70.00	50.00	70.00	40.00	40.00	60.00	50.00	50.00	50.00	62.50
	库存指数	70.00	40.00	50.00	41.67	40.00	40.00	50.00	50.00	37.50	50.00	62.50	75.00
	雇员指数	50.00	50.00	40.00	41.67	40.00	50.00	40.00	50.00	50.00	50.00	50.00	50.00
	供货指数	40.00	70.00	50.00	50.00	40.00	40.00	40.00	60.00	50.00	62.50	50.00	50.00
全国竹产品指数	全国竹产品采购经理指数	51.67	51.91	64.19	63.40	53.40	42.82	36.82	41.45	50.79	56.78	57.03	55.79
	生产指数	52.56	51.32	71.25	74.36	57.69	42.31	33.78	40.79	51.32	61.84	60.81	65.79
	订单指数	61.54	52.63	71.25	69.23	53.85	43.59	32.43	36.84	51.32	59.21	56.76	55.26
	库存指数	55.13	51.32	56.25	51.28	46.15	42.31	36.49	39.47	52.63	57.89	56.76	59.21
	雇员指数	37.18	55.26	61.25	58.97	52.56	41.03	36.49	40.79	50.00	55.26	58.11	48.68
	供货指数	47.44	47.37	47.50	47.44	51.28	44.87	51.35	53.95	48.68	44.74	50.00	47.37

（续）

林业行业		1月	2月	3月	4月	5月	6月	7月	8月	9月	10月	11月	12月
全国指接板指数	全国指接板采购经理指数	39.00	40.00	55.66	56.32	50.14	47.22	46.32	55.63	50.97	52.94	50.79	48.82
	生产指数	27.50	31.58	60.53	57.89	50.00	44.44	44.12	56.25	44.44	50.00	50.00	47.06
	订单指数	30.00	26.32	55.26	57.89	44.44	41.67	32.35	53.13	50.00	50.00	47.37	38.24
	库存指数	50.00	44.74	50.00	44.74	50.00	30.56	38.24	40.63	36.11	47.06	57.89	61.76
	雇员指数	40.00	39.47	55.26	52.63	52.78	52.78	55.88	56.25	50.00	52.94	50.00	52.94
	供货指数	67.50	78.95	52.63	63.16	58.33	66.67	70.59	68.75	75.00	67.65	55.26	58.82
文安指数	文安采购经理指数	17.92	50.48	78.58	68.83	52.17	40.00	45.92	47.58	51.37	46.58	39.33	38.92
	生产指数	10.00	53.23	86.67	83.33	56.67	35.00	51.67	51.67	54.84	45.00	35.00	40.00
	订单指数	8.33	32.26	88.33	83.33	51.67	30.00	36.67	40.00	51.61	45.00	35.00	31.67
	库存指数	26.67	50.00	51.67	46.67	41.67	48.33	46.67	46.67	54.84	55.00	50.00	45.00
	雇员指数	15.00	77.42	90.00	56.67	51.67	48.33	46.67	50.00	48.39	46.67	41.67	33.33
	供货指数	48.33	46.77	48.33	46.67	53.33	51.67	53.33	53.33	46.77	46.67	45.00	55.00
邳州指数	邳州采购经理指数	50.61	50.09	55.27	57.41	51.59	48.10	45.42	48.02	51.56	50.85	49.26	48.92
	生产指数	52.83	47.27	60.71	60.91	56.10	51.19	46.43	46.51	50.00	53.41	48.86	46.59
	订单指数	50.00	52.73	57.14	64.55	56.10	50.00	44.05	44.19	54.44	53.41	47.73	45.45
	库存指数	56.60	56.36	48.21	44.55	46.34	42.86	42.86	45.35	43.33	45.45	52.27	61.36
	雇员指数	49.06	44.55	54.46	59.09	47.56	41.67	44.05	54.65	47.78	45.45	50.00	53.41
	供货指数	46.23	52.73	48.21	43.64	43.90	51.19	50.00	51.16	58.89	52.27	50.00	45.45
安吉指数	安吉采购经理指数	52.60	47.84	63.89	64.23	56.06	47.98	40.72	41.73	47.55	53.63	57.50	54.33
	生产指数	55.77	47.12	70.19	74.04	60.58	50.00	40.38	41.35	46.15	56.60	61.54	63.46
	订单指数	59.62	45.19	71.15	71.15	58.65	49.04	36.54	37.50	48.08	55.66	58.65	54.81
	库存指数	58.65	48.08	56.73	52.88	48.08	48.08	39.42	39.42	50.00	56.60	58.65	55.77
	雇员指数	38.46	48.08	60.58	58.65	52.88	45.19	40.38	41.35	46.15	50.94	55.77	46.15
	供货指数	48.08	53.85	48.08	49.04	52.88	46.15	50.96	52.88	49.04	46.23	50.00	48.08
南浔指数	南浔采购经理指数	42.95	38.16	60.80	49.81	53.69	48.78	45.99	52.27	54.71	56.74	45.35	47.03
	生产指数	44.87	22.37	64.77	51.25	55.95	47.67	44.19	50.00	55.81	62.79	44.19	48.84
	订单指数	42.31	31.58	62.50	48.75	54.76	47.67	41.86	52.33	54.65	56.98	40.70	45.35
	库存指数	34.62	39.47	56.82	56.25	58.33	46.51	54.65	50.00	58.14	54.65	45.35	48.84
	雇员指数	38.46	47.37	59.09	50.00	48.81	51.16	45.35	56.98	53.49	52.33	47.67	44.19
	供货指数	52.56	64.47	55.68	45.00	51.19	51.16	52.33	51.16	52.33	53.49	53.49	50.00

（续）

林业行业		1月	2月	3月	4月	5月	6月	7月	8月	9月	10月	11月	12月
江山指数	江山采购经理指数	39.48	35.38	58.25	59.33	52.50	51.60	51.63	52.97	46.83	51.88	48.80	48.22
	生产指数	34.91	21.70	64.15	62.50	53.85	50.94	51.92	53.77	43.27	53.85	48.08	46.15
	订单指数	34.91	26.42	62.26	63.46	50.96	51.89	49.04	52.83	44.23	50.00	46.15	45.19
	库存指数	40.57	36.79	51.89	55.77	53.85	47.17	48.08	45.28	40.38	48.08	49.04	52.88
	雇员指数	41.51	44.34	55.66	55.77	52.88	54.72	53.85	54.72	50.96	54.81	54.81	50.96
	供货指数	52.83	63.21	48.11	52.88	51.92	50.94	55.77	54.72	56.73	50.96	47.12	50.96
临沂指数	临沂采购经理指数	44.65	43.66	64.19	60.93	52.80	53.09	43.40	44.92	44.87	44.74	47.46	43.88
	生产指数	42.00	37.93	68.64	64.41	53.39	55.93	40.98	42.50	40.52	39.47	44.92	39.17
	订单指数	41.00	40.52	71.19	66.95	57.63	58.47	38.52	42.50	46.55	46.49	49.15	40.83
	库存指数	46.00	44.83	55.08	51.69	48.31	48.31	41.80	40.83	42.24	44.74	44.92	46.67
	雇员指数	51.00	48.28	70.34	61.02	51.69	52.54	50.82	49.17	43.97	47.37	50.00	48.33
	供货指数	47.00	52.59	40.68	49.15	46.61	41.53	48.36	50.83	51.72	46.49	46.61	50.00
茌平指数	茌平采购经理指数	34.17	50.74	54.75	54.26	51.91	40.24	41.47	50.44	43.08	49.60	44.90	28.95
	生产指数	34.31	48.04	65.69	59.80	58.82	37.50	39.22	54.90	44.23	49.00	43.14	22.00
	订单指数	22.55	55.88	55.88	58.82	53.92	34.62	34.31	52.94	39.42	52.00	42.16	17.00
	库存指数	35.29	58.82	52.94	41.18	39.22	25.00	35.29	41.18	36.54	49.00	49.02	30.00
	雇员指数	35.29	48.04	51.96	50.98	48.04	42.31	42.16	49.02	42.31	49.00	46.08	31.00
	供货指数	54.90	43.14	39.22	49.02	50.00	63.46	62.75	46.08	53.85	47.00	49.02	61.00

附件2 2014年全国制造业采购经理指数

调查单位	1月	2月	3月	4月	5月	6月	7月	8月	9月	10月	11月	12月
物流协会调查	50.5	50.2	50.3	50.4	50.8	51.0	51.7	51.1	51.1	50.8	50.3	50.1
汇丰银行调查	49.5	48.5	48.0	48.1	49.4	50.7	51.7	50.2	50.2	50.4	50.0	49.6

后记 AFTERWORD

《2014年中国林业产业重大问题调查研究报告》正式出版发行了，这是中国林业产业联合会编纂这本行业综合性年度报告的第七个年头，多年来中国林业产业联合会秉承政策建议和行业指导的原则，组织本行业专家和学者对我国林业产业发展深入研究，整个项目组经历了长期的酝酿和实施，终于将成果编辑成册，希望这份报告对中国林业产业的发展有所助益，对政策制定者、产业从业者、产业研究者等各方人士产生积极的影响。

2014年是“十二五”的关键一年，同时也是中国林业产业飞速发展具有代表性的一年，在国内经济发展新常态与国际林产品贸易错综复杂的大背景下，中国林业产业保持了高速发展，有些有代表性的产业正在面临着转型和升级，有些产业发展方兴未艾。本年度的报告分为六个部分，本报告提取了多个在当今经济形势下有代表性的议题进行专题分析，同时还针对林业产业的热点问题组织专家进行了研究，结合当前林业产业发展的新形势从多方面进行了重点分析和论述，提出了一系列的规划、布局与政策建议等，希望能够为林业产业工作提供有力的支撑。

中国林业产业重大问题调查研究报告系列由中国林业产业联合会牵头，得到了各个林业产业相关单位的大力支持才得以顺利成集，我们对所有相关方面的智慧和经验都充满敬意，相关专家学者和部门机构的研究成果与观点成为这份调查报告的重要指引和理论源泉，在此一并表示谢意。由于时间仓促，加上水平有限，缺点和谬误之处在所难免，敬请读者能就本书的整体策划、内容编排、编校质量等方面提出宝贵意见和建议，以便我们在下一年度的工作中改正。

编辑部办公室设在中国林业产业联合会秘书处。地址和联系方式如下，欢迎各界人士与我们联系和协作。

地址：北京市东城区和平里东街18号　国家林业局院内

邮政编码：100714

电话：010－84238687　传真：010－84238372

《中国林业产业重大问题调查研究报告》编辑部

2015年11月